县中

中国县域教育田野透视

杨华 著

当代中国出版社
Contemporary China Publishing House
重庆出版集团 重庆出版社

中国教育研究的立场与方法

——代序言

2017年5月，华中村治研究团队开始进军县域教育研究领域。近年来，研究团队吸引了越来越多的博士生和工作同仁加入教育研究中，逐渐形成了一定规模，也产出了一些研究成果。我们需要总结中国教育研究的基本立场和研究方法，以便更好地指导我们的研究。

华中村治研究团队最早是做村民自治研究的，后来转入对农村社会的全面调研。在调研中发现，乡村教育中的许多问题是社会调研绕不开的话题，倒逼着调研者主动介入和回应这些问题。在理论层面，教育问题始终是国家最重要的发展与民生问题，它决定着国家的科技进步水平和国际竞争力，也保障了良性的社会流动秩序，给予普通民众向上流动的希望，促进社会稳定运行。因此，华中村治研究团队将教育研究纳入研究视野，将之作为理解中国现实和推动中国建设的重要研究版图。

客观地讲，当前学界大量的教育研究不接地气，没有正确的方法，已经无法对我国快速变迁的教育实践给予恰当的理解。从这个意义上讲，新时代的研究者理应真正担当起廓清教育发展规律、探索符合国情的教育发展道路的重任，充分把握我国教育实践的真实样态，开展实事求是的教育调查研究，进行有深度的学理解释，为教育改革和政策制定提供切实有效的智力支持。这几年，华中村治研究团队秉持这样的立场，践行“把论文写在祖国大地上”的理念，大踏步走向了县域教育的田野。

通过大量的田野调研，我们意识到，当前中国教育研究必须遵循以下立场。

一是国家立场。我国是社会主义国家，教育发展的方向必然不同于西方资本主义国家。如果我们直接套用西方国家的教育发展模式，定会南辕北辙，误导我国教育事业的发展。因此，我们的教育研究，要牢牢把握住我国教育制度的社会主义性质和方向，坚守教育的公平性、公共性和公正性，站在国家长治久安和国际竞争的立场上看待教育问题；要把握我国的基本国情和发展现实，理解和提炼我国教育发展的真实问题与有益经验，并探索出一条适合国家发展和人民满意的教育发展之路。

二是经验本位。中国教育研究要大力倡导和践行从经验到理论再到经验的大循环路径。我们要基于中国的教育经验提出具有解释力的理论，再回到经验现场中去检验和去伪存真，达到完善和一般化理论的目的。我国的教育实践经验具有足够的丰富性，我们的教育发展模式没有可以照搬、照抄的模板，既有的教育理论也难以对我国的教育实践进行有力解释。因此，我们必须对本国教育实践进行全面把握，在此基础上进行经验理解和理论提炼。经验本位从不是排斥理论，而是拒绝用理论去套用和切割经验，理论应是经验饱和之后自然析出的结果。

三是整体视野。教育研究触及的是一个极为复杂的系统。从教育系统内部来讲，单是学校系统，就有学前教育、基础教育、职业教育、高等教育不同学段之分，每个学段的教育功能不同，教育管理方法也有差异；对不同学段的教育政策制定及其执行也十分复杂。从教育系统与外部关系来讲，涉及家校、政校、社校、政经等复杂多元关系，教育领域的每一个问题都是“牵一发而动全身”的系统问题。因此，在研究中既要考虑到教育系统内部的整体性，也要考虑到教育系统与外部环境的关联性。如果只有局部或专业领域的视野，就极有可能出现理解偏差。只有坚持整体主义的视野，才能对教育问题形成系统性、全方位、深层次的理解。

我们在具体研究中感受到，对中国教育经验的研究应秉持以下方法。

一是田野调研。田野调研是获取经验最直接、最快捷、最高效的方式。只有进入教育实践的田野一线调研，才能最直观地把握真实的教育场景和教育实践，也才能理解真实的教育需求结构和教育供给机制。教育研究的田野，包括纵向空间和横向空间，纵向空间是不同学段的学校空间，横向空间则可以延展到校外的政府、家庭、社区、市场等。一般来讲，在开展教育专题调研时，可以综合横纵两个空间开展调研，从而形成对一个区域教育问题的整体把握。当然，在具体的调研中，可以根据实际条件开展灵活机动的调研，在具体的场域中设置有效的田野空间。

二是野蛮思考。我国教育问题的复杂性、独特性，决定我们在面对田野中丰富的经验时需要进行野蛮思考。尽管教育研究是一个大的研究领域，但是学界既有的研究现状并不如人意，学界所提出的问题不是过大就是过小，缺乏微观层面提问题、中观层面理机制、宏观层面解难题的能力。因此，在面对复杂丰富的经验时，研究者要基于经验进行野蛮思考。也许一开始提的问题不一定对，但是经过多次摸索和多地比较之后，就能够逐渐形成提出问题和把握经验的质感。野蛮思考强调要在教育研究过程中保持实践性、纯粹性和主体性。

三是直白写作。如何写作是研究中的重要一环。研究者要认识到"看破"和"说破"的辩证关系，不能只是停留在"看破"的经验兴奋中，还要形成"说破"的认识表达能力。"说破"是要让读者轻松地读懂我们的思想，直白生动却又不失深刻。教育研究具有时代紧迫性，当前的重要任务是要将教育领域中的问题一个个清理出来，通过随笔、报告、论文等多种表达方式，清晰呈现和直白阐释教育领域中的诸多现象。在表述过程中，需要警惕套路化写作对教育现象真实性和研究思考敏锐性的遮蔽。

四是厚重积累。可以说，中国教育经验是一个全新的研究领域，也是一座富矿，能够容纳足够多的研究者进行持续深入的研究。面对这个新领域，研究者需要花三到五年时间进行经验积累，才能逐渐摸清教育实践的脉络，摸索提炼学术问题，形成关于中国教育问题崭新的思想认识和解释体系。因此，在持续深耕过程中，研究者需要保持战略定力，应该认识到只有厚重积累才能形成对教育问题的整体认识和专业洞见。

五是集体推进。没有谁可以依靠个体力量完成对中国教育问题的全面把握。教育领域的经验研究只有依靠团队作战，形成有组织的研究，才能加快积累、快速产出，逐步形成关于中国教育问题的理解体系。集体推进有助于研究者迅速形成对教育研究各个板块的经验认识，通过经验的勾连加快研究者对具体经验的理解深度；有助于通过深化经验认识，提出概念和机制，形成研究团队关于教育问题的共识，并迅速推进理论层面的突破。

当前中国正处在一个百年未有之大变局的时代。中国的教育实践受到市场开放、人口流动、网络流行、城市发展、社会结构变动等因素的影响变得异常复杂，我们需要时间去拨开层层迷雾，弄清中国教育实践的规律和问题，提出关于中国式教育现代化的理论命题，探索出一条符合中国国情和人民满意的现代化教育强国之路。为此，我们的教育研究应继续秉持国家立场、经验本位和整体视野，努力走出一条具有自身特色和开风气之先的研究之路。

雷望红

2024 年 4 月 11 日

目录

导　言

县中振兴的一般规律及影响

一、县中何以衰弱?

县域普通高中在县域人才培养和文化建设中发挥了重要作用，其发展一直备受关注。据统计，截至2020年底，我国共有普通高中1.42万所，其中有0.72万所县域高中，占全国普通高中数量的51%，在校生则超过了全国规模的一半，达到1468.4万人。在县域普通高中里面，每个县一般还有一两所重点建设的高中，被称为重点高中或优质高中，抑或示范高中。这一两所高中就是通俗意义上的“县中”，它们对县域教育有重要的基础、支撑和引领作用，是城乡教育的纽带，寄托了全县城乡家庭对教育改变命运的期望。过去很长一段时间，县域中学生只要考进了县中，就等于“一只脚踏进了重点大学校门”。

然而，近十年来，不说县域的其他高中，即便是这一两所较好的高中也面临着全面衰弱的局面，表现为优质生源、师资与教育管理者不断流失，教育质量与教育成绩不断下滑，这导致县域教育生态日益恶化，地方教育信心丧失，进入恶性发展的循环。在县域社会的直觉中，县中衰弱就是县中高考多年看不到“清北生”“重本率”直线下降。除这些表征外，县中衰弱还表现在县域优秀中考生源的大量流失，学生用“脚”对县中进行投票。

根据已有调研，在赤峰市下面的旗县，从10年前开始，中考前100名的学生留在本旗县高中的不足10人，大多数都被其他地区更好的高中抢走了；近两三年西部某县中考前200名的学生绝大多数流向了省会城市或地级市优质高中，2020年该县中考前150名的学生只有82人留在县中就读，比例为54.67%[1]；贵州某些县市中考优秀生源的保留比例则更低，而且近年有骤降趋势。更有甚者，中国民主促进会中央委员会的调查发现，某县级市中考前200名的学生近两三年基本没有进入本市高中就读的；在刚脱贫的某国家级贫困县，中考前500名的学生都没有在该县就读高中的[2]。调查数据还显示，一些重点大学的生源来自地市、省城与县域的比例具有显著差异，来自地市、省城高中的生源高达78.1%，来自县中的生源仅占21.9%[3]。云南省的屏边苗族自治县、河口瑶族自治县、金平苗族瑶族傣族自治县、绿春县和红河县2011年高考一本上线人数分别是1人、6人、10人、1人和6人。某省8县近十

[1] 王新凤：《高等教育机会获得视角中的县中困境及其应对》，载《教育学报》2022年第5期。

[2] 孙庆玲、叶雨婷：《重振“县中”——让学生在县域内就能享受优质教育》，载《中国青年报》2021年3月10日，第1版。

[3] 郭丛斌、王家齐：《我国精英大学的生源究竟在何方：以A大学和B大学2013级生源为例》，载《教育研究》2018年第12期。

年来只有 1 名学生通过专项计划被北京大学录取，除此之外没有一人考上重点大学[1]，甚至在一些县中，没有一名学生达到一本大学投档线[2]。

优质生源流失越严重，表明县域社会对县中越不信任，进而必然导致县中进一步衰落。县中衰弱不仅是教育领域凸显的问题，也是重大的社会问题，在社会上引起了广泛关注，也得到了国家的重视，并针对该问题出台了一系列相关政策和措施。早在 2012 年，我国就出台了面向农村和贫困地区实施的重点高校招生专项计划，对于县中学子接受高质量高等教育、挽回县中声誉和振兴县中有较大助益。在 2021 年《政府工作报告》中，时任总理李克强就特别强调要“加强县域高中建设”。2021 年 12 月，教育部、国家发改委、财政部等九部门联合印发《“十四五”县域普通高中发展提升行动计划》，提出要“全面提高县中教育质量，促进县中与城区普通高中协调发展，加快缩小教育差距，办好人民满意的教育，为实现教育现代化、建成教育强国奠定基础，着力培养能够担当民族复兴大任的时代新人”。如何使县中从衰弱中挣脱出来并走向振兴，成为党和国家亟待解决的问题。

要拯救和振兴县中，必须先理解县中何以衰弱。对县中衰弱的解释一般会把县级财政投入不足作为首要原因。县级财政对县中的投入与县域经济发展水平密切相关，特别是中西部的一些县域，本

---

[1] 熊丙奇：《超级中学战略制造了“零一本”的县中》，载《中国青年报》2017 年 9 月 14 日，第 2 版。

[2] 梁东荣：《提升教育公信力策略探析》，载《当代教育科学》2010 年第 19 期。

身经济发展水平低，财政收入少，财政运转困难，还要承担县城建设、乡村振兴等重要任务，因此对县中的支持只能是负责县中在编教师的基本工资待遇，在基建、修缮、更新设备等方面很少投入资金，基本依靠学校自收自支、自筹经费维持办学。而在县中的事业收入中，择校费、学杂费、住宿费等受到越来越大的限制，择校费逐渐被取消，学杂费、住宿费随着学生人数减少而降低。与之形成鲜明对比的是，地市、省城经济发展较好，财政收入相对丰厚，能够给予所属高中更多的资金支持，因此这些学校相较于县中在硬软件方面都有优势，能够提升教育质量和成绩，因而对县域学生具有较强的虹吸效应。该思路不能解释为何同样在县级财政薄弱条件下县中过去有过辉煌的历史，而现在衰败了。同时，也有调查表明，经济发达的东部地区的县中较中西部地区的县中衰弱更普遍、更严重。我们在浙江某县的调研也发现，这个位列全国综合实力排名第40的百强县即使每年投在教育上的经费高达15亿元也无法阻止县中的衰落。可能，教育经费投入不足是县中衰弱的重要原因，但不是主要原因。

城市化也是重要的解释变量。该解释认为中国城乡之间有差序、城市之间有阶序，县域农民举家到县城以外的城市务工、居住和生活，带来了县域学生的流出县域，使县中学生数量整体减少。另外，地市、省城等较之县城是高阶城市，在公共产品供给、市场服务、发展机会方面要充分得多，那么对县域家庭及学生的吸引力很大，有条件的学生、教师皆可能往这些城市流动。对学生来说，高阶城区的普通高中在生均图书、生均计算机等办学条件上，在与高校的联系上、在省级骨干教师数量上，都优于低阶县城普通高中。对教师来说，高阶城区高中的待遇更为优厚、职业发展空间更大。县域优秀生源、师资的批量流出确实会给县中带来致命伤害。然而，该解释也可能“倒果为因”，如正是因为县中衰弱才使得大量优秀师资流出县域。如果县中能够低成本地满足学生的升学需求，县域家庭就不太会到高阶城市择校；如果县中没有衰弱，教师的流进与流出属于正常现象，县中教师队伍还能够保持传帮带功能的合理结构，而县中衰弱则可能导致在短期内流出大量教师从而破坏合理结构和传帮带功能。

还有个很重要的解释是“超级中学”“掐尖”。“超级中学”有扩大校际差距、破坏区域教育平衡的负向功能。近 20 年，在省市政府的大力支持、社会资本的大力介入下，许多地方培养出了一批资本雄厚的“超级中学”（教育集团）。“超级中学”在“优质高中招生计划分配”政策及民办教育灵活招生政策的支持下，进行或公开或隐蔽的跨区域“掐尖”招生，其所到之处“尖子生”皆被“掐”走，一部分“优等生”也被吸引走了。县中没有了“尖子生”、少了“优等生”，高考就没有清北生，重本率也会降低，其在县域就会遭受信任危机。“超级中学”还从县中高薪挖走优秀老师。优质生源和师资是县中的“底气”和基础，这些资源的大量流出对县中来说无异于“釜底抽薪”。根据笔者调查，“超级中学”“掐尖”确实是县中衰落的根本原因，该解释抓住了县中衰弱的

“牛鼻子”：“超级中学”的发展历程即是县中衰败的过程；“超级中学”“肆虐”的省份，县中衰弱也就最全面彻底。但是，“超级中学”“掐尖”为什么会带来县中衰弱？县中衰弱的一般过程是什么？还需要进一步揭示。

县域教育是包括学前教育、义务教育、普通高中教育、中职中专教育在内，各学段教育相互联系、相互作用的有机统一体。县域教育的基本规律及其变动会影响每个学段教育的运行状况，某个学段的变动也会对县域教育及其他学段教育产生影响。县中是县域教育的重要组成部分，它受县域教育基本规律的支配和影响，也对县域教育及其他学段教育产生反作用。

二、县中发展的几个定律

理论是对经验内在逻辑的把握和抽象，反过来有助于更好地认识和把握经验。在全国各地对县域教育广泛调研的基础上，我们总结了一些关于县域发展的带有规律性质的认识和论断，它们构成了我们认识县中发展及衰弱的理论基础。

（一）县域平均教育质量定律

为了便于教学管理和有针对性地教育，县域学校都会对学生进行层次分类，一般包括尖子生（头部学生）、优等生、中等生、后进生四大类。在同一县域不同学校，这四类学生的占比有所不同。比如优质初中，尖子生可以占到 3%—5%，优等生占 30%—40%，中等生占 40%，后进生占 15%—25%。而普通初中，这个占比则可能为：尖子生 1%，优等生 10%—20%，中等生 30%—40%，后进生 50%—60%。

在大部分普通县中，四类学生的占比一般是：尖子生 1%—3%，一个年级 2000 名学生中有 20—60 名属于这类学生，他们中有一到数名学生可以考上清华北大，其余学生有较大概率考上“985”高校；优等生 30%，主要是进“211”大学和其他重点大学，他们是县中重本率的保障；中等生 40%，他们在高考中有较大概率上本科线，有部分学生可能上一本线；后进生 25%—30%，这部分学生很难上本科线，他们中少部分可以通过加分或特长上本科。根据调研，全国大部分县中学生分类占比在相当长一段时间内会保持在特定比例，围绕该比例上下波动的幅度也不大。比如在湖南某县，近十几年每年的清北生都在 1—3 个，其中只有一个年份“吃零蛋”，而没有超过 3 个的年份；重本率在 35% 左右，高的年份则达 40%。

之所以各类学生的占比相对固定，与一个县的平均教育质量有关系。在平均教育质量一定的情况下，各类学生的占比数量主要与全县总人口数量有关。比如，一个 50 万人口的县与一个 100 万人口的县平均教育质量相当，那么，后者尖子生、优等生的数量就可能是前者的 2 倍。县域平均教育质量，是指在全县财政投入、学校管理方式方法策略措施、教育教学内容及方式方法经验，以及家庭教育投入一定的情况下，各个学校的教育质量和成绩会有差异，但平均下来全县的教育质量是一定的，上下数年之间相差不会太大。县域义务教育平均教育质量最终会体现并决定县中的教育质量。一个县的平均教育质量越高，尖子生、优等生的占比就越大，中等生、后进生的占比就越小。

县域平均教育质量定律可以解答以下问题：

第一，为什么全国大部分的县中教育质量和成绩差不多？首先是基础教育阶段的“三教”、学校和学生管理、作息安排、考试内容及方式等具有全国统一性和一致性；其次是大部分县域的财政差不多，对县域教育的投入大致相当；再次是多数县域的总人口在四五十万人及以上，使得各学段学生都有较大的规模；最后是县域社会家庭在子女教育方面的投入在全国都差不多。这样一来，大部分县域的平均教育质量就会差不多，这些县域的县中考上清北、重本的比例也就差不多。只有那些财力雄厚又重视县域教育的区县，才能提高平均教育质量，使其尖子生、优等生的占比提高。

第二，为什么高中阶段强化应试教育难以改变各类学生占比？决定县域平均教育质量的义务教育阶段的政府教育投入、家庭教育投入和学校、老师的教育教学管理，使得县域中考生的学生分类及占比是既定的，它决定了县中学生的分类及占比也是相对固定的。既然县中各类学生的比例是既定的，县中的教育只是训练和强化各类学生的应试能力，在一定程度上提高各类学生应试的分数（以在全省高考中有竞争力），而无法改变各类学生的占比。比如无法提高尖子生、优等生的占比，难以使优等生转变成尖子生，优秀生转变为尖子生只能是个别情况。这也就是为什么“超级中学”只能通过“掐”尖子生来提高自己的清北生数量，而不是将优等生培养成尖子生的缘故。反过来也可以回答为什么县中被“掐尖”后就不能自己培养出尖子生。总之，无论是尖子生还是优等生，都是县域平均教育质量的产物，而不是县中或“超级中学”培养的结果。

第三，为什么高考制度无论怎么改，录取的还是那些人？无论是旧高考，还是新高考；无论考试科目是“3+2”，还是“3+文（理）综”“3+X”，抑或“3+物理（历史）+N”，高考录取的还是那些有应试能力的人。原因在于在县域平均教育质量下，尖子生就那么多，无论是裸考还是特招，清北生都是从他们中选拔，而不可能出自优等生；无论怎么考，应试能力最强的都是那一波固定比例的尖子生和优等生。既然平均教育质量相对固定，各类学生占比相对恒定，就决定了高考录取的人是既定的，那为什么还要改来改去呢？

（二）头部学生不可或缺定律

该定律又称为学校或班级学生需要分层定律。县域教育各学段学校或班级管理要有效，学生必须满足两个属性，分别是规模属性和分层属性。规模属性是指学生要达到一定数量，它是学生分层属性的前提。如果一个班级的人数少于某个数量单位，如小学的班级少于20人，该班级就难以有规模效应，包括难以营造班级氛围、形塑班级文化；受人数少的限制使班级的许多活动无法有序开展；学生同质性强而无法包含各类特长，班级活动不丰富；人数少也无法充分参与校级及以上活动，班级荣誉感难以激发。同理，学校学生规模小，学校氛围和校园文化就难以营造，这也是小规模学校共同面临的问题。

学生规模小，学生之间在学习、应试及其他能力上也就难以形成有效的分层。学生规模越小，学生之间缺乏差异、参照和比较，在低水平线上的同质性就越高；学生规模越大，越容易形成有效的分层。学生之间有分层，他们相互之间就能激发比较和竞争的意识，教师就能够将这种意识塑造成“比学赶帮超”的良性竞争氛围，推动先进带后进、后进赶先进、先进自觉提高。从老师来讲，学生没有分层，学生进步不显著，更难以推动共同进步，教育的热情很容易在无限重复而没有反馈或负反馈中被消弭，如此学生从老师身上所获得的也是没反馈或负反馈；而学生有分层，老师能看到每一层次学生的进步和变化，即他们的输出能够得到正反馈，那么他们在教育教学上就会有成就感和获得感，热情和积极性就会更高，学生也因而会获得更多的正反馈。

当然，学生规模是分层的基础，但是有规模并不等于就一定有分层。在学生的分层体系中，最重要的是尖子生的存在，有尖子生意味着学生分层和生源结构的完整性。以县中为例，在正常的分层体系下，尖子生的作用如下：

第一，尖子生是学生和老师的参照。一方面，尖子生以全省其他县中的尖子生为参照，在全省进行定位，他们的定位相对固定，在班级内部的其他学生如优等生和中等生就会以尖子生位置来定位自己在全省的位置。另一方面，优等生和中等生要以尖子生为标杆查漏找差补缺，以提升自己的相对位置；同时，老师也以尖子生的各方面表现来判定优等生和中等生的优势、差距与不足，再有针对性地进行教育教学。反之，如果县域尖子生流失，县中学生和老师就缺乏参照，就没法进行有针对性的教与学，进步就较为困难。

第二，尖子生保证县中生源结构的完整性。县域的大部分尖子生都留在县中，就会带动优等生和中等生也留下来，那么县中的生源分层结构是完整的。而在他们的带动下，县中有清北生和不低的重本率、本科率，县中教育就会得到县域社会的信任和认可；县域家长就会将自己的子女留在本县就读小学、初中，进而使得县域小学、初中的生源也具有完整性和分层性，县域的平均教育质量就不会差，就会给县中输送质量较高的生源。若县域尖子生没有留在县中，优等生和一部分中等生因为不信任县中教育质量也可能流走，加剧县中学生分层结构的不完整性。

第三，对尖子生的培养能够实现教学相长。对尖子生的培养，构成了学校内部培养体系中的重要一环。学生在入学后，学校会对学生进行分类管理和分层教学，使得学校教师配置最优化。而对清北生、“双一流”高校学生、一本学生的培养及其指标设置，有助于调动学校教师的积极性，从而形成教师在校工作的节奏感，使之进行良性有序的时间安排。如果一个学校没有清北指标要求，只有容易够得着的一本上线率目标，那么老师们很可能按部就班地工作，而不会积极地调动自我和主动创新。因此，具有不确定的清北指标虽然构成了教师的教育压力，但是也将老师充分调动起来，有效地激活了老师的教育势能。指标调动是激活教师的关键因素，不过要充分调动教师，还需要允许学校通过高考奖形成激励反馈，不然单纯依靠指标压力激励教师也不可持续。

（三）县中作为县域多数家庭教育出口定律

中国的基础教育除了培养社会主义合格人才，还有实现阶层跃迁的功能。县域社会多数家庭要向上流动，主要的渠道是在县域接受义务教育，并通过县中考上理想大学。对这些家庭来说，除了县中他们别无选择。而只有少数资源丰厚的家庭可以将子女送进高阶城区中小学接受优质教育以实现阶层复制或跃升。所以，县中是县域教育的主要出口，承担着县域社会的教育期待。

在平均教育质量下，县域义务教育的质量决定了县中的教育质量。但是在优质生源外流的情况下，县中的发展状况反过来又会影响县域义务教育的状况。当县中能够保住优质生源时，县中的教育质量和成绩都能够得到保障，县域社会对县中进而对县域教育有较高的信任度，就不会在小学、初中学段就前往高阶城区择校，县域各学段生源结构相对完整，县域教育便能够确保一定水平的平均教育质量。如此，县域社会多数家庭就能够在本县低成本接受相对优质的义务教育，并期待通过县中出口考上大学。县域基础教育阶段的生源结构越完整，平均教育质量越高，县中教育出口就越值得期待，县域社会多数家庭就越抱有希望。反之，如若县域中考优质生源不能留在县中，县中的生源结构就不完整，县中作为县域教育出口就会变窄，县域社会通过县中考上大学的期待降低，对县中和县域教育的信任度就会降低，有能力在高阶城区学校择校的家庭就会在子女读小学、初中时起便将子女送出县域，县域中小学的生源结构受到破坏，平均教育质量必然降低。这意味着整个县域教育的衰败，无疑对多数没有能力在高阶城区择校的多数县域家庭的子女来说是不利的，他们既没法接受优质的义务教育，又不能通过县中这个出口考上大学，使得他们努力与否结果都是注定的，也就不会再努力了。这对县域多数家庭的子女来说是不公平的。

县中兴则县域教育兴，如此才能保障县域教育的公平性，进而保证县域社会多数学生有努力改变命运的机会。县中衰则县域教育衰，县域多数家庭的子女丧失努力的机会，这既不符合社会主义发展的本质要求，也不利于县域社会稳定。正因为如此，党和国家出台振兴县中的文件站位很高，具有很大的战略意义，地方政府重视县中发展抓住了县域教育发展的主要矛盾。

（四）市、县两级政府都要追求教育政绩定律

市、县两级政府及其主要领导都有追求教育政绩的责任和压力，而教育政绩又主要表现为高考成绩，即在县域教育各学段、各方面所做的工作最终化为清北生和重本率两个指标。在省级政府对市级政府、市级政府对县级政府的年度综合考核中，高考成绩通过其他表现形式占较大的比例。这是在考核上。上级政府对下级政府在教育工作上的印象，也主要看每年高考的数据表现。市、县两级政府在高考上的责任和压力还来自县域社会。由于县中是县域教育的主要出口，县中考得好，意味着县域教育的出口大，县乡学子考出去的概率高，县域社会对县域教育的期待和认可度就高；反之，

县中出口小，县域社会多数家庭通过县域教育向上流动的机会减少或破灭，他们就会对县级政府产生不满和负面情绪。

为此，市、县政府及其主要领导都会重视教育，保障本级教育资源的投入。从整个县域教育来说，县中考得如何取决于县域平均教育质量的高低。也就是说，高考要从小学、初中就抓起；从直接效应来说，要想高考出政绩，主要是抓县中的教育教学管理。

县级政府的教育政绩主要看县中的高考表现，它主要抓的是县中。市级政府的教育政绩来自两个方面：一是所管辖各县的县中高考成绩加总；二是市教育部门直接管理的市重点高中（市中）的高考成绩，因而它既要抓各县县中教育质量，又要抓市中的教育质量。在平均教育质量下，县中或市中考得如何主要看二者的生源结构。当各县的县中及市中生源结构完整，县中和市中都有清北生和较高的重本率，县级政府和市级政府就都可以获得较好的教育政绩。而当县中生源结构不完整甚至县中教育走向衰落时，市级政府就会通过重点抓市中来出教育政绩，手段之一是加大对县域中考生的“掐尖”招生力度。这样做会加速县中的衰败，使县级政府更难出教育政绩。

（五）县域教育资源的有限流动与集中定律

县域教育资源主要包括三个方面：财政、师资与生源。市场是配置资源最有效的机制，按照市场配置资源的原则，应该畅通资源流动渠道，保障资源流动到最大化利用的地方。但是教育资源是特殊的资源，它既是市场资源，也是社会资源。从市场资源来说，它应该得到充分流动、实现效用最大化；从社会资源来说，它的流动与利用要体现公平、公正的社会价值。如果纯粹按照市场原则配置教育资源，突出效率，优质生源、师资就应在全省、全国优质学校流动，以使优质生源得到最好的培养，使优秀教师发挥最大作用、获得最好成长；县域财政资源就应该流向县域优质学校，以使其变得更优质，培养更多优质学生。但是这样做，生源、师资流出县域会带来县中衰弱，对县域多数家庭的子女不利；县域集中资源发展少数或个别学校，也不利于社会公平。而如果按照社会原则配置教育资源，突出公平，那么教育资源就应该绝对平均地分配到各个学校，这样就必然会稀释教育资源，学生得不到真正的培养，县中也无法参与全省高考竞争。

因此，县域教育资源的配置既要讲效率，又要讲公平，它们的流动和集中都是有条件的：

第一，在义务教育阶段突出公平，县域教育资源要均衡地向城乡学校流动，并在乡镇学校集中。县域内义务教育均衡发展，以便于让每个适龄青少年就近、低成本地接受相对优质的义务教育，给他们平等努力的机会。这样既有利于保证社会公平公正，也有利于释放每个适龄青少年的个人潜能。为此，县域社会优质的教育资源就要相对均衡地流向县域内义务教育阶段的各个学校。但新近的变化是，由于县域城镇化的快速发展，农村出现大量小规模学校。我们调研发现，对小规模学校的资源投入既无效率，又不公平，因此，县域教育资源向乡村流动时应同时在乡镇学校集中。集中办好乡镇学校，既能保证资源使用的公平，又不损害资源使用的效率。

第二，在高中教育阶段突出效率，县域教育资源要向县中流动和集中，并限制资源向高阶城区流动。县域要参与全省高考竞争，就必须高度集中资源。因此，县域高中教育资源就不能均衡地分散到各普通高中，而应向一两所县中集中。例如，通过中招制度允许县中向全县初中“掐尖”招生、优先招生；通过教师流动制度将全县优秀高中教师集中到县中；通过相关制度向县中输入更多财政资源。同时，还要限制县域优质生源流向县外，如一些县规定编制内人员子女不得到县外高中就读，特别是要禁止县域外“超级中学”在县域“掐尖”招生，斩断其利益链；通过相关制度、措施尽最大可能地留住县域优秀教师。在县域，高中资源集中流向县中可以保障资源使用的效率，同时限制其向高阶城区流动则确保了公平。

三、县中衰弱的一般过程

（一）县中衰弱源于“超级中学”“掐尖”招生

按照县域平均教育质量定律，普通高中的教育质量取决于县域平均教育质量。只要县域教育体系完整、各学段生源结构和师资结构完整，县级领导重视县域教育、县级财政能够保障县域教育的基本投入，那么，县域平均教育质量就可以接近、达到或超过全省平均水平。从县中的高考成绩来看，县域平均教育质量超过全省平均水平的县中的高考成绩最好，次之的是达到全省平均水平县域的县中，最后是接近全省平均水平县域的县中。但是，它们之间的区别是清北生多少、重本率高低的差别，属于数量的差别。然而，衰弱后的县中与没有衰弱的县中之间的差别就是有没有清北生、重本率的差别，是质的差别。

县中衰弱不是从县域平均教育质量降低开始的，而是始于县中生源结构的不完整性。县域生源向高阶城区流动一直属于正常现象，动力包括几个方面：一是县域居民特别是农村居民的城市化，推动了生源向地市、省城或东部沿海城市一带流动；二是部分学生被高阶城区优质学校吸引，主动流出县域；三是地市优质高中向所辖区县分配招生指标，比如某市一中分配给每个县中 5 个招生指标。这几类流动一直存在，只是最近十几年在加剧。但是这些流动对县中生源结构的完整性并不构成影响，因为流动出去的既有优质生源，也有一般生源；县中高考业绩尚在，主动流出的优质生源较少，即便是去竞争市优质高中分配生指标的学生也不一定是县域中考最优秀的学生。

真正对县中构成致命伤害的是“超级中学”的“掐尖”。一般是多个“超级中学”进入县域“掐尖”，因此县域优质生源被“掐尖”是成规模的。比如湖北 L 县中考生中，每年有十数名尖子生被华师一附中“掐”走，三十几名被黄冈中学“掐”走，还有十来名被武汉其他中学“掐”走。这种规模性“掐尖”会把县域中考所有尖子生和优等生中排名靠前的“掐”走，使得县中生源结构不再完整。“超级中学”有很好的高考声誉，“掐尖”时又承诺给予学生优厚待遇，县中根本没法与之竞争。“超级中学”跨区域招生有些是有政策支持的，如“政策性跨区域中招”，过去各省都有，目前已逐步废止。即便没有政策支持，“超级中学”也有足够多的“掐尖”手段和资源。对县里来说，外边学校来“掐尖”，教育部门是不愿意放学籍的，但又没有政策说可以不放学籍，因此也只能拖一拖、做做工作，最终还是要放的。

（二）县中衰弱的三个阶段

从调查来看，县中衰弱经历了以下三个阶段：

第一，县中被“超级中学”“掐尖”。县域尖子生被“掐走”了，县中生源结构由优等生、中等生和后进生构成，会带来以下后果。一是优等生没有参照。尖子生被“掐”走后，优等生成了学生分类中的头部学生，由于缺乏尖子生的参照和对比，他们无法确定自己的位置，难以发现自己的缺漏与不足，因而无法在查漏补缺中进步；老师也无法找到他们的差距和进步的空间在哪里，进而就无法有针对性地进行教育。这样，优等生也就难以有进步，这会给他们带来无法缓解的焦虑。二是学校管理缺乏标杆。县中缺乏尖子生，无论是在学科竞赛中，还是在联考中，抑或年级模拟考试中，都无法取得标杆性的成绩（如600分以上人数、奥赛省队成员），也就无法进行宣传，不能给其他学生和教师以激励。同时，在学校和班级管理中，有尖子生的时候，就会围绕尖子生的培养来配置资源、制订制度，各项要求皆为高标准；而缺乏尖子生时，教育教学管理上的要求就可能降低。三是教师陷入自我怀疑。调查中，县中教师普遍反映，他们上课较过去更卖力了，但是高考成绩上不去。

同样的老师、同样的教学经验，为什么过去可以教出清北生，现在不行了？县中的教师们一开始并没有从“掐尖”方面去找原因，而是进行自我剖析和怀疑，认为是自己的教学方式方法落后了，跟不上时代的步伐。于是学校也组织教师到其他学校去学习，特别是到“超级中学”去学习。学习了人家的“先进经验”后，将这些经验落实到本校的教育教学之中，却仍然不见成效。教师自我怀疑、自我否定也就更甚。

第二，县中失信于县域社会。被“掐尖”后，县中就不再出清北生，重本率也会下降。这类现象在头一两年会被认为是正常的“偶然事件”。但是一旦多年没有出现清北生，重本率下降的势头也得不到遏止，县域社会对县中的看法和态度就会发生改变。对县域社会来说，对于县中教育质量高低判定最直观的标准是有没有清北生，连续多年都有清北生，说明县中教育质量高，他们就会信任县中教育，相信他们的子女送到县中接受教育可以有较好的出口；相反，如果县中多年没有清北生，县域社会就会自然而然地认定县中不行了，对县中教育的信任度就会骤降。

县中失信于县域社会，会进一步产生不利于县中发展的后果。一是生源结构进一步单一化、扁平化。生源结构遭到破坏后，优等生和零散留在县中的尖子生的成绩就会停滞不前，他们在高考中就考不出预期的分数，这就会使得县中重本率继续下降，给县域社会发送的信号是好学生留在县中会被浪费和耽搁。那么，后面中考中的优等生也会主动地、千方百计地流出去。有的优等生家庭甚至花钱也要将子女送出去。没有一定规模的优等生，县中的生源结构更趋扁平化，学校和班级过去形成的比较与竞争、“比学赶帮超”的氛围也不复存在；教育教学以中等生的接受度为标准，分层化的知识传授结构不复存在，学生应试能力进步小而慢，高考成绩更加差。这样会推动优等生全部流出县域，部分有条件的中等生也流出县域。而与之形成对比的是，优等生或中等生到“超级中学”就读，虽然不能变成尖子生或优等生，但可以提高应试能力，进而提高高考分数，可以考上比预期好的大学。二是教师和管理者对县中失去信心。在持续多年努力扭转衰败局面而不成之后，县中管理者和教师会有较大的挫败感，同时他们在县域社会中得不到认可和信任，还可能被人背后戳脊梁骨。因此，他们就可能对县中发展丧失信心，一些人表现为积极性、主动性和创造性减弱，丧失热情和事业心；另一些人则离开县中“另谋高就”，即有经验、有热情的中年教师和管理者被“超级中学”、地市中学批量挖走。结果是县中的师资结构被破坏：有经验的中年教师流出，年纪大的教师进入退休状态，年轻教师还没有成长起来，而高校优秀毕业生又不愿意到县中就业。县中教师群体不仅难以形成“老中青”“传帮带”的结构，还可能青黄不接。

第三，市、县政府出台补救措施。县中没有清北生和一定的重本率，县级政府就没有教育政绩，也愧对县域社会的“父老乡亲”；而市级政府也就不能再指望辖区县域的县中给自己创造教育政绩。为了获取教育政绩，市、县政府都在积极寻找补救措施，主要有两条。一是市级政府积极打造市级“超级中学”。除辖区县中外，市中也是市级政府创造教育政绩的重要载体。市中在市级财政和跨区域中招政策的支持下，它的平均教育质量和高考成绩本就较下面县中要好；如今县中衰弱，市级政府就全力支持市中发展，意图将市中打造成市级“超级中学”，与域外“超级中学”竞争。主要策略包括：投入巨额财政资金支持市中改善软硬件设施，包括引进域外名师、管理团队；大量从县中抽调优秀教师，形成稳固的有经验的教学团队；更为重要的是，通过出台相关政策合法地在辖区县域“掐尖”，形成与域外“超级中学”在争夺优质中考生上的竞争态势。比如以市教育局某些“计划”的名义提前半年将县域优秀毕业生集中到市中学习高中知识。市中的“掐尖”将市域范围内的尖子生一定程度上留在了本市，虽然对县中衰弱于事无补，但有助于市级政府创造教育政绩。二是县级政府极化县域应试教育。县级政府在意识到要重振县中后，除加强财政投入外，主要的办法有三个：推动县中管理“超级中学化”；通过考核将教育压力向下两个学段转移，即向小学、初中要教育质量；防止各学段优质学生外流。然而，只要有域外“超级中学”“掐尖”，这些措施就是治标不治本，只能缓解而不能阻止县中衰落。

四、县中衰弱的一般效应

县中是县域教育的旗帜和平均教育质量的试金石，寄托了县域社会最主要的教育期待和希望。因此，县中维系着整个县域教育体系，无论是振兴还是衰弱，其影响都是系统性的，超出了县中本身，会对县域教育、县域教育各主体、县域社会产生重大而深远的影响。

（一）县域教育体系衰落

县中的教育质量和高考成绩不好主要源于“掐尖”，而不是因为县域平均教育质量下降。但是，县中衰落最终会带来县域平均教育质量的下降，原因就在于它会削弱县域教育体系，而县域教育体系衰落则必然会导致县域平均教育质量下降。

完整的县域教育体系包括学前教育、义务教育、普通高中教育、中职中专教育等多个学段的教育。从基础教育来说，县域教育体系主要包括小学教育、初中教育和普通高中教育，每个学段涵盖若干学校的教育，它们的教育质量和成绩的平均值构成了县域平均教育质量。要获得较高的县域平均教育质量，就需要每个学段及其学校的生源结构、教师结构、校班管理机制、教育教学制度、财政支持体系等都相对完整和运行有效。如果说校班管理机制、教育教学制度、财政支持体系因为相对稳定，可以视为学校办学的恒量，那么生源和师资这两大教育资源则因具有流动性而可能成为学校办学的主要变量。其中，生源结构及其变化对班级管理、学校办学进而对县域教育体系的影响又最为关键和基础。县中衰弱始于生源结构扁平化，县域教育体系衰弱亦是如此。

县中衰弱使其得不到县域社会的信任，优秀中考生就必然更多地流到高阶城区优质高中就读，其他层次的考生为了获取更好的教育资源也会效仿。此时，县域家长就会思索：既然县中不再是出口，子女不能留在县中就读，为何不在初中阶段就到高阶城区学校接受更好的教育，以便中考时更容易被高阶城区优质高中录取。于是，小升初时或初中就读中途，有条件的家庭就可能将子女送至高阶城区学校就读。而这些家庭的家长在子女教育上投入的时间和精力较大，亦能在市场上购买教育资源，因而他们的子女大多为尖子生或优等生。事实上，在小学、初中阶段越是优秀的学生，家长对他们的成长更有期待，因而更愿意尽早将子女送到高阶城区优质学校。如此，县域初中的尖子生和部分优等生就首先流出去了，县域初中的生源结构开始去层级化，初中教育质量和中考成绩就会大幅度下降。这样会激发那些家庭条件不是太好但子女成绩好的家庭也尽所能地将子女送出去；优等生家庭为了子女不在县域初中被耽搁也会尽早将子女送出去，结果是使县域初中的生源结构更加扁平化，消解学校知识传授梯度结构，打击教师教学的积极性。而留在县域初中，特别是乡镇初中就读的学生一般来自普通家庭、贫困家庭或留守家庭，这些家庭无力给子女购买市场教育资源，家长受教育程度不高、重视子女教育的意识也不够，因而家庭无法给予子女教育以支持和指导，使得这些学生在学习习惯、综合素质、应试能力等方面相对不高。初中生源的这些特性必然会拉低县域初中的平均教育质量。

县域初中的平均教育质量降低，会带来两个直接后果：一是初中教师结构的变化，即多数教师躺平、少数优秀教师流出县域；二是促使有条件的家庭从子女小学阶段就将其送到高阶城区学校就读，进而逐渐改变县域小学学段的生源结构。这种情况在乡村小学已经成为现实。村小的生源首先是没有规模，多数村小逐渐变成100人以下的小规模学校；其次是没有梯度，优秀学生都到县城或更高阶城区就读，留下来的学生都有特殊性，如残疾学生、问题家庭学生、贫困家庭学生。这些学校根本没法开展正常的教学活动，更谈不上教学质量和成绩，最终蜕变为特殊学生的托育机构。

县域教育的经验表明，县中衰弱就像是打开了“潘多拉魔盒”，带来的是县域初中、小学衰弱的连锁反应，进而削弱整个县域教育体系，使得县域教育体系无力保证或提升平均教育质量。最终县域教育体系只能在较低水平线上维持运转。

（二）全民陷入教育焦虑

当前中国社会似乎陷入了全民教育焦虑的漩涡，表现为年轻人想象未来子女教育而恐婚恐育；年轻父母从孕育时就开始焦虑小孩的学习、分班、考试、择校问题；家长在学生学习上所花费的时间和精力越来越多；母亲陪读成为县域教育的普遍现象；等等。对于全民教育焦虑问题已有不少解答，有把问题归结为高考制度的，但恢复高考已逾40年，全民教育焦虑不过是近10年的事情；也有认为是教育非均衡导致了全民教育焦虑，但是教育非均衡是常态，近年来县域教育均衡化程度还有所提高；还有把80后、90后父母更重视教育认定为原因，认为家长教育竞争刺激了全民教育焦虑，但是会不会是全社会陷入了教育焦虑，年轻一辈父母才更加重视子女教育？

根据上文的逻辑，县中衰弱导致了县域教育体系的衰败，进而催生了各学段家长择校的压力和各学段学生竞争的压力，最终制造了全民教育焦虑。就家长的压力而言，当县中有较好的高考成绩，家长就会对县中有较高的信任度，认为子女在县中就读就能考上好大学，就不会千方百计地为子女到高阶城区选择高中。相应地，县中出口较大，意味着县域各学段教育质量不错，学生家长也就不需要从低学段开始将子女送到高阶城区学校就读。到高阶城区学校就读，关键是学生家庭有在高阶城区有购房的能力，这是家长择校压力的主要来源。因此，办好县中能够减轻县域家长这方面的压力，反之则压力增大。

就学生的竞争压力而言，如果县中出口是确定的，那么学生在县域接受义务教育，他们只要能够考上县中，就有较大希望考上大学。也就是说，学生只要在县域中考竞争中胜出，并在县中同年级学生成绩排名中确定了自己的位次，就能够确保高考竞争的排位。这意味着，高考竞争被限制在了县域内部，而县域内部考生相对较少，因而压力就相对较小。这样，学生的应试压力就相对较小，可以有更多自主安排的时间和精力；学校也不需要为了提高学生的成绩而极化应试教育、压榨学生时间。这样，学校管理和学生学习都可以从容不迫。

县中一旦衰弱或衰弱，家长从低学段开始就要为子女到高阶城区择校而准备，学生则要从低学段开始准备层层应试通关。于是，家长既有购买学区房的压力，也有从低学段开始操心子女学习成绩的焦虑；学生要进高阶城区学校就读，意味着学生的应试竞争超越了县域，在市域或省域竞争，竞争的层级上移，竞争的面变宽，参与竞争的人数增加，竞争压力必然增大。学生竞争压力增大，就必然要集中精力提高应试能力，应试以外的其他方面的发展就会受到限制。县域各学段学校为了留住辖区优秀学生，就必须提高自己的应试升学成绩，就可能强化甚至极化应试教育。

（三）学生心理问题凸显

2023 年 4 月，教育部、国家卫健委等 17 个部门联合印发《全面加强和改进新时代学生心理健康工作专项行动计划（2023—2025 年）》，标志着加强心理健康工作上升为一个国家战略被摆在了十分突出、重要的位置，强调要将学生心理健康工作纳入省级人民政府履行教育职责的评价，作为学校办学水平评估和领导班子年度考核的一项重要指标。这表明中小学学生心理健康问题变成一个非常重要的教育问题、社会问题，需要站在国家战略高度予以重视和回应。我们的实地调查也发现了，近十几年来学生心理问题不断凸显。有心理问题的学生除了数量显著增多，还呈现低龄化、病理化趋势。

根据调查，学生心理问题凸显的直接原因是学习压力增大、后进生学习困境、校园欺凌、手机成瘾、同学关系孤岛化等，而根本原因在于县中衰弱带来的全民教育焦虑和县域应试教育极化。前文已述，全民教育焦虑集中体现在家长身上，而家长的择校压力和对子女应试通关进好班、好学校的焦虑，最终都会通过亲子关系、家校关系等机制传递给子女，使子女承受来自社会和家庭的教育压力。典型的如家长在高阶城区的“陪读”，辞职在家“陪读”所带来的经济压力、社会压力、精神压力、价值寄托与期许压力，都会传递给子女，使子女背负沉重的心理包袱，如果成绩不如意或没有考上理想学校，他们就可能深陷自责与愧疚。

县中衰弱后县级教育部门为提升县域学生的整体应试竞争力，而有意推动应试教育极化政策，从而将应试压力从县中向初中、小学学段转移。中小学校就会强化各种能够提高学生应试能力的教育教学管理措施。教育部门向义务教育阶段学校传递压力的机制主要是考核评价机制；而这些压力最终都要落实到学生身上，学校、老师向学生传递压力的途径包括考试排名、分班、择校、“掐尖”、家长批改作业等机制。如此，每个学校、每个班级都变成所谓的“竞争社会”，学生则变成充满竞争性的个体，学生之间的关系竞争化。

在家长压力和学校压力的双重作用下，学生时刻处在充满高度竞争压力的环境，身心很难健康成长。心理压力、精神焦虑很容易因为一些与考试成绩、同学关系、亲子关系、师生关系相关的负性事件的出现而转化为心理问题。

五、县中何以振兴？

县域普通高中在校生占全国规模一半以上，但是中国大部分县市由于教育资源特别是财政资源有限，只能支撑一到两所教育质量相对较好的县中发展。县乡的孩子们全指望通过县中走出县乡、走向全国。县域大部分家庭没有能力将自己的子女送到地市、省城就读，无论县中及县域教育体系提供什么样的教育，他们除了接受别无选择。县中的衰弱堵死了多数县乡孩子的出路。在县域要“办好人民满意的教育”，核心一条就是要将县中办好，让县乡的孩子们能够从县中的发展中看到希望。因此，县中的发展不仅是重大的教育问题和民生问题，而且是重大的政治问题，它涉及县域教育为谁发展、怎样发展、培养什么人、怎样培养人的根本问题。

县中的衰弱始于“超级中学”“掐尖”。高层级教育管理部门习惯性地认为，“超级中学”提高了一个省的平均教育质量，是省域优质教育的代表。事实上，根据平均教育质量定律，“超级中学”并不产生尖子生或优等生，也不能提高尖子生、优等生的占比，它不过是集中了在全省或全市平均教育质量下培养出来的占一定比例的尖子生或优等生。“超级中学”不但没有提高全省或全市的平均教育质量，反而通过“掐尖”使得县域教育体系衰败、县域平均教育质量降低，从而拉低了全省或全市的平均教育质量。因此，要振兴县中，首先是要规范“超级中学”的办学和招生，掐断“超级中学”跨区域“掐尖”的政策链和利益链。甚至需要党和国家以极大的勇气和战略定力，像取缔校外培训机构一样，肢解以“超级中学”为载体的教育集团。只有阻止了“超级中学”“掐尖”，重构了县中生源结构，振兴县中的其他政策才能发挥作用。

县中是县域教育体系的重要组成部分。作为县域教育体系的出口，县中的教育质量和成就取决于县域平均教育质量的高低。县域平均教育质量高，县中生源结构中尖子生、优等生占比就大，而后进生则占比小。县域平均教育质量要高，县域教育体系不仅要完整，其内部各部分还要相互配合、相互成就。因此，振兴县中也要重构县域教育体系，抓好县域小学、初中的教育教学管理，推动县域城乡义务教育从基本均衡迈向优质均衡。其中，要重点抓好乡镇学校（“乡校”）的软硬件建设。“乡校”与“县中”是县域教育体系中最重要的两极。乡校是县域教育最主要的“进口”，抓好乡校提高县域平均教育质量，让占县域学生多数的乡村孩子能够就近、低成本地接受相对优质的义务教育，从而为县中输出大量优质学生，拓宽县域教育的“出口”。

第 一 章

县域教育的性质与制度

从精英教育到大众教育的变革

1949 年以后，我国基础教育完成了从精英教育向大众教育的历史性转变。精英教育是实现精英自我循环、自我复制的教育，它强调集中资源精准打造某些人才，使人才在短时期内冒出来，但它排斥底层。大众教育是面向普罗大众的教育，它使教育得以普及，但稀释了教育资源，使人才短时期难以冒出来。大众教育普遍提高了国民素质，推动了经济社会发展，特别是为中国未来的发展储备了海量人才。当国家和社会都有资源以后，大众教育和精英教育就要两手抓，两手都要硬。

一、如何回答“钱学森之问”？

中国高等教育发展取得的成就举世瞩目，是新中国成立 70 多年来经济社会快速发展的重要表现，也是其发展的重要引擎和组成部分。但有一个令党和政府尴尬的问题是，新中国至今没有（批量）培养出像钱学森、杨振宁这样的科学大师。钱学森在世时曾提出著名的“钱学森之问”，拷问中国高等教育为什么没有培养出杰出的人才。社会各界从不同方面对“钱学森之问”进行了回答和阐释，众说纷纭，都有一定的道理。钱学森本人从高校制度谈到了这个问题，他认为西方高校有一种培养科学技术发明创造人才的模式，而我们没有一所高校按照这种模式来办学，所以人才就冒不出来。

我在思考这个问题后发现，“钱学森之问”是一个庞大的社会系统问题，既牵涉到中国教育的理念、管理和制度问题，也与不同阶段学校的教学制度、学生培养体制有关，还包含社会和高校人才脱颖而出的机制。既有宏观制度问题，也有中观体制问题，还有微观机制问题。下文将从宏观教育制度层面来探讨该问题，认为“钱学森之问”涉及大众教育与精英教育的分野问题，它是新中国实行大众教育制度的一个必然的阶段性结果。

二、出生与教育

我在课堂上用PPT展示了两张对比鲜明的图片，左边一张是西南联大校门的黑白老照片，右边一张是华中科技大学校门的彩色照片。我问台下坐着的两三百名学生这两个学校有没有可比性。在网络上，一些人经常拿西南联大与现在的大学进行比较，用以批判当前的教育制度和大学管理制度。连一些知名的教育专家和大学教授也习惯于抽象地把西南联大神化，把当前的大学教育制度批得一无是处。西南联大在短短的8年时间内确实创造了教育界的奇迹，在它的3882名毕业生中，走出了2位诺贝尔奖获得者、4位国家最高科学技术奖获得者、8位“两弹一星”功勋奖章获得者、171位两院院士及100多位人文大师。华科大建校60多年也没有这份沉甸甸的成绩单。很多同学回答就说自己的大学没法与西南联大相比，我狠狠地批评他们太没自信。我其实要引导的是这两所学校根本没有可比性，包括清华、北大也不能拿来跟西南联大进行比较。新中国的大学所嵌入的教育制度与西南联大时的教育制度有着本质差别。西南联大时的教育是精英教育，招收的学生和培养学生的方式都具备精英教育的基本特质，而华科大是典型的新中国创办的学校，是大众教育的产物，它的教育对象是工农子弟，是工农子弟向上流动的平台。所以，两所学校的教育对象、教育目标、教育内容、教育方向、教育方式等都有本质差别，自然教育结果也会有很大不同，不能拿到一起进行比较，更不能拿西南联大的教育成果来批评现在的教育制度，来否定新中国大学教育的成就。

现在也不是没有精英式教育，只是才刚开始不久。

讲个故事，2013年左右某著名大学政治学的一位年轻教授到武汉来跟乡村治理研究中心的师生座谈，我刚好在座。谈得比较多的话题是培养学生，教授一直很重视政治学系本科生的培养，新生一进校就开始布置任务和开列读书书目。教授提到一个很有趣但令他不解的现象，说的是该大学政治学系的本科新生以2010年为界，在这之前的不好带，之后的就好带了。说不好带是因为这些新生进来后有很大一部分不会好好上课，逃课的多，课堂上老师交代的作业不能按时上交，每个月布置的读书任务也完不成，他们中很多人在外兼职、考证或背英语，到了大二还有不少人转到另外的系，大四第一个学期就基本上没有人上课了。好带则正好相反，他们没有逃课的，课堂纪律很好，听课很认真，布置的作业和读书任务能够按时完成，基本上没有人在外兼职或转专业了，专门考证和背英语的也少了。他们不仅阅读本专业的书籍，还能广泛涉猎外专业甚至理工科的书籍。教授本人博学强记，据说能说会写数国语言，对物理化学、文字考古学也颇有研究，因此他给学生开类似的课程，学生竟然也能如痴如醉地钻研。2010 年以后的学生让教授大为欣赏，大有得天下英才而教之的喜悦。但是他困惑的是，为什么同为该大学招来的学生前后竟然会有那么大差别。

教授教政治学对这个问题不解情有可原，但当时在座的人多是学社会学，对其中的差别就不那么奇怪了。从社会学的角度来讲，该大学政治学系 2010 年招收的学生尚有来自工农家庭的子弟，2010 年之后招收的学生则多来自上层社会。工农子弟与上层子弟有较大差别。工农子弟的家庭并不富裕，他们在读书的 4 年期间不仅要为自己的学费考虑，还可能为自己的生活费发愁，有的学生甚至还要寄钱回家贴补家用，他们就得在学校期间外出兼职赚钱，就要把大部分课余时间甚至是上课时间给搭进去。他们还要想着 4 年后的就业问题，到企业兼职也可以赚取经验，考证和有出国经历可以为他们“脸上贴金”，有利于找到好工作。到大四的时候基本上不是去找工作，就是在外实习。政治学是一个研究型的专业，不像技术类专业那么好找工作，因而学生为了找工作考虑就会转到好找工作的专业去。工农子弟的家庭出身决定了他们不得不去理性地思考自己处境，以及如何应对自己的处境。

但是出生在上层家庭的学生就可以不这样。他们不用考虑学费、生活费等问题，这些问题对他们来说从来就不是问题，他们的家庭早已解决了这些问题。他们也不用愁 4 年后的去向问题，因为他们的父母早已给他们规划好了发展的路线，甚至工作都已经找好了，只等着他们毕业。因此，他们既不需要考什么证书、到国外混什么经历，也不需要转专业，任何专业对他们来说都是一样的，他们不需要通过专业识别来找工作，专业只是他们学习的平台而不会成为他们的束缚。正因如此，他们的大学生活就相对单纯，他们只需要一门心思读书思考就行了。老师只要给予指引，不需要任何规范和强制，他们就会自觉地去读书学习完成任务。他们对学习毫不挑剔，任何学习都是对自己的提升，他们会在专业之外广泛阅读，也不惜花费大量的时间和精力在文字考古上。数学、物理和化学之于文科生基本上用不着，他们却乐此不疲，钻研得还挺深。对他们来说，学习、钻研和挑战是乐趣，而不是负担或是浪费时间。

教授的案例说明 2010 年之前工农子弟通过努力还能够考上该大学政治学系，2010 年之后就考不上了。该大学是如此，北大、清华更是如此，中国的名牌高校越来越多地被富裕家庭子弟挤占，工农子弟被排除在外，这些高校的培养对象就会像西南联大一样，培养的方式和目标也将转变，精英教育模式将率先在这些学校蔚然成风，并逐渐扩大到其他“985”高校。这些学校在资源、人才总量上都超过民国时期教育的总量，何愁将来培养出来的学生比不过西南联大。但事情总是有两面性，当“985”高校实行精英教育的时候，大批人才就冒了出来，但是工农子弟就很难再进入这些学校深造了。

三、精英教育的特点

精英教育是一种教育模式，是实现精英自我循环、自我复制的教育。父辈是社会结构中的上层精英，子代通过父辈提供的这种教育模式训练也成为上层精英。通俗来讲，就是祖祖辈辈是贵族、上层人，通过精英教育其子子孙孙也是贵族、上层人。满足精英教育目标、实现精英循环的教育制度就是精英教育制度。新中国成立之前的教育是典型的精英教育。这里不去谈精英教育的理念、方法和机制，主要介绍它的两个特点。

第一个特点是受教育之人有家学渊源、有家底。教育对象的选择决定了教育制度的性质，也决定了教育的目标。如果教育对象是精英，那么该教育制度就是为少数精英的需求服务的，其教育的目标是实现精英的世代延续。如果教育的对象是所有适龄国民，那么其教育制度的设置初衷就是满足社会多数人的普遍需求。精英教育不是要将普通人教育成精英，其教育对象本身就是来自精英阶层，通过这个教育的培养，这些人将继续留在精英阶层为该阶层服务。但是，精英教育在表面上并不排斥普通家庭的子弟，它宣称向所有人开放。但是精英教育在教育对象的选择上设了两道门槛，使得只有精英才能迈过去接受教育。一道是财富门槛，精英教育不是免费教育，而是市场起决定性的教育，所有的家庭都到市场上购买教育。市场上的教育资源有优劣等差，不同质量的教育资源的市场价格不同。越是富裕的家庭越能够购买优质教育资源，也越能够长时期地购买教育资源。而经济条件弱的家庭则难以购买优质教育资源，也不能给子弟长时期购买教育资源。因此，在教育竞争中，越是高质量的教育资源就越被上层人占有，工农子弟被排斥出精英教育的竞争行列。

除经济门槛外，还有一道更高的门槛是文化门槛。经济门槛可能在短时间被跨越，如出现暴发户、土豪等，他们有足够的经济资本为子女购置优质教育资源。但是文化底蕴难以在短时间内积累起来。文化教育包括两个相辅相成的方面，一个是学校教育，另一个是家庭教育。学校教育在精英教育时代大部分是通过市场购买获得的，但并不是有钱就能够接受学校教育，还需要通过考试、面试等机制优胜劣汰。这方面就需要有家庭教育作为基础和补充。家庭教育是生活中的教育，它的传授方式属于言传身教，教育内容既包括文化知识，也包括人生观、价值观和世界观的培养，还包括做人的道理、先人对事对物的分析和理解。这就是所谓家世学问。积累时间较长、学问较深厚的家庭谓之有家学渊源，次之的为耕读传家，再次之的则是能识字断句算数的人家，最后则是大字不识一斗的人家。家学渊源越深的人家，因为有世代相传的学问：家庭有文化氛围，所以能够让孩子幼承庭训，从小就接受家庭严格的教育，接受儒家经典、道德规范和家道家风的熏陶。而没有这个条件的家庭，他们的孩子没有文化氛围的熏陶，送他们进私塾读几年书能识字算数了，就回家跟父母干活或外出谋生。这样就只有那些出生在文化家庭的小孩才有基础和能力上更好的学校进行深造。精英教育不仅学校教育是精英教育模式，家庭教育也是精英教育模式。

现在许多人都认为民国时期出了很多文化大家和科学大家，崇拜之感油然而生，但不知这些大家之所以能成为大家，除个人努力外，还因为他们都不是出生于普通人家的。像大家所熟知的文史大家王国维、鲁迅、郭沫若、胡适、钱锺书等，自然科学家（数学家）苏步青、钱学森、华罗庚、杨振宁、李振道、丁肇中等，从他们往上数多少代都满足有家学渊源、有家底这个条件。之所以用民国时期的这些学术科学大家作为例子，是因为他们是清末中国学习西方的自然科学、社会科学之后出现的第一代中西共融的自然科学家和人文社会科学家。他们既与传统知识分子有可比性，又与现在的知识分子有可比性。

案例 1-1　李政道，其曾祖父李子义是江苏东吴大学（现在的苏州大学）的前身苏州博习书院的创建人之一。李政道的伯祖父曾任东吴大学教务长达数十年，伯父也在博习医院和东吴大学任职数十年。李振道的父亲李骏康是金陵大学农化系首届毕业生。从李振道往上数第四代人（曾祖父）就属于有家学渊源、有家底之人。

案例 1-2　杨振宁的祖父杨邦盛，是清末的一个秀才，早年一直在私塾教书，后来进了天津段芝贵的幕府做文书。不要小瞧了秀才，当时的秀才比现在的博士少多了，也有很高文化水平。杨振宁的父亲杨武之于1914年秋考入北京高等师范学校预科，后获学历，这是当时师范类的最高学历，故各地竞相聘用。1923年春，杨武之公费留学美国斯坦福大学，三个学季后取得学士学位。1924年转入芝加哥大学数学系，4年后获博士学位。1928年回国后先后任职于厦门大学和清华大学。杨振宁是这样理解家学渊源的："父亲对我们子女们的影响很大。从我自己来讲，我小时候受到他的影响而早年对数学发生浓厚的兴趣，这对我后来搞物理学工作有决定性的影响。"他的意思是他从小就在家学文化很强的氛围里成长，他父亲在他小时候就教他算数、解题、做数学模型，他对数学的兴趣就像我们现在的小孩对手机游戏的痴迷一样。与杨振宁有家学渊源不同，从小陪伴我们农家子弟的是鸡鸭鹅、猪牛羊、泥巴和鸟窝。

案例1-3　丁肇中的家族史就是一部家学渊源形成史。明朝初年，始祖丁顺自江南海州，迁入日照，200年来丁氏家庭一直从军务农。直到明崇祯年间，丁家出了第一个进士丁允元，家业渐兴。此后400年间，丁氏家族人丁兴旺、才俊辈出，丁惟汾、丁肇中等名人大家，在中国近现代史上作出了卓越贡献。读书起家，教育兴族。据新修撰的八修《日照丁氏家乘》记载，明末丁家出了一位秀才丁珩。他痛思家业不兴的主要原因就是族人不识字、没文化。因而下决心倾资办学，并身体力行，亲自坐馆教学，对子女严加管教，使家风文墨渐兴。持续200年的农业世家，开始成为书香门第。近年来，丁家修家谱时统计，明清两朝，丁氏家族共有进士15

名、举人49名。活跃在中国近现代史上的政治家丁惟汾、丁基实（丁君羊）；科学家丁守存、丁肇中；教育家丁履德、丁观海等，皆堪称一代风云人物、名流大家。丁肇中的父亲丁观海是现当代著名教育家，留美攻读土木工程弹性力学，回国后先后在河南焦作工学院、山东大学、重庆大学、台南工学院、台湾大学任教。其夫人王隽英是留美攻读教育心理学的教育专家。丁氏家族从明初从军务农之家变成书香门第用了200多年，这在精英教育时代属于偶然事件。一旦有家学传统之后，人才就进入了精英式培养，所以才会有后来的人才辈出。丁氏家族史留给我们的启示是，一个家族的兴旺、个人的成功需要文化基因。从明朝初年丁顺迁入日照到丁肇中获诺贝尔奖，经过了600余年20多代人的努力和积淀，这说明要培养一个文化底蕴深厚的伟大科学家不容易。

案例1–4　钱学森，也满足有家学渊源、有家底的条件。吴越钱氏家族，从吴越国王钱镠（852—932）算起，1000多年以来，代代有钟鸣鼎食之家、博学鸿识之徒。这要归功于钱镠的家训。据史书记载，钱镠临终留下“心存忠孝、爱兵恤民、勤俭为本、忠厚传家”等10条遗嘱，子孙恪守无违。因此，南宋以降，特别是明清两代，钱氏家族涌现了众多的政治家、文学家和杰出学者。即使以当代而论，钱氏家族同样人才辈出，如钱玄同、钱穆、钱锺书、钱锺韩、钱三强、钱伟长、钱学森、钱正英、钱其琛，等等，皆是其中翘楚。2008年诺贝尔化学奖得主钱永健，就是钱学森的堂侄子。钱学森的祖父是钱镠的第三十一代子孙，在杭州经商，以贩卖丝绸为业，家境富裕。父亲钱均夫（1882—1969）是中国文史专家，早年就读于杭州求是书院，毕业后留学东洋，研修教育。1911年，也就是钱学森诞生的那一年，出任浙江省立第一中学校长，后任浙江省教育厅厅长，著述颇丰。1912 年，钱均夫在上海创办了“劝学堂”，以传播民主革命的思想，以施展其“兴教救国”的抱负。钱学森的母亲章兰娟（1888—1936），为杭城富商之女，幼承教育，记忆力和计算能力超群，颇有数学天资。她心灵手巧，富有想象力，尤善针线刺绣。钱学森惊人的天赋，有一部分来自他母亲的遗传。

从民国的这些大家的家族历史可以看出，一个特别出色的人才的出现，大多要经过几代优良的家风与优秀的文化背景的熏陶。

第二个特点是举全国之力打造少数精英人物，而忽略了普罗大众接受教育的权利。精英教育的理念不是教育权利的均等化，让所有的适龄人都有接受教育的权利，而是只为有能力接受教育的少数人提供稀缺的教育资源。就民国时期而言，当时中小学很少，大中专就更少，能够招收的学生很少。读书的名额在当时十分稀缺。普通的工农子弟只能接受私塾、小学教育，只有占人口少数的上层家庭的子女才上得起大中专学校，能够公费留学的更是精英中的少数人。我爷爷就是那个被精英教育排斥的普罗大众的代表。我爷爷及其兄弟共有 8 个人，上过私塾能够读书看报的只有他的二哥和七弟，他的二哥因为有文化还当过民国末期的代理保长，20 世纪 90 年代初期已经 90 多岁了，还拿着我给他的医药盒子教我认字。他的七弟在新中国成立后还教过一小段时间的小学，其他人则一字不识。因此，当时是将教育资源集中到了少数精英头上，集中资源培养这些人才，而不是将本来就稀缺的资源平分到像我爷爷那样的人身上。在教育上，政府只管那些上层家庭的子女，对于工农家庭的子弟则放任自流，不闻不问。工农子弟受教育的权利被剥夺。

上层精英家庭的子弟本来就有良好的家庭教育，受过家学渊源的熏陶，文化底子很好，国家又重点培养他们（给他们最好的师资，给老师最好的待遇，公费送他们留洋），他们作为人才冒出来的概率就很高。这就是民国时期文化和科学领域"大家"成堆的根本原因。

民国大学的数量体现了民国大学是精英教育。至 1931 年，全国专科以上学校共计 103 所，北部平（北平）、津、冀、晋、鲁各省市共计 32 所，东部宁、沪、苏、浙、赣、豫、湘共计 11 所，东南、西南地区共计 15 所，广大西北、东北地区近 4 所，而热河、绥远、陕西等 10 省竟无一所专科以上学校。其中，上海 24 所，北京 15 所，广州 8 所，接近总数的一半。到 1936 年，全国专科以上学校增至 108 所，在校生增至 41922 人，毕业生增至 9154 人。

因为是精英教育，当时高校少，高校的老师少，教授更稀缺，国家就给得起高工资。1934 年，全国高校教员 7205 人，其中教授 2801 人，有留学经历者 3856 人。20 世纪 30 年代，一级教授月薪 500 元，1924 年北京平民五口之家的月均用度为 14 元 2 角 5 分，人力车夫养家月费 11 元 6 角 2 分。一级教授的工资是普通工人工资的40倍到50倍，这笔工资收入在当时足以让他们过上贵族式无忧无虑的生活。他们就可以心无旁骛地做学问、培养学生，不用为生计发愁，不需要为拉课题、做项目绞尽脑汁。这样他们不仅自己能做出好的学问，也能培养出好的学生。

四、大众教育需要更多的资源

大众教育的目标群体是所有的老百姓，它的理念是让所有人都有接受教育的权利。精英教育是给少数上层精英专门预留的权利，是精英的特权。大众教育向所有人赋予接受教育的权利，是普及性的教育，不仅适龄人有接受教育的权利，非适龄人也同样有接受教育的权利。从新中国成立以后到现在，我党领导的新政权一直在普及和扩张各层级的教育，使接受教育的人群不断扩大、接受教育的时间不断延长、接受教育的内容不断丰富。从农村来看，逐渐在每个行政村（高级社、大队）设立小学，在边缘的村落还有教学点，每个乡镇有一所中心小学和初中，大的乡镇还有高中。到县一级设立了多所县级中学，其中有三五所设有高中。比较大的县开设了中专。比如湖北沙洋县就有一所沙洋师范，始建于1956年，湖南县级市资兴市也有一所叫东江师范的中专，创建于1960年。到了地市一级，再小的地市一般都会有两所高职高专，一所是师专，另一所是医专，还有其他的大中专。到省会一级就会设立综合性和各种专业类的大专院校，像北京、上海、南京、武汉、西安、广州等城市的专业院校是比较齐全的。就武汉而言，有综合类（武汉大学、湖北大学）、有师范类（华中师范大学、湖北第二师范学院）、有理工类（华中科技大学）、汽车类（武汉理工大学）、钢铁类（武汉科技大学）、邮政类（武汉邮电科学研究院）、纺织类（武汉纺织大学）、水利类（武汉水利电力学院）、测绘类（武汉测绘学院）、医学类（武汉医学院、湖北医科大学、湖北中医学院）、军事类（海军工程学院）、化工类（化院）、民族类（中南民族学院）、财经类（中南财经大学、湖北经济学院）、政法类（中南政法学院）、农业类（华中农业大学）、地质类（中国地大）、体育类（武汉体院）、音乐类（武汉音乐学院）、美术类（湖北美术学院）、警察类（湖北警官学院）等，还有数十所高职高专学校。[1]

要将这些学校办下来需要几个条件：一是教师人才；二是资金；三是教学实验设备。也就是要人要钱。首先说要人，从新中国成立后，各个层级的学校就开始大规模地扩建扩招，不仅大学需要大量的文化人才和管理人才，到村一级的小学也要有相应的配套。在民国时期，由于中小学和大学都很少，当时的大中专毕业生就可以填充到中小学里去当教员，优秀的则可以留在大专院校教书。留学回来的既可以到大学任职，也可以到中学中专任教。所以，在民国时期，即便是小学老师都有较高的学历和较好的文化素质。记得读余秋雨的回忆文章，他在 20 世纪 50 年代的上海念小学初中，他的一些文史老师后来都成了大学里的文史专家。在民国时期，中学

[1] 此处列举的院校，有一部分沿革复杂，不同时期有不同的名字，此处采用的是其创建时的名称。——编者注

老师与大学老师的界线不明显，有的大学老师在大学里教得好好的，突然之间就受中学里朋友的邀请到中学教书。中学中专老师也可以受聘于大学老师，毛泽东的第一任岳父杨昌济留学回来先在湖南第一师范任教，后才转任北大教师，在中专和大学都很受学生欢迎。民国时期的精英教育中小学的授课老师就是当时社会上的文化精英。

但是新中国成立之后，在逐渐普及中小学和大中专院校的过程中，文化人才就显得十分稀缺。加上新中国各个领域、各个行业都在轰轰烈烈地建设和发展，都需要人才。这个时候，大学毕业生就不能再被抽调到中小学去了，而是留在大学里或者其他更重要的科研技术岗位上，留学归国人员则更为珍贵，更不会去中小学当教员。于是，在农村小学，教学前班和初小（一、二、三年级）的老师是小学毕业或初中肄业的人，教高小的老师则是初中毕业生或是高中毕业生。在偏远教学点的老师的文化水平就更低，凡是能识字读报的农民都被邀请去任教，边任教边学习。教初中的是高中毕业的老师，或者是抽调有经验的小学老师去教。我所在的乡镇中小学直到 20 世纪 90 年代初我读五年级时才有两个中专毕业的年轻老师分配过来，他们是全乡学历最高的老师。教高中的老师则是中专毕业生或大专毕业生，到 2000 年我毕业之前，我们县一中本科毕业的老师才多了起来。并且由于国家承担不起教师的工资待遇，普遍从有一定知识水平的农民中招聘民办教师充实教师队伍，满足教育普及的需要。

所以，在初中、小学阶段，老师本身的文化水平就很低，家长亦不能提供家庭教育，可想而知农村基层学校普遍的教学水平（北京、上海等大城市可能不同）。正因如此，大众教育刚开始普及时，它的层次是很低的，是基本的识字、算数教育。除学校教育之外，全国范围实行汉字简化，满足大众传播的需求；在基层还大量兴起扫盲运动，办扫盲班、老年班，给不同年龄段的人提供接受教育的机会，提高国民的教育水平。在学校教育中，因为国家能力有限不可能从一开始就提供九年义务教育或十二年义务教育，只能是从小学开始普及。在我的老家湘南地区，现在的70后还有小学毕业证，到我这一辈就不发小学毕业证了。由于国家不可能同一时期完全普及所有层级的学校，让所有的适龄人都接受小学、中学和大学教育，在最开始的时候只能让所有的人接受小学初小或高小教育，他们读了小学后，能够识字读报就算数了，大部分人出学校就到适当的岗位就业，运用所学的知识，如到初小当老师、到大队当会计、到医院当护士、到农村种地等。只有少部分人通过考试能够上升到初中读书。同样，初中念完后，大部分人就要到各个岗位上就业，少部分人在应试中脱颖而出晋升到中专、高中就读。高考也将大部分人挡在大学之外，少部分人进入大学深造。所以，大众教育在初级阶段的时候，必然是应试教育，小学升初中要考试，初中升中专、高中要考试，高中上大学还要考试，每考一次都会淘汰大部分学生，只有少部分学生有升学继续学习的机会。因此，大众教育也是就业型教育和向上流动的教育。大部分学生要在各个层级被推到不同的岗位就业，学历的层级越高，就业的岗位就越重要，就越有利于个体的发展。能够突破各个层级准入考试的人，就可以上升到中专、大专和本科，实现向上流动。另外，大众教育在很长一个阶段内还只是运用知识的教育，而不是培养创新思维和创造知识的教育。部分原因是教育的层次很低，只能让学生将既有的知识学会，然后到岗位上去应用，而无法培养学生的创造性思维。即便是大学教育也是基础的知识教育、教材教育，而非创造性教育。因此，大众教育培养的是运用知识的工程师，而不是创造知识的科学家。从国家岗位需求方面来讲，国家各方面正在搞建设，需要的是工程师这类应用知识的人才，而不是基础性的创新型人才。

再说钱的问题。新中国百废待兴，各行各业都需要变革和发展，都需要大量的投入。教育投入是大头中的大头。如果按照民国时期的模式实行精英教育（学生少、学校少、老师少），在新中国的动员能力下可以大幅增加教育投入，也就可以使同样数量的学生、老师和学校获得更多的教育资源，那么必然会在短时间内培养更优秀的学生。在大众教育的情况下，学校、学生和老师都数十倍、数百倍乃至数千倍地增加，但是教育投入不可能增长这么快，所以教育教学的基础设施就不会很完备、很先进，工资水平也不可能让包括高校老师在内的大小知识分子过上非常富裕的生活，教师工资较民国时期就显得非常之低。直到 20 世纪八九十年代还有“造原子弹的不如卖茶叶蛋的”“拿手术刀的不如拿剃头刀的”说法。

所以大众教育的一个显著缺点，就是它将培养精英的教育资源平分到了大众身上，稀释了教育资源，使得资源不能形成规模效应，人才难以冒出来，教育的效果不能在短时间内显现。打个不恰当的比方，民国政府手上有 2 亿元教育资源，它将这 2 亿元教育资源砸在钱学森、杨振宁两个人身上，每人拥有 1 亿元教育资源，教育的层次就很高，加上他们本来就深受家学熏陶，文化底子好，哪有砸不出来的道理。一砸就砸出来了，效率很高，资源瞄准率很高。但是在大众教育制度下，手上同样是 2 亿元，但要分配到 2 亿人头上去，每个人头上只有 1 块钱的资源。即便是像钱学森的儿子（钱永刚）那样有较好的家庭教育，他在公共教育中也只有 1 元的教育资源，教育的层次和水平都很低，因而难以被砸出来。就如，一个大学实验室没有钱购置大型的、先进的试验设备，学生就只能将教材上的知识学会，而没法通过试验展开研究和创造。正是在这个层面上，国家一方面需要的是大量拿起来就使用、一使用就能够出效果的人才，另一方面也没有多余的资源用于周期长、见效慢、消耗大的基础性研究。

来看看在大众教育背景下我们有多少高校。2011 年具有普通高等学历教育招生资格的普通高等学校、独立学院和分校办学点（不含军事院校和港澳台高校）名单：（1）普通本科院校 820 所；（2）普通高职院校 1228 所；（3）经国家批准设立的独立学院 311 所；（4）经国家审定的分校办学点 70 个。截至 2010 年 5 月 31 日，湖北省经教育部审批或备案的普通高等学校有 89 所，其中中央部委属高校 8 所，省属本科高校 27 所，高等专科学校 3 所，高等职业学院 51 所。另有独立学院 31 所，成人高等学校 14 所。这还是经过了 2000 年左右的高校撤并之后的数据，并且每所高校的办学规模较民国时期的高校要大数十倍、上百倍。

1936 年全国专科以上学校的毕业生是 9000 多人，远不如现在华中科技大学的规模。华中科技大学近年来平均每年本科毕业生接近 8000 人，硕士、博士毕业生毕业接近 8000 人。也就是说，民国的精英教育是举全国之力办一所华中科技大学，那么华中科技大学就必集全国最优秀的学生、最优秀的老师、所有的教育经费，何愁培养不出人才，何愁教师拿不了高工资？

五、大众教育的功能

新中国实行大众教育制度，这是中国共产党最伟大的创举之一，它使得普通老百姓也能够接受最基本的教育。大众教育有诸多可以大书特书的地方，下面仅罗列三条。

一是普遍提高了国民素质。在精英教育时代，只有上层社会的子弟有接受教育的权利，工农子弟中只有少数可以接受识字算数教育。识字率是反映国民文化素质和人口质量的重要指标。大众教育的普及使得中国人的识字率大幅度提高。民国时期中国人的识字率在 20%—30%。根据 2012 年国家人口抽样统计，中国人的识字率已经超过 95%。这说明绝大部分中国人掌握了基本的阅读和写字能力。这种能力有什么用呢？拿农民来说，绝大部分农民能够识字算数，很大部分农民具有初中或高中文化水平，他们就具备了基本的文字理解能力，能够看懂最新的机械、农药、化肥、种子等的说明书，并能根据说明书进行操作，那么就不需要专门人才去教他们，从而提高了现代农业技术设备进村的速度，极大地提高了中国农业现代化的水平。有基本的识字能力就不怕在外边走丢，就可以外出务工。农民工有初中、高中文化水平，工厂企业稍加培训就可以到流水线上去操作，到管理岗位上任职，可以极大地节省了雇主的时间和培训成本。国民素质的普遍提高，意味着普遍提高了社会运行的速度，节省了社会运行的成本。

二是为低收入人群的上升提供了巨大的空间。社会流动畅通与否是一个社会是否良性运行、是否公平公正的重要表现。在精英教育时代，低收入人群受教育的权利被剥夺，他们中的大部分人没有机会通过这条渠道向上流动。但是当新中国普及大众教育之后，普通的工农子弟也获得了接受教育的权利，从此就有了向上流动的机会，有了与上层子弟同台竞争的机会。尽管大众教育不可能从一开始就向所有人敞开中学和大学的大门，能够上大学的也仍然是少部分人（虽然相对于民国时期是另一个数量级），但一旦给了他们机会和希望，他们就会努力向上攀爬，因为只要努力就有多种可能性：一是万一爬上去了；二是我这一代爬上去一点，下一代再往上爬一点就爬上去了；三是即便没有爬上去，能够学到文化知识至少可以改善生活条件。我们家就是通过大众教育向上流动的千百万普通的中国家庭之一。

前文提到我爷爷在精英教育时代没有机会接受教育因而一字不识，他即便在农村也属于低收入人群。我父亲的学龄时期已是新中国时期了，那时我们老家拆掉庙宇建了小学，乡镇也有了初中。我父亲就有机会上小学和初中，我父亲本可以往上继续读书的，但是他的继父不让他读了。后来我父亲就参军了，在部队因为有文化所以学了医，退伍回来后就进了大队医疗合作社，当起了“赤脚医生”。“赤脚医生”属于农村中的文化和技术人员，在农村有地位，受人尊重。因为我父亲有文化因而也有想法和能力供我们子女读更多的书。刚好我们又都赶上了1999年开始的大学扩招政策，搭上了大众教育在高等教育领域继续推进的东风，我们兄弟姐妹四个人都考上了大学，两个妹妹都考上了本科，弟弟研究生毕业，我博士毕业后留在高校任教。现在大家都参加了工作，各自的发展都还不错，对未来也充满了希望和期待。

前文提到，丁肇中的家族从“从军务农”之家到“书香门第”用了200多年的时间，并且还是偶然性事件。而我们家只用了三代人六七十年时间，就从我爷爷目不识丁到我们成为博士、硕士（还没到书香门第层次），从农村低收入人群跃升到中国社会的中层或中上层，再往后我们的子女就有更好的条件继续往上流动。像我们家这样通过大众教育经过两三代人从工农之家变成中上层家庭，在中国是普遍现象。现在我周边大部分的大学教授都是大众教育的产物，华中科技大学的大部分学生也还是工农子弟。我曾在上课的时候给学生讲过这么一段话：如果你的爷爷是农民，或者你的父亲是农民，你现在能坐在这里上课，除了要感谢你的父母、老师和曾经帮助过你的人以外，还要感谢党和政府，因为他们的大众教育给了你努力的机会。否则，为什么你的爷爷或者你的父亲没有坐上大学的课堂，而你却坐上了，难道是因为你比他们更努力，比他们更聪明？其实你的爷爷或你的父亲跟你一样聪明，只是他们没有像你一样的努力的机会而已。

总之，在大众教育制度下，低收入人群的上升不再是偶然性事件，只要你肯努力就有上升的可能，而且可能性很大，接近必然性。大众教育还极大地缩短了社会向上流动的时间。

三是为后面的精英教育创造了广阔的空间。精英教育包括两个层面，一个是学校层面（也就是国家层面），另一个是家庭层面。这两个层面的条件都是有钱和有文化积淀。此处只说家庭层面。一般来说，只有中产阶层及以上家庭才满足既有钱又有文化积累（有家学渊源、有家底）的条件，也只有这些家庭才有能力给子女提供精英教育。所谓中产家庭，是指那些受过中等以上教育、收入在社会中等水平以上的家庭。中国的大众教育发展了六七十年，制造的中产及以上阶层差不多 3 亿人。这 3 亿人男女对半开，共结成 1.5 亿个家庭，每个家庭生一到两个小孩就有 2 亿个小孩。这些小孩都将接受精英教育，他们的父母会像钱学森、杨振宁的父母培养钱学森、杨振宁那样培养他们，他们成为人才的概率就非常大。那么，未来的钱学森、杨振宁将在这 2 亿人中诞生，这个人才的基数足够大，即便冒出人才的概率不变，人才冒出的数量也将足够多。未来二三十年中国钱学森式的人才呈井喷态势一点儿都不奇怪，届时中国不是出一两个钱学森、杨振宁，而是每个领域都有一大批钱学森、杨振宁。

所以，大众教育在过去的六七十年里虽然没有培养出像钱学森、杨振宁那样杰出、伟大的人才，但是它为未来的人才培养储备了一个巨大的人才底盘。相反，如果新中国一开始就能培养像钱学森、杨振宁那样的人才，中国的教育制度只能依然是精英教育，那么一来对中国的低收入人群来说不是好事，他们没有上升的渠道和空间，继续看不到未来；二来对中国未来的发展来说不是好事，大部分人没有文化、知识和技术，人才的可选择面太窄，不能推动中国的发展。

六、大众教育、精英教育两手抓

总结一下，大众教育是公平教育，它使教育得以普及，整体提高了国民的素质，但稀释了资源，使人才在短时期内难以冒出来。因此大众教育很公平但效率不高。大众教育在初级阶段受困于资源的有限性，只能在低层次上发展，侧重于特定知识的灌输教育和选拔考试。在功能上，大众教育为各行各业提供了智力支持，推动了社会的发展，给低收入人群向上流动提供了机会，也为中国社会的发展储备了大量的人才。精英教育是高尖培养，集中资源精准打造某些人才，使人才在短时期内得以冒出，但它排斥低收入人群，因而有效率但不公平。精英教育并不是没有灌输，也并不是只讲释放天性和快乐教育，它的负担并不比应试教育轻，甚至更重。精英教育的知识灌输是全面知识的灌输，而不仅是应试教育中特定的、有用知识的灌输。精英教育还主张知识灌输与思维启发相平衡，提倡首先必须有大量知识的灌输，灌输到某个层次就要有相应的启发教育。这样，就使得受教育者既有宽广、深厚的知识基础，又有举一反三、以点带面的创造性思维。

大众教育与精英教育各有优劣，二者皆不能偏废。但在资源有限的条件下，我们只能优先发展大众教育，给普通老百姓接受教育的权利，大幅度提高国民素质。这种战略方向是正确的。当中国进入了发展的新时代，中国有钱了，个体家庭也有钱了，在教育上就可以两条腿走路，既不能偏废大众教育，也要发展精英教育。如果再不发展精英教育，最顶尖级的人才就冒不出来，我们在高科技领域就竞争不过美国等西方国家，就要被人家卡住脖子。如果大众教育发展不好，我们仍占社会大多数的工农家庭就没法再向上流动，教育不公平就会成为社会问题。

中国从 20 世纪 90 年代末以后就开始探索精英教育发展的路子，包括“985”“211”及这两年的“双一流”建设，还有高校自主招生政策的推行，重金打造清华、北大两艘高等教育航母，都是国家层面的探索。在高校内部，不同高校依照自身情况探索不同的精英教育方式，如华中科技大学的精英教育是重点打造“启明学院”，本科生招进来后再进行一次考察筛选，每个专业的前一两名进入启明学院学习，全校的优质资源向该学院的学生倾斜，每个学生都配备教授级导师，所有学院的实验设备都向他们开放，他们可以选择任何老师的课程。在家庭层面，诸如将小孩送入学费昂贵的双语幼儿园、请名师家教、上高档次培训班、重打基础重全面素质、从小培养学习习惯等。我有个博士同学，毕业后到一所“211”高校当老师，她在女儿正要上幼儿园时选择去美国访学一年，这样，她既可以让女儿在美国读幼儿园，既可以学会正宗的美式英语口语、跟美国人打交道的方式，还能够带着女儿游历美国的名山大川，包括总统山、五大湖、黄石国家地质公园等，让美国的地理和历史成为女儿头脑中知识的一部分。中国的精英教育模式正在不断探索中，也逐渐形成了一些相对成熟、有效的方式。

在大众教育层面，高等教育继续扩招，向更多的普通家庭子弟开放，让更多的人能够接受高等教育，进一步提高国民素质。但现在的问题是，中国基础教育向“减负”、快乐教育方向改革，弱化了公立中小学的文化教育，降低了工农子弟的竞争力，使他们越来越难以进入好的大学。重点大学、名牌大学越来越多地被富裕家庭子弟占据。华中科技大学本是工农子弟特色鲜明的学校，一向招收来自工农家庭的学生多。最近几年该校社会学系的本科生中工农子弟占比不到1/4，有的年份只有少数几个。该校有些专业工农子弟已绝迹。这是一个严峻的社会问题，说明大众教育作为社会流动的渠道在萎缩。中国社会本来因为大众教育向上流动的功能健全，低收入人群源源不断地向上流动，其社会分层及固化迹象不太明显。基础教育中的大众教育逐渐被精英教育取代，大众教育就会丧失向上流动、储备人才的功能，最终只剩下完成义务教育任务一项功能。结果是，基础教育改革在学生宽松、快乐的氛围中悄然完成社会分层。

2018 年 5 月 9—10 日

大众教育是向上流动的教育

> 大众教育将接受教育的群体从富裕家庭子弟扩展到普通工农子弟，为底层群体向上流动提供了巨大的空间，大量工农子弟在大众教育下通过两三代人实现了阶层跃升。

一、工农子弟何以上大学？

北京大学120周年校庆本应是很隆重和有新闻的事件，舆论爆棚的却是校长林建华把“鸿鹄志”念成“鸿浩志”的小插曲。林校长是北大校长，地位特殊敏感，网络上一顿“猛喷”。隔天他出来道歉，说他上小学时没有课本，后来有了课本也很简单。林校长的意思是那个时代的基础教育不完整、不系统，使得他语文基础比较差，语法根本就不懂，念错字就很正常了。针对他的这个道歉，有人说他不诚恳、不深刻，把问题归结为外在的时代因素。

与林校长有类似经历的是十几年前清华大学校长在赠送亲民党主席宋楚瑜小篆书法时念到“瓠”字时卡壳了，也在世人面前闹了大笑话。还有一个差不多的现象传遍了朋友圈，有人把北京大学创校以来的校长的书法笔迹做了一个时间排比，基本上可以看出 20 世纪 80 年代以前的校长的书法都很好，之后就越来越只是写字而不是书法艺术。2000 年以后的校长的字迹就更加普通。但是反观同一时期我国台湾地区一些大学校长的书法依然可以与民国时期的校长相比拟。于是有人疾呼中国大陆要加强人文素质和人文精神教育，说新中国成立以后就中断了传统文化教育，使得伴随新中国成长的几代人在传统文化熏陶方面十分欠缺。清华大学的校长顾秉林甚至直呼宋楚瑜的名字，不知道在名字后面要加“先生”，足见连基本的礼仪礼节都丢掉得差不多了。

我们倒是可以从林校长的道歉信及社会对他人文素养欠缺的批评中，读出一番跟林校长相反的意思。一方面林校长声称他是普通的农场子弟，另一方面社会对他的期待是北大校长要有较高的人文素养。但是这两个方面本身是有矛盾的，因为人文素养是需要在有家学渊源、有文化底蕴的家庭中长期熏陶而成，远非内蒙古一个只有几十户人家的偏远小农场家庭能够做到的。因为在 1949 年以前的中国，工农子弟是上不了大学的，更谈不上当大学教授和校长。林校长是新中国大众教育的产物，是从工农子弟中走出来的大学校长，在文化素养、知识结构上确实有缺陷。“新中国”“工农子弟上大学”与“人文素养不高”，是三个联系在一起的关键词。至少在过去相当长的时间内是如此。

二、精英教育有文化熏陶

林校长念错字体现出来的确实是人文素养的问题。不仅因为他是理工科出身，而且他所接受的家庭教育和公立教育也决定了他只有那么高的人文素养。在民国时期，即便是理工科大师也有很深厚的人文素养和国学功底，像钱学森、杨振宁等科学大师，也可以称得上人文大师。华中科技大学有个老校长叫杨叔子，他是机械工程领域的院士，今年 85 岁了。他在 20 世纪 90 年代担任校长期间做了一件令其声名远播的事情，那就是在理工科院校首创人文素质教育讲座，目前已有两三千期了。杨叔子院士本人不仅是机械工程的顶级专家，而且有深厚的国学功底，据说他在学生培养上要求学生背诵《老子》《论语》前七篇，否则就不能参加答辩，他个人也出版过关于《老子》《论语》研究的专著。他还是中华诗词学会的名誉会长。他认为只有把科学与人文结合起来才能培养素质全面的人才。在他那里，理工科的最高境界与人文社会科学的最高境界是相通的。杨叔子院士出生于江西湖口强宗大族杨氏，祖上有家学传统，父亲是跟随孙中山闹革命、撰写了《讨袁檄文》的国民党元老，担任过江西省代理省主席，是当时的诗文大家。

民国时期能够接受教育的只有出生在上层家庭的子弟，他们一般来自官宦、资本家、地主和知识分子家庭。这样的家庭一般都不是突然冒出来的“土豪”，而是既有家底又有家学渊源，至少有数代乃至十数代人的文化积淀。这些家庭的小孩从小就受家庭文化氛围的熏陶，有父母或传统文化功底很深的家庭教师手把手地教授他们。他们不仅能够养成良好的学习习惯，而且能在琴棋书画、诗词歌赋等方面接受良好的教育。不讲样样都精通，至少知书达理，不会把基本文化常识弄错，更不会将小篆书法作品说成是“小隶体”。钱锺书谈到他之所以有好文笔、文字简洁，就与他父亲从小培养他写作有关系，每篇作文被要求写上数遍乃至数十遍，直到他用最简洁的语言表达，他父亲才满意。他坦言这种训练让他终身受益。

家庭教育是精英教育模式，普通人家没有教育的基础和氛围，更请不起家庭教师。在国家层面也是精英教育模式，国家的基础教育和高等教育的普及率非常之低，大部分工农子弟没有文化基础和经济条件接受学校教育。他们最多接受最基本的私塾和初小教育，能识字算数就算有文化了。但是大部分工农子弟连接受这点教育的权利都没有。能够上中小学和大学接受教育的只有少数上层家庭的子弟。学校少，需要的教师少，无论哪个学段的学校的教师都具备较好的专业知识和人文素质。此外，当时中小学教育的内容也十分丰富和灵活，因为当时并不是完全的应试教育，而是全面的素质培养。即便是到了大学要分专业但也注重学生全面发展。因此，无论是在家庭教育方面，还是在学校教育方面，精英教育都十分注重综合素质的培养，因而理工类专家具备较好的文化和国学功底实属正常。这是精英教育的固有特点。

精英教育的优点是能够集中资源定点培养有文化底蕴和综合素质的优秀人才，缺点是剥夺了广大工农子弟接受教育的权利。

三、大众教育有优势有短板

新中国的教育制度就完全不同了，教育对象、教育内容和教育方式也与民国时期有很大的区别。新中国实行的是大众教育。大众教育就是要将接受教育的权利从上层家庭子弟扩展到普通工农子弟，再逐渐普及各个学段的学校教育。新中国成立后，不同学段的学校都在扩建扩招，而首先得以普及的是小学教育及后来的初中教育，1998 年后大学扩招使得大学教育进一步普及。至 2017 年大学实际录取率已达到了 81%，即 10 个考生中有 8 个上了大学。大众教育使得教育得以普及。相对于精英教育，大众教育有以下几个特点。

一是使广大工农子弟有接受教育的权利，他们就可以通过自己的努力一步步地考试升学，有的还能够考上大学，成为大学教授、院士，甚至当了北大、清华校长。但是就家庭教育而言，工农子弟家庭基本上没有家学渊源和文化底蕴，父母及祖上大多大字不识几个，因此他们在家庭里谈不上有文化教育，更不用说文化熏陶。工农子弟主要依靠学校教育获得知识和文化。

二是在学校教育方面，因为普及了各个学段的学校教育，就得填充大量的师资，但是国家又不可能在短时期内培养出那么多有文化有知识的老师来，并且其他各行各业都需要大量人才，因此这个时候大中专毕业生就不可能下去教中小学，他们只能留在大学里教大学，或者到更重要的岗位上去。留学归国的人才更不可能去教中小学。那么教小学就只能是初中毕业或没毕业的人，教初中的则是高中毕业或中专毕业生，在偏远农村，直到 20 世纪 90 年代才有中专生被分配到了乡镇中心小学。教高中的是中专毕业生或大专生。

很多农村没有那么多公办教师名额，就用民办、代课老师填充进去。学校普及对教师的大批量需求极大地降低了各个层级的师资水平，也就必然会降低教育的层次。这些老师只能照着课本讲，把教材大纲规定的知识灌输给你就可以了，不可能给你陶冶琴棋书画和诗词歌赋之情操，更没有能力陪你打古文和国学功底。基本上没有专业老师，所有老师都是全科老师。数学是体育老师教的可能性就很大，体育老师不仅教数学，还要教英语。我有个小学同学，师范毕业后到乡镇中学教体育，几年后等到我妹妹上初中，他就教英语了。反过来，体育本身也不专业，很可能是由语文老师兼任。

如此一来，你认得的字就是最基本的标音汉字，你认识的字体就是最容易认的正楷字体，至于其他如小篆、大篆、狂草什么之类一概认不到。对书画音乐舞蹈歌唱等艺术基本上不可能有欣赏能力，看了不知道欣赏，硬着头皮欣赏了半天说不上哪里好。“德智体美劳”前四项都不行，就干家务活、农活最强。在写字方面，能一笔一画写得清、笔画顺序不错就够了，离“书法”的境界恐怕有悟空一个筋斗的距离。

三是就国家层面而言，一方面教育资源有限，在教育内容方面不可能面面俱到，只能选择最实用的，乃至特定的基础知识和专业知识作为教育的基本内容。因而其他所谓综合素质也就难以兼顾。另一方面新中国气象万千，百废待兴，各方面、各领域都在大拆大建，亟须拿来就能用得上的专门人才，而不是“掉书袋”没有动手能力的文弱书生，也不是附庸风雅的穷酸文人。因此，大众教育在最开始阶段，就不能不偏废人文教育、基础研究及综合素质培养。

在这种情况下，大众教育的结果，一方面是为低收入人群提供了巨大的上升空间，包括林校长在内的大量工农子弟通过大众教育实现了阶层的跃升，完成了其祖宗十八代都没有完成的世系人生的华丽转身。也就是用了短短的一到三代人的时间，中国有很大一部分家庭实现了这种转变。大众教育普遍提高了国民素质，提高了社会运行速度，降低了社会运行成本，推动了社会经济发展。另一方面是这些从低收入人群爬上去的新型知识分子，他们在专业领域可以做到相当优秀，有的甚至成为院士、长江学者，说明大众教育为中国各个领域输送了大量的专门人才。但是相比于传统文化人，新型知识分子确实有其严重缺陷，包括思维方式、知识结构、见识水平、人文气质等，最主要的是缺乏文化底蕴，也就是“有知识没文化”。

这样，林校长在专业之外认错字、前任校长的化学之歌像在打油、校长们的书法见不得人等，那是再正常不过的事情。

四、大众教育下才能不信神、不“拼爹”

林校长如果真有反思能力的话，就应该感谢党和政府主导下的教育制度给了他努力的机会。否则，如果新中国依然实行旧中国的精英式教育，林校长就连基础教育的门都进不了，何谈像专家一样抱怨其不系统不完整。大众教育确实有其缺陷，包括知识不系统不完整、稀释教育资源在短期内培育不出最顶尖的人才，特定知识的灌输难以培养复合式综合性的人才。但是在资源极度紧缺的年代，如果要让大多数适龄国人都有机会接受教育，就只能牺牲精英式培养，必然要有所为和有所不为。所以像林校长那样属于低收入人群，靠着大众教育给予的机会，不信神、不“拼爹”，通过个人努力爬到了新中国知识分子阶层的最顶端，就应该正视自己的缺陷，珍惜那个穷成那样还要干那么多事情却仍念兹在兹为工农子弟垫石铺路的时代，感恩中国教育制度。

2018 年 6 月 7 日

高考统招是最公平的教育制度

高考制度的公平之处在于它不是一种“拼爹拼妈”的制度，而是拼学生个人的智力和体力，而且主要是拼体力，也就是拼学生个人的努力程度。

一、向上流动的空间在缩小？

中国社会各个行业都还在蓬勃发展，社会的横向流动和纵向流动较为顺畅，来自工农家庭和中产家庭的子弟向上流动的空间相对较大。我所在的研究机构中几乎所有的老师和绝大部分博士研究生都出身农民家庭。工农子弟通过自己的努力还能成为大学教授，在中国属于比较平常和普遍的事情，中国的大学还在迅猛发展，大学里还有众多的岗位虚位以待，工农子弟仍有较大的机会。其他行业亦如此。正是因为还有上升的空间，中国社会中各个行业、各个领域、各个层级的人都没有认命，没有失去向上流动的动力，每个人都希望得到更多，每个人又生怕得到的复失去，因而都还在努力，都在争夺资源，抓住稻草往上爬，使得整个社会的竞争压力很大，压得每个人都喘不过气来。城市中产家庭的竞争从胎教、幼儿园就开始了。社会流动和社会竞争相辅相成，共同推动社会向前发展。

但是，社会向上流动的空间正在缩小，流动的速度在减缓。上层的岗位更多地为上层子弟所占有，上层的大门对低收入人群逐渐关闭，一点一点、不知不觉，以最冠冕堂皇的名义。下文以高校招生制度为例来看上层的大门是如何一步步对低收入人群关闭的。

二、公平的高考制度正在遭受侵蚀

首先是高考制度。所谓一考定终身，对所有人来说都是公平的。考过了的上大学，没考过的也不用埋怨其他人，怪就怪自己平时没努力，或者考试发挥不好。当然可以复读再考。高考制度是无论你是城里人还是农村人，是官宦子弟还是出生于知识分子家庭，都一视同仁，做同一张试卷，按同一个分数线录取。虽然有少数民族生、特长生、获奖生等有加分政策，但毕竟所占比例小，不影响整体公平。所有的考生都在朝同一个方向努力，从小学到初中、高中一路都在应试，都在为高考做准备。所学的内容相差无几，能够学到的东西也相差不多。因此虽然乡村跟城市的基础教育有差别，但是乡村的教育质量与县城相差并不大。我从乡村小学考入县一中初中部，一个班近 60 人，2/3 的学生是乡村学校考过来的，而且成绩最好的也是来自乡村的。到高中的班级亦复如此。每年高中部考上清华、北大的学生既有县城的，也有乡村的，比例相差不大。来自乡村的学生比县城的学生更为努力。

从学生个体来讲，高考制度的公平之处在于它不是一种“拼爹”的制度，而是拼学生个体的智力和体力的制度，且主要还是以拼体力为主。拼体力就是拼学生个人的努力程度，只要从小学开始就很努力，在学习上花的时间多，看的书多，做的题多，死记硬背的多，基础就不会差，到了高中再拼一把，考上大学并不难。所谓周末寒暑假补课、上晚自习以及打着手电筒在被窝里看书、一大早就在操场上背“疯狂英语”等，无非是要将学生的时间更多地留在校内、放在学习上。高考拼时间就是拼学生的体力，拼学生的努力程度，而不是“拼爹”“拼妈”。这对学生的个体竞争来说是极其公平的。

从教育制度和政策设计层面来讲，主要有两个方面的原因：一个是教育市场化改革，另一个是基础教育制度的“减负”改革。前者使得教育成为一种能够在市场上赚钱的产业，教育资源包括学校管理者、教师和学生成为市场要素而可以自由流动。其结果是，教育资源快速从乡村向城市聚集，从贫困地区向发达地区聚集，乡村基础教育出现缺经费、优秀教师和学生流失的局面。后者则以减轻学生负担为名弱化学校教育，学生在校时间缩短、在学校学到的文化知识减少，但是中高考竞争没有相应减弱，学生家庭只能够将学校甩的锅给拾起来，通过家庭教育和在市场上购买教育资源来弥补学校教育的不足。但是学生家庭是分化的，不同的家庭在时间、精力和经济能力上有较大差别，不可能有统一的家庭教育和购买市场化教育资源的水平。尤其是对工农家庭来说，要完成家庭再生产和承担子女教育成本，必须是双职工就业，基本上没有时间来辅导子女复习和做作业，他们也没有足够的经济能力给子女支付市场化教育成本。相反，对那些有钱又有闲、教育背景较好的家庭来说，他们不仅能够在市场上购买优质的教育资源，而且能够承担起子女的家庭教育。对城市中产阶层以上家庭的子女来说，当学校缩短学生在校时间时（不准补课、不准上晚自习、推迟上学、提前放学），他们多出来的这部分校外时间就可以利用于在上培训班或在听家教老师授课，而对工农家庭的子女来说，他们在这段时间里可能要么打游戏，要么帮忙做家务，或者无所事事在外溜达。前者是能够充分将这部分时间填补起来用于学习且可能比在学校学习得更好、获得的知识更多，后者是将这部分时间完全荒废，两相比较前者获得了数倍于后者的学习时间和内容，自然在应试时就有优势。并不是说后者不努力，而是“减负”教育改革将教育责任推给了家庭，后者的家庭无法给予子女努力的机会。

在教育市场化和“减负”改革前，大家都在学校接受学校教育，家庭的影响较少，学生的分化是以个人的努力程度为标准。改革之后，学校教育被弱化，家庭的教育责任凸显，学生的分化就更多地以家庭经济条件为标准。家庭经济条件好的学生就能够获得较多较好的教育资源，家庭经济条件差的学生获得的教育资源就较少较差。在这种情况下，高考制度从表面上看似乎还公平，但是基础教育的过程早已不公平，高考的结果就必然隐藏着不公平。

高考的不公平还体现在高校自主招生上。自主招生作为高考制度的一个补充制度，设立的初衷是弥补高考制度可能埋没一部分特殊人才的缺陷，让学校依据专业和学科特点自主选拔优秀人才。且不论在实行初期至少有1/3以上的学生是通过关系运作进来的，单说自主招生所列条件就对上层家庭的子弟有利，而排斥工农家庭出身的学生。如它考查学生的知识面、用英语口语表达专业问题、奥赛加分、论文发表加分、特长加分等，这些项目皆与学校应试教育无关，而与家庭教育和市场化教育有关。因而能够进入初审和通过面试的一般是条件优越家庭的子弟。如果对“985”高校自主招生开的口子越大，自主招生的人数越多，就挤占了通过高考录取的考生名额，这显然不利于工农子弟与条件优越家庭子弟在同一个平台上竞争。本来在高考平台上工农子弟相对条件优越家庭子弟就存在明显的弱势，现在又开辟自主招生这样一个直通车，大幅度减少了高考平台的招生名额，从而使得高考竞争越发激烈，就越不利于工农子弟。

由于小学、初中学校教育被弱化，工农家庭的教育责任又难以承担起来，就使得工农子弟的文化基础不扎实，在中考和高考中就竞争不过条件优越家庭的子女，使他们要么初中毕业后就外出务工或就读职业学校，要么在高考中越来越考不上“211”“985”等重点高校，更多的是考入普通本科和专科学校。这个趋势也越来越明显。

三、研招推免制度堵住“双非”学生

在一般高校读书的工农子弟还可以通过考研进入重点高校深造，包括进入“985”高校和北大、清华、人大、北师四所名牌大学。考研是全国统考，英语和政治属于公共课，全国统一命题。考研的录取较高考招生多了一道面试的程序，但是一般初试成绩占的比重要大。一般按照 1∶1.2 参加复试，如果初试成绩比较高的话，被录取的概率就较大。因此，考研与高考一样相对较为公平，这为第一学历为普通本专院校的工农子弟提供了一条提升学历的广阔通道。所以，那些想到重点大学提升学历的学生就得上大学后就开始有考研的目标和规划，学校越是层次低、所在城市越是三四线城市，就越要尽早进入考研的状态。据说山东省是考研大省，其地级市的高等院校就是研究生预备学校，本科生一进校就分成考研学生和非考研学生两种类型，考研学生从大一开始就要有自己的考研目标，并开始准备考研的英语和专业课。三年之后他们就追寻着他们学长学姐的道路考到不同的学校。比如华中师范大学政治学研究院，曾有山东科技大学的学生考研进来，后来每年都有两三个，多的时候四五个学生来该院读研。据说北京、上海、南京的高校都对山东高校的考研学生很头疼，因为这些学校的学生不仅扎堆考研，而且考的分数都很高，但是基础不扎实。前几年有个新闻说某高校一个宿舍的女生全部考上了研究生，下面的跟帖很不友好，嘲笑她们别无其他只会考试。但是我认为类似这些拼搏的案例值得肯定，一是说明她们没有向命运低头，二是说明这个社会给予了她们改变的机会。

然而最近五六年以来，重点高校的“研招”政策和制度正在发生重大变革，一般本科学校学生通过考研来提升第二学历的机会越来越少了。一是研招政策中开始规定211以上高校毕业生占总招生的比重。该政策的出台美其名曰是为了提高生源质量。学校给每个学院规定一个比重，达到了这个比重在次年的招生中就奖励招生名额，相反如果没有达到预期目标下一年就减少一半的招生名额。院长为了完成招生比例的指标，采取的办法是组队到“211”以上高校去宣传。二是在招生录取时偏向于“211”以上高校的学生，在录取时设定各种机制和策略来筛选“211”以上高校的学生，即使来自一般本科学校的学生很优秀，也不会进入他们的法眼。这样一来非“211”以上高校的学生即便考分很高也难以被录取，有了一两届学长、学姐没有被某“985”高校录取，下面的学弟、学妹就不会再考。他们要考研也会选择不排斥他们的一般高校报考，他们通过考研提升第二学历的梦想破灭。

另一个政策是提高研究生保送的比重。有保送资格的学校一般是“211”以上的学校，即便是非“211”以上的学校有保送资格，也因为学校对保送生的选择权要大于统招的研究生，学校会更愿意选择“211”以上学校的保送生。在研究生招生总数不变的情况下，如果招收的保送生名额少的话，统招研究生的名额就多，那么非“211”以上学校的学生考进“211”“985”高校的概率就大。当这些高校提高保送生比例时，统招研究生比例就减少了，也就意味着非“211”以上学校的学生能够考上的概率减小。就“985”高校华中科技大学而言，理工科保送生的比例过去只有百分之二三十，有的专业也不到50%，现在高的专业达到百分之八九十，有的专业已完成百分之百的保送。华中科技大学2018年社会学保障专业共招收10名研究生，其中7名是推免生，只有3个名额用于统招竞争。其中还有本校报考上线的2个学生，真正的外校的名额只有1个。那些知道情况的非“211”高校学生基本上不会再报考华中科技大学该专业。该校社会学专业亦复如此。像华中科技大学这样的“985”高校将在2020年左右实现学术型硕士全部推免，届时学术型硕士将不会再有非“211”以上高校的学生。“211”高校也将在不远的将来力争学术型硕士全部推免。

重点大学的研招政策的上述转变，将越来越表明只要一个高中生未能在高考中进入“985”“211”高校获得较好的第一学历，那么他们就不再有机会通过考研来改变他们的第二学历，或者说这样的机会将越来越少。前文已述，能够进入“985”“211”高校，尤其是北大、清华、人大、北师高校的学生多数来自条件优越家庭，只有个别工农子弟能够挤进去。而大部分工农子弟即便上了大学也是上的普通大学。因此能够保送、考入重点高校读研究生的学生，也多是条件优越家庭的子弟。

而我们知道，学历是门槛，学历越好、越高，进入的平台就越高，发展的机会就越大，也就越能够实现社会地位的跃升。多数工农子弟第一学历较差，他们原本希望通过改善第二学历来实现人生台阶的飞跃，这个希望因为研招政策的改变而变得越来越渺茫。这就意味着社会上层的大门在高考时对工农子弟关闭了一次，将他们大多数人挡在了门外。他们中有人有幸挤进了这扇大门，但在研招时这扇大门再次向他们关闭，又把他们大部分人挡在了门外。

四、申请审核制堵死了“双非”学生学历提升的最后机会

博士招生制度就更灵活，导师的决定权更大。从效率的角度来讲，博士生导师更了解学生的情况，谁适合读博士他心中有一杆称，他对博士生的选拔能有的放矢，培养的效果就更好。但是博士名额有限，想读博士的人又多，那么对没有被导师青睐的人来说，导师的权力越大，就越不公平。所以过去许多学校都闹过博士招生的事故，考试排名在前的学生没被录取，而录取了分数较低但导师青睐的学生。由此导致其他考生的不公平感。但是毕竟博士生要考试这一规定，给了不少考生以公平感，因为初试这一关是公平的，只要能够考进复试就有被录取的机会。对非“211”“985”高校的研究生来说，考博是一个提升最后学历的机会。

但是，考生们提升学历的意图与导师、学校选拔人才的意图发生了冲突。于是学校在博招上向导师大胆地放权。最近几年一些“985”高校开始将博士录取考试变为申请审核制，取消了学校统一考试，改由学院、导师组织考察。学校只定基本的要求，如专家推荐信、英语级别和论文发表情况，其余权力皆交给导师。一些“211”高校虽然没有完全放弃博招考试，但是在一些专业上不再考试，实行申请审核制。

申请审核制将权力下放给导师，由导师自主选择学生，这样一

来，就会有两类学生容易被选择：一类是真正品学兼优的学生，另一类是导师的关系户。从学生的阶层出身来看，这两类学生多数来自条件优越家庭，少数来自工农家庭。从品学兼优的角度来讲，能够进入重点高校博士生导师法眼的学生，一般本身就来自重点大学的硕士研究生，这些人多数家庭条件优越。出生在这些家庭的学生，不仅见识广，专业知识扎实，思维结构和知识结构较出身工农家庭子弟完整，更为重要的是不功利，能够板凳一坐十年冷，着实适合于做学问。相反，来自工农家庭的子弟，知识面较窄，知识结构有缺陷，毕业后还要为在城市立足而奋斗，更看重当下的利益，因而较为功利，对学问不虔诚。一句话，在两个同样优秀的人中进行选择，导师当然要选择出身上层家庭的学生。从与博士生导师的关系来看，博导的关系户绝非一般的关系，与博导有较深关系的人无非博导的亲戚、朋友和同学。博导的亲戚是较深的关系，这些家庭既可能是工农家庭，也可能是上层家庭；至于博导的朋友那一般是同一层次的人，也不会是工农，他们一般会是政府官员、企业家或是高校老师；博导的同学则一般都在高校工作。这些关系户确实容易被录取，假设华中科技大学社会学系博导的同学在武汉大学社会系当教授，后者子女或者学生要报考前者的博士，前者哪有不招的道理。因此，关系户也多为上层家庭子弟。总之，博士招生权下放给导师之后，导师优先选择的多数不会是工农子弟。

当然在招生的过程中，导师并不会硬生生地招自己想要的那个，而是要通过制订一系列的规则来定向录取这个人。乃至有些招生规则就是按照这个人的条件来制订的。这样做至少在程序上无可挑剔，不能让外界找到攻击的把柄。

博士学历是一个人的最后学历，是工农子弟试图通过学历向上流动的最后机会。但是这次机会是最不青睐于他们的，说明上层的大门越往上走对他们来说就越窄。相反对条件优越的家庭子弟则是越来越敞亮，越来越顺畅，越来越容易，一封介绍信、一场面试足矣。

五、教育制度设计：兼顾公平与效率

从被认为是最公平的高考制度就开始向工农子弟关闭大门，到研招制度这扇大门再次对工农子弟关严，通向上层的大门越来越窄，到博士招生时基本上已经关闭，只有少数工农子弟尚能从门缝中幸运地卡进去。

在社会发展的初期，各个领域的既得利益还没有形成，各项规则都还在初创，因此这个时候就需要更加注重社会公平，机会均等，使各个阶层出身、各种资源禀赋的人都有机会往上爬。个人奋斗是攀爬的阶梯。当社会发展到一定程度，社会层级已经显现，拥有丰厚资源的社会上层逐渐形成了自己的既得利益，爬上去并占据上层岗位的人掌握了制订通过上层大门的规则的权力，他们在制订规则时就会更倾向于有利于本层次的人。规则就会越来越严，要求越来越多，越来越苛刻，最后只有条件优越家庭的子女才满足条件。这个时候社会的运行就更加讲究效率，制度设计注重优秀人才的成长，社会机会和资源向优秀人才倾斜。

在高校招生和学生培养这一块，以前注重公平，考试制度是基本；现在讲究效率，人才选拔放在第一位，怎样能选拔最优秀的人才就设计怎样的制度。对工农子弟来说，他们进入高校的目的是提升社会阶层，他们把高校招生视作向上流动的机会。这样他们就希望招生制度越公平越好，而考试是最公平的。对高校来说，他们的目的是选拔人才，遂把高校招生视为社会优秀人才脱颖而出的机制。那么招生制度的设计要旨是效率。工农子弟的需求与高校现阶段的发展目标不一致，乃至是对立的，高校招生制度的设置就必然不利于工农子弟，而有利于上层子弟。其他各行各业的发展亦复如此，社会流动减缓，精英的自我循环开始出现。

2018 年 5 月 8 日

“读书无用论”为什么不足取

“读书无用论”主要存在于中国中西部农村地区和城市中下层家庭。他们中的一部分人乘着中国发展的东风先富了起来，更多的人也通过打工、经商赚了钱，他们示范的是“不读书也能赚钱”的效应，使得下层社会越来越功利地看待读书、越来越不读书。

春节期间，上海高校博士生返乡笔记中“知识的无力感”的观点，女研究生回乡记述中学老师“现在我都不和学生说读书有用了”的豪论，爆棚网络引发争论。这是典型的“读书无用论”的观点。最近十几年，“读书无用论”在农村社会和城市普通市民中很有市场，在网络上也经常沉滓泛起，兴起网民大讨论。

我本来是不想参加这些没趣的讨论的，但 6 月 22 日腾讯网的一则题为《高校食堂变“自习室”考研族备战》的图片新闻，让我有了说几句的冲动。至我动手写这篇短论时，该报道已有 3218 个评论。这些评论中，挖苦讽刺考研族、赞成“读书无用论”的居多，论据大抵是没读书的人还当老板赚大钱，艰苦读书的给这些人打工、赚生活费，然后还配上各种图片、段子，让人不得不觉得读书还真没用。

不赞成“读书无用论”者属少数派，他们大多讲的是大道理，拳拳之心、苦口婆心，恨不得所有人都接受他们的观点后中国就超越美国了。他们讲的无非以下几种观点：一是无力的不是知识，是个人；二是读书的价值不能用金钱来衡量；三是学历与个人成功不能画等号。这些道理太高大上了，听起来空洞无物，容易让听者睡大觉，说服不了多少人。所以，两派人还在打，谁也没说服谁，该读书的还在读书，没读书的继续不读书。鉴于反对“读书无用论”者把道理讲得太抽象，太阳春白雪，让人敬而远之，我下面反其道而行之，就八股文式地罗列一些下里巴人的东西，争取少一点说教，多一点干货。

一、拿不识字的老板跟大学生相比不公平

不是对老板不公平，而是对大学生不公平。前段时间，微信朋友圈盛传过一个题为《这两名单，你认识多少人?》的帖子。该帖列了两排名单，第一排列的有傅以渐、王式丹、毕沅等 9 人，第二排列的也是 9 人，分别是李渔、顾炎武、金圣叹、黄宗羲、洪昇、吴敬梓、蒲松龄、洪秀全、袁世凯。估计大部分朋友圈的人都不认识第一排，而熟知第二排名单上 90% 以上的人。帖子最后揭晓的答案是：前者全是清朝科举状元，后者全是当时的落第秀才。结论是

“真正的考场其实从来就不在学校”。很明显，这则帖子意指会考试的人并不一定在社会上混得好，而考试不行的人往往在社会上更吃得开，更容易成功。很明显是在为“读书无用论”背书，而且它很有迷惑性，让人很难反驳。但是，其背后隐藏着成功比例的问题，却没有人去追问。

隋唐开科举至清末废止，1300多年间，中国历史上共产生700多名状元、近11万名进士。除极个别外，这些状元、进士都在其岗位上作出了很好的业绩，且多数在文史上有较高造诣和成就，包括帖子中列的9位状元的成就也是可圈可点的。可以说，一个只要进入了状元、进士行列的人，就有99%的可能获得成功。他们的成功具有必然性。而历史上的落第秀才不计其数，其中能产生一些有成就的人而为历史所记住并不足为奇，但其概率是多少呢？是百分之几、千分之几，还是万分之几？总之，概率不会很高，能够像李渔、顾炎武、袁世凯他们这样落第而逆袭成功的，纯属于偶然事件。那么，在这样一个成功概率面前，你是希望寒窗苦读走必然成功的道路，还是等待偶然事件的降临？

同样，没有上过大学而自主创业获得成功、赚取了大钱的人，在当下中国确实大有人在，我们每个人身边都有这样的人，或许就有我们的亲戚和朋友。中国没有上过大学的至少超过12亿人，他们中有成为富豪、老板及在其他方面成功的，不是很正常吗？但是他们的成功比例是多少呢？确实，上过大学而未能取得成功的大有人在，但是取得成功的大学毕业生也同样大有人在，君不见各行各业凡是优质（资源多、权力大、关系硬的）岗位莫不是大学生在充任。两者成功者的比例各占多少呢？没有具体的数据。但是我想，没有读过大学的成功者在所有没有读过大学的人中的比例，肯定要小于读过大学的成功者在所有读过大学的人中的比例。简而言之，上过大学的人要比没有上过大学的人更容易获得成功。当我们只盯着几个没上过大学而赚了钱的人的时候，却不愿意看到没读过大学亦没赚到钱的人更多；当我们只盯着读了大学也没赚到钱的人的时候，却没有看到读了大学且赚到钱了的人更多。根源就在于，我们把没读大学而成功的人看成了多数的代表，把读了大学而没成功的人也看成了多数的代表。所以，不识字的老板是少数，才成了新闻，成了关注的对象；读了大学而成功的人是多数，所以没有新闻价值，大家都不关注它，拿不识字的老板与大学生比较，自然对后者就不公平。

二、刚大学毕业拿不到高工资才是正常的

多数大学生毕业后找到的首份工作，工资不如洗车工、快递员，甚至不如工厂流水线上的工人，乃至许多硕士、博士毕业后拿到的工资待遇远不如自己初中毕业的同学。这样一对比就使得我们的大学生们很沮丧，对读书的前途感到绝望。

事实上，用不着沮丧，要把这事看得很正常。因为，公司老板给你发工资的时候，一定程度上会看你的学历和读书的年限，但这些因素占的分量不会很重。老板主要是依据你给他创造的价值来给

你定工资待遇的。现在是市场经济，讲究的是资源的稀缺性，你的价值越大，表现得越稀缺，老板就越重视你，给你开的工资就越高。而刚毕业的大学生，没有创造多少价值，当然拿不到高工资，这很正常。刚毕业的大学生不能给老板创造高价值，与大学教育的性质有关系。

大学教育，尤其是本科教育，是综合性、基础性的教育，培养的是大学生的知识面、思维方式和发现问题、解决问题、为人处世等方面的能力，这些能力主要表现为学习能力和创造潜力。它们是综合性的，不是专业性的。专业教育是对技术技能的培训，可以在短时期内完成，比如你要学挖掘机，你到蓝翔技校培训个半年即可投入一线操作。

但是基础教育不同，它所培养的人才不可能像技术人才那样很快见效果，拿起来就可以用，他们对实际操作一无所知。因此，它的基础能力要应用到实际工作中，还必须有个重新学习的过程。这个过程就是大学毕业生的学习能力与工作实际的专业领域、发展平台与机会相结合的过程，即专业化的过程，所花的时间不会太短，往往需要 3 年左右。在这 3 年当中，因为是一切重新开始，重新学习，所以你的工作必然不会具有创造性，对老板来说暂时没多少价值，老板当然不会给你高工资。而初中毕业便外出打工的你的同学，经过多年的历练，早已适应了工作环境，成为熟练工人，自然能够创造较大的实际价值，工资较高也就不奇怪了。等到 3 年之后，你在工作岗位上的专业化业已完成，进入了专业化的工作状态，你在大学时培养起来的学习能力和创造潜力，这个时候就可以发挥得淋漓尽致，工作进入快速上升时期，工作的爆发力极强。那么，你创造的价值就很快会远远超越你初中毕业的同学，你的工资也必然会得到大幅度提升。

也就是说，在毕业后的前 3 年时间里，你的工资涨幅不会太大，而 3 年之后则会成倍增长。为什么是这样？因为专业化的学习和研究具有一定的规律性，即一个具有基础能力的人进入某个专业领域，重新学习、探索和钻研的时间一般以 3 年为一个周期，在这 3 年之内对专业领域的既有知识、理论、技术以及思维方式进行系统的熟知，熟知之后方可有创造。这也就是为什么在学制设计中，硕士和博士阶段都是 3 年。所以，给你的建议是，找到首份工作后，前 3 年不要因为嫌弃它工资低、平台差、格局小，就随意变换工作。这不利于自己的成长。前 3 年要沉下来潜心钻研工作岗位的专业技术知识，真正利用公司给你的平台使自己专业化，打造自己成为具有创造性的专业人才，而不仅是熟练工人。3 年之后，如果老板没看到你的价值，不给你加工资，或者你觉得现有的工作岗位或者公司平台已经不能使自己成长了，那么就可以考虑更好的工作平台了。这个时候，你到哪里去都是人才，而你初中毕业的同学依然是熟练工人。

三、毕业后要经营好大学同学关系

因为大学同学是你一辈子的资源，没上过大学的人就没有这部分资源。有人会觉得大学同学不重要，毕业之后跟自己差不多，也是苦得很，买房子要借钱，也没法向他借，什么忙也帮不上；加上各自在为自己的前程奔波，也无暇顾及同学之情，慢慢地关系就淡了。

但是大学同学作为社会资本，并不是大学毕业之后的若干年就可以体现出来的，而是要等10年到15年之后，它才会成为你和你的家庭成长的重要关系资源。在这之后，你的大学同学，包括你自己，都已经是各自单位的中层领导，占据一些重要的岗位——当然，大学的层次越高，这些岗位就越重要，其掌握的资源就越丰厚、越稀缺。而且，大学本科同学有一个重要特点，那就是就业面比较广，虽然同一个专业毕业，但是分配到不同行业、不同领域就业。这样，每个同学所持有的资源禀赋就完全不一样，也就是资源的异质性强。大学同学有天然的亲近性和非竞争性，相互之间很容易搭建和维系起来，那么他们的异质性资源就可以相互交换取长补短。

相反，硕士同学尤其是博士同学，虽然各自都掌握了较优质的社会关系资源，但是他们的就业面比较窄，一般都是在同一领域就业（如科研院所），因此资源的同质性较强，难以形成互补。譬如，你在这个高校做社会学研究，你的同学在另一个高校做社会学或政治学研究，你们所掌握的资源具有高度的同质性，很多资源你有的他有，你缺的他同样缺，不能形成较广泛的互补和交换。所以，本科同学的资源互补是最具广泛性的。

回到读书这个问题上来。如果你没有上过大学，大学同学这个“天然”的资源就不会有，也就是缺了后面事业、家庭和人生发展的很重要的一块资源。你说要不要上大学呢？

还有一个问题，对现在正在填报志愿的高中毕业生很重要，就是到哪儿上大学。上大学，当然是越是名牌的大学越好。不仅如上文所言，10 年后大学同学会成为重要的资源；而且名牌大学的学生一般都出身背景较好，即来自官员、企业家和知识分子家庭，他们的父母正掌握着当前这个社会各方面的优质资源。如果你是他们的同学，那么不用等到 10 年后再利用同学资源，他们父母的资源你现在就可以利用得上。

不仅名牌大学的学生父母的资源可以互补和交换，名牌、重点中学同学父母的资源也是可以现在就用得上的。我教过一个本科二年级的学生，毕业于湖南师大附中，他们高中那个班的同学家长，都是机关人员、企业家、教授、校长一类的人。这个学生告诉我她高中闺蜜曾对她说，如果她本科毕业找不到满意的工作，就让闺蜜的母亲帮忙。

今年的高考状元陆续揭晓。我想起前面几年有不少内地某些省份的高考状元放弃内地高校，跑到香港去上大学。我当时就觉得这些人的选择不够明智。为什么呢？因为他们 4 年之后回到内地，就是孤零零的一个人，没有一个大学同学（夸张一点），他后面的人生历程中就没有大学同学这个人脉资源，所有的一切他都要重新去搭建，要耗费比其他人更多的努力才能获得同样的成功。而如果他们选择在内地上大学，上的是清华、北大、复旦这样的国内名牌，他们毕业之后的大学同学资源就是国内最优质的。何怕前路不顺畅呢？

说了这么多，就是要告诉那些认同“读书无用论”的人，眼光放长远点，不要只盯着眼前那点芝麻小利。

四、进体制拿死工资未尝不可

前两年很多人都要往体制里钻，说就是死也要死在体制里。大家笑得腰都酸了。还有报道说大学生毕业后去争环卫工人的岗位，因为这样可以进体制，也遭来网络痛扁。当然，最近听说政府体制不好混了，因为“八项规定”，油水少了，很多人开始退出这个体制。有人为此叫好。无论叫好或叫坏，我要说的是，进体制拿死工资未尝不可。这个社会很俗气，整天给大学毕业生算钱，下面我再俗气一回，算算钱给大家看看。

中国以前是单位社会，一个单位就是一个小社会，单位将职工从摇篮到坟墓的事情都包办了。社会多元化发展之后，依然还存在许多体制性的单位，包括政府部门、企事业单位。现在，要进这些部门单位工作，必须有学历，会考试，也就是要大学生。在外人看来，在这些单位工作，就是一张报纸一杯茶，清闲得很，但是工资待遇也不高。尤其是跟在体制外如外企、包工头、经商做生意、出租门面、自由职业者等相比，拿到手上的钱确实少得可怜，每月等的都是那笔死工资，不像人家那是活钱。我有一个亲戚，跟我同龄，高中没毕业，在一个省会城市的一家电脑城的小角落里摆摊修手机，一年的收入在 15 万元至 20 万元之间。本人博士毕业后，在一所“985”高校任职，年薪也只够得上他的一半，买房装修还得找他们借钱。许多进入体制的大学生有跟我一样的遭遇。不是说修手机不应该赚那么多钱，而是自己掂量着钱袋的时候总很沮丧的，囊中羞涩还强装欢颜。于是，很多人就想着不如不读书，更不要读什么博士，进什么体制。

不过，沮丧归沮丧，且不说读书进体制有更高的格调，单说读书进体制还有很多体制外的人所不知道的、也享受不到的隐性资源。即便是在体制内的人，也很少去考虑这些隐性资源，不会把这些福利算作自己的收入。且慢，我要说的不是单位的福利房，也不是单位小金库要发的东西，更不是腐败。我要说的是小孩的教育问题。一般的体制性单位都有自己的幼儿园（公立的一般都不错），如果是高校，还会有小学、初中或者高中。有小孩的人都知道，看过《虎妈猫爸》的人也都知道，教育资源是稀缺的，特别是优质的教育资源更稀缺。小孩不能输在起跑线上，好的幼儿园、小学、中学，是所有家长挤破头都要把小孩往里挤的对象。这些资源更稀缺。非体制内的家长要为小孩找所好的学校，要花费很多的时间、精力和金钱，还不一定找得着。如果非要找，就得买学区房，《虎妈猫爸》里的学区房是八九万元每平方米，一般的城市达不到这个价位，那也得是平均价格的倍数吧，一般人何以承受。

但是，如果你是体制内的人，甚至是高校教师，那你就轻松啦，小孩上幼儿园、小学的事情根本不用你操心，不用你东奔西跑，求爷爷告奶奶，请这个吃饭，请那个玩耍。这就为你省下了很大一笔资源，包括现金。有北京的朋友算过，如果你是在体制内工作，那里有较好的附属幼儿园、小学和中学，你的小孩可以一直在这里就读下去，你不用担心他会被学校撵走。而如果你是在非体制单位，你要为小孩找这些学校，劳心还费钱。费了钱也没安全感。两相比较，等你小孩高中毕业，在体制内工作的同志要比体制外的同志节省一两百万元。这还没算买学区房的费用及其他的机会成本。这些算不算钱呢？

以上不是说要大家非进体制不可，而是说读了大学进了体制也不是坏事，不要整天盯着体制外那些人怎么赚大钱，被他们给左右着，他们赚钱不容易，你其实也不差钱。

五、一定要有“学历就是能力”的观念

网络上的专家都在谈“学历不等于能力，更不等于成功”。我要反其道而行之，告诉大家“学历就是能力”“有了学历就等于成功了一半”。要想获得成功，一定要树立“学历就是能力”“应试就是最大素质”的观念。

一个人在社会上混，除耕种承包地外，无非干两种职业：一种是自己当老板，做自由职业或者创业经商；另一种是给“老板”打工，在人家的手下干活，吃人家的饭、听人家的指挥。这两种职业无所谓优劣，你都可以把它们当作事业并获得成功。前一种职业，

除个人的意志和能力之外，还需要有广泛、优质的人脉关系，人脉关系越广、质量越高，你成功的概率就越高。在这里，个人的成功与社会关系资源的多少、质量高低成正比。当年比尔·盖茨之所以敢从哈佛大学辍学去创业并获得成功，除其禀赋之外，还有他父母的人脉关系，他母亲是 IBM 的董事，是她为儿子促成了第一单生意。

后一种职业，除个人的意志和能力之外，还需要你的老板给你搭建的平台，平台越大，你施展的舞台就越大，你成功的概率就越高。在这里，个人的成功与单位的平台大小成正比。“打工皇帝”唐骏是中国著名的职业经理人，他的成功除跟比尔·盖茨有一样的个人素质之外，与微软公司给他提供的平台有关。同样，许多博士生毕业之后选择高校就业，也要看高校的科研平台，如果平台不高，待遇再好也不会选择，因为这样不利于自己的成长。

那么，关系资源是怎么来的？有人说人脉资源是自己开发和营造的，这自然是不错的。当然，还有像比尔·盖茨那样父母就已经给他把关系网络建构好了。不过，在中国还不完全是“拼爹”的时代，许多交往关系和社会圈子确实还得自己去搭建。但是，有一条道理必须记住，当你在选择人家作为建立关系的对象时，人家也在选你，那么你凭什么会被人家选中，或者说人家为什么会接受你的选择？关系网络的建构不是任意的，而是分层的。不同资源禀赋的人被分配在不同的层次，只有相同层次的人才更容易建立起交往圈子和社会关系。圈子不一样，关系网络的质量（资源与权力）就不一样，圈子的档次越高，你可资利用的权力和资源就越大越多。但不是你想进哪个圈子就可以进哪个圈子的。譬如，在高校，教授之间更容易建立紧密的关系，而教授跟讲师因为职称、资源差别太大，而无法建立紧密的社会关系，教授有教授的圈子，讲师有讲师的圈子。同样，院士的圈子，普通教授也难以进入，后者就很难利用前者的资源了。

作为一个年轻人，当还是处于一无所有的时候，如何能够进入一个拥有优质资源的圈子？你没有任何东西给人家交换的，人家当然不会跟你进行交往，把他的资源给你用。你说你有能力，但是人家没法相信你，你只能用时间来证明，但是最后证明你没能力呢？所以，在资源不对等、不能进行交换的时候，人家是不会跟你建立关系的。如果你有学历就不一样。“学历”是对未来你将拥有资源的国家证明。你毕业的学校越好，你的学历越高，证明你在未来将拥有更多的资源，人家当然愿意跟你交往。你未来的资源即可以与人家现在的资源进行交换，与你建立关系，后者就会成为你未来发展的人脉资源。说得俗气一点就是，你有学历之后，你的档次就提高了，就可以在高层次上搭建关系网络。高层次、高质量的关系网络是不是对你的成功更有利呢？

同样，老板的平台为什么会成为你的平台？同样是一无所有的年轻人，老板为什么把平台给你，而不给其他人？就因为你个人能力突出？不是。他在给你平台之前看不出你有能力，如果他要细致地考察你是否有能力，他的信息搜寻成本太高，他不会那么做。而唯一能让他很快相信你有能力，而又不耗费他过多成本的就是你的学历。高学历给高平台，低学历给低平台；好学校、高学历给高平台，差学校、低学历给低平台，这是在信息不对称条件下，老板最优的做法。

所以，对以下普遍现象你不要诧异：在一个企业工作了10年的初中毕业生，月工资1万多元，但他可能一辈子都见不到企业老总；而某本科或硕士毕业生刚去企业只给他开了4000元的月工资，但头一天报到老总就陪他一起吃饭，他的办公地点就在老板办公室对面。你说，这两个同样有能力的人，谁的发展前景更大？当然后者的前景更大，他拥有更高的平台，天天接触企业高层，更容易引起高层关注，机会自然更多。而前者没有这些机会，纵然他有百般能力和抱负，一辈子也只能做个普通的技术工人或基层管理者。

读至此，学历至少是实现你能力发展的基础。与此相关的一个问题是，你要获得学历，你就得层层应试，被层层选拔。你突破的层次越高，获得的学历就越高。所以，应试的能力很重要。对我们普通人来说，应试能力就是最大的素质。你只有通过了应试这一关，才能在新的层次、新的平台上提高自己的素质。没有通过应试，也就无所谓素质。

六、没有科技含量的小五金创业时代即将过去

广州深圳一带城中村的“包租婆”经常这样教育他们的小孩，“你整天想着读书这些没用的东西，再这样下去，将来就像租我们

房子的大学生一样”。社会习惯于将“读了书的小职员”与“没读书的大老板”相比较，来论证“读书无用论”。

“没读书的大老板”在当下中国无非是以下几类人：一是城乡经商者，包括做商业流通、开商店饭店、做小生意的；二是在城乡办厂者，包括企业和家庭作坊；三是包工头；四是“包租婆”和“拆二代”；五是乡村混混；等等。这些人中有靠能力赚钱的，也有靠拳头吃饭的，还有靠土地增值进项的，但就是没有靠技术成功的。即便是像靠办企业、经商这样创业发家致富的，包括江浙沿海大量的五金加工企业、纺织行业等，技术含量一般都不高。技术含量不高的行业，主要的特点是市场门槛低，一般人都能进入这个行业，如五金加工，不需要多少资金，不需要请工，不需要高深技术，只要有个空间便可以办成家庭作坊。这样，谁都能够进入这个行业，就容易造成这个行业的高度竞争性，使其利润较低，也使这个行业容易饱和。只有率先进入这个行业并发展到一定规模的企业才会最终生存下去，并垄断这个行业，形成对其他要进入这个行业的人的机会排斥。也就是说，哪个行业的技术性很低，开始发展的时候门槛就很低，竞争性则强，但最终的发展结果是垄断性就越高，排斥性就越强，后来者越难进入这个领域。

改革开放40多年来，我们很多技术性较弱、市场门槛很低的行业造就了一大批“没读书的大老板”，这些大老板垄断着这些行业的资源与市场，排斥其他人进入。逐渐地，其他人进入这些行业的机会越来越少，即便进来了要赚钱也越来越难。也就是说，不需要科技含量的小五金创业时代即将成为过去，“没有读书”的人要想再创业成功，已近痴人说梦。

举一个例子，浙江绍兴诸暨的店口镇在全国百强镇中排名很靠前，现有上万家大大小小的工业企业。该镇的发家靠的是改革开放后当地兴起的小五金加工，该行业在 20 世纪八九十年代很快占据全国市场，在当地也涌现了许多农民企业家、亿万富翁。对这些没读过书的农民企业家来说，发展的瓶颈首先是技术。只有少数企业突破技术瓶颈使自己的产品升级换代，高端产品已做到空调的核心部件。而没有升级的五金加工企业则继续做着低端产品，但是他们较早进入该行业，拥有较丰厚的资金，因此能够联合起来垄断该镇的五金市场。其结果是，如果当地农民在 2005 年之前没有通过创业发家致富，之后就不可能再有机会成为新的富翁了。

同样，在其他如建筑、饭店、服装、商场等低技术行业，也已形成了垄断，市场机会不再对外开放，在这些领域再难有零起点的创业成功者。也就是说，中国以后的发展，很难再出现新的“没读书的大老板”，除非你是积祖上阴德、万中挑一的“拆二代”。

未来中国更多的是造就“读了书的大老板”，他们出现在科技含量高的领域。在该领域，市场门槛高，能够进来的人较少，饱和程度较低，且技术突破性和创新性强，领域的拓展性强，垄断性不高。也就是说，新进来者可以率先成为“大老板”，后进来者则可以通过领域拓展和技术创新同样成为“大老板”。

所以，如果你现在不读书，未来就不可能通过创业成为“大老板”。

七、“读书无用论”源于中国各领域还有机会

按照一般常理，读书“无力感”“无用论”的出现，理应是在社会流动停滞、社会严重固化、阶级阶层矛盾深重的时代。在这样的时代，“拼爹”是普遍的真理，个人的出身决定了他的未来，出身上层的人受到良好的家庭教育和学校教育，实现“精英的自我循环”。而部分低收入人群和家庭无论怎么努力都无法改变其社会地位、经济地位和政治地位，因而会普遍感受到“无力”与“无用”，产生对该社会的“失望”和“认命”情绪。对这样的个人和家庭来说，知识自然是无力的，读书自然是无用的，梦想也就是奢侈的。

然而，当前中国社会的“读书无用论”，却实实在在地出现在社会蓬勃发展，各行各业欣欣向荣，社会流动相对有序展开，上层社会的大门还没有完全关闭，各个阶层的个人和家庭通过自身的努力与拼搏能够获得成功，能够实现自己梦想的时代。那么，在这样一个每个人都有机会、有梦想的时代，为什么会出现“读书无用论”？原因很多，我的想法却很简单，这便是中国各个领域都还有机会。也就是说，在当前中国社会，个体及家庭要获得成功，要实现社会地位、经济地位和政治地位的跃升，除“读书”一条路之外，还有许多道路可以选择，条件是只要你不认命，能够抓住机会，肯下功夫、有恒心。且事实上，“读书”之外的走向成功的道

路更可能是捷径。“读书”是基本能力的训练，不是短、平、快的技能培训，它要发挥社会效益需要的是时间。如果你要功利地看待“读书”的话，较之其他捷径，读书当然是无力的，也是无用的。

八、“读书无用论”是阶层自我固化的开始

还有一点很重要，必须澄清，那就是并不是所有的中国人都认可“读书无用论”。

我们什么时候听到过知识分子、官员、企业家等大谈特谈“读书无用论”，什么时候看到过这些家庭不送自己的子女读书而让他们更早地赚钱？你看到的更可能是，这些家庭会创造一切机会让自己的子女接受更好的教育。我在浙江农村调查时，发现当地成功的农民企业家无不将自己的子女送到国内外名牌大学深造，再不济也要送到国外“野鸡大学”混一圈，而不是过早地子承父业。

“读书无用论”在中国的市场，主要是中西部农村地区和城市中下层家庭。他们中的一部分人乘着中国发展的东风先富了起来，而更多的人也通过打工、经商赚了钱，他们示范的是“不读书也能赚钱”的榜样，也就使得下层社会越来越功利地看待读书，越来越不读书。这些家庭的子女过早地辍学，过早地感受到赚钱的快意，于是嘲笑起还在读书的、读了更多书的同伴来。

但是他们不知道，上层社会从来不会功利地看待读书。在他们那里，读书是自我提升、自我成长、自我认同、自我归类的过程。所以，上层社会的家庭会让他们的子女多读书、读好书。

也就是说，中国上层社会没有“读书无用论”，而中下层社会却盛行“读书无用论”。有了这个认识，事实就清楚了：“读书无用论”具有极其浓厚的阶层的隐喻。阶层地位从来不是独由经济决定的，它是权力、文化和经济的有机统一体，且三者会相互转化。“读书无用论”的出现，既是中国某一阶层社会尝到了中国发展、自己赚钱的甜头后的幻象，也使得他们停止了向上流动的脚步，走向了自我边缘、自甘底层化。

无疑，“读书无用论”是阶层自我固化的一剂毒药。若不及时去除这种思想，中国下层社会便无希望。中国在未来如果还有当前的发展速度，社会继续充满活力，下层社会尚可继续做着“不读书也能赚钱”的梦想，如果中国未来不再有当前的发展速度，社会也快速固化，那么目前处在下层社会的家庭将何去何从？我想唯一的出路是，丢掉“读书无用论”，趁着还有机会赚钱，将赚来的钱让子女读更多的书。

2015 年 6 月 18 日

第 二 章

教育改革与“减负”政策

基础教育改革不能弱化学校教育

以弱化学校教育为导向的基础教育改革，很好地实现了上层家庭的教育目标，但给中产家庭带来了巨大的竞争压力。而下层家庭的子女仅依靠学校教育根本无法应对升学考试，当家庭又不能支付昂贵的市场化教育成本时，他们在应试中就难以与中产、上层家庭的子女竞争，甚至因此失去了努力的机会。

一、教育“减负”弱化学校教育增加了家庭负担

中国基础教育的应试成分太重，教育的内容和方式主要围绕应付升学考试，不太注重学生的全面发展和综合素质的培养，因而为人所诟病。社会上一直有改革这种教育的呼声，教育家们也致力于将应试教育向素质教育转变。这十几年基础教育改革的力度很大，成绩显著，中小学生的“减负”教育、快乐教育、素质教育、游戏教育等蔚然成风，“书包减肥”、释放天性、学历无用等教育理念深入人心。“减负”与“综合素质”成为中国基础教育实践与改革的

政治目标，改革的目标和手段都围绕这二者转圈。

调研发现，学校在不断地调整制度、制定政策给学生“减负”，包括不布置作业、教材内容简单化、压缩学生在校时间、小初不再笔试、增加文娱活动内容等，目的是希望学生能够有更多的自主支配时间快乐成长和提高各方面素质。但在实践中出现了相反的结果，学生的负担不减反而增加了。学校的“减负”改革确实减轻了学生在学校的上课和自习负担，但是增加了学生在校外的学习任务。因为“减负”教育是在小初阶段，并没有对初中升高中、高中升大学得以配套改革。小初是素质教育，但是升学是应试教育。那么为了小孩能够在升学中胜出，学生家长就得在校外给小孩提供额外学习的机会，一个是家庭教育，另一个是购买市场化的教育资源。家庭教育需要家长带着小孩学习，陪伴小孩做作业，给小孩批改作业，这对家长来说也是个重新学习的过程。在市场上购买的教育资源既有语数外等文化课内容，也有音体美等素质教育项目。小初学生走出学校后，大部分时间不是在家伏案写作业，就是在培训班里上课，或者是在去培训班的路上。学生的负担在“减负”教育中成倍增加。

不仅如此，“减负”教育还增加了家长的负担，让大部分家长苦不堪言。首先是增加了接送小孩的负担。为了减少学生的在校时间，越来越多的学校实行禁止学生早上早到学校、下午提前放学的规定。浙江省教育厅就规定小学生不能在 8 点之前进校，许多学校在 8 点半、9 点才开始上课。家长至少在 8 点之前不能离开小孩视野。过去是六七点钟就将小孩送至学校才去上班，现在最早8点才能将小孩送进学校，那什么时候去上班呢？下午2点半到3点就放学了，不说很多学校下午不安排文化课，单说这个时候家长还在上班，谁去接小孩放学呢？有的家庭有爷爷奶奶接送，有的家庭则腾出一个劳动力来接送，多数家庭是将小孩托管给专业机构。教育部门也意识到这个问题，就要求各地创造性地鼓励发展托管机构，美其名曰让市场发挥决定性作用。既然还是托管，何苦这么早放学呢？其次是增加了经济上的负担。无论是将小孩托管，还是参加各种培训班，都需要向市场机构支付不菲的费用。培训项目越多、时间越长、级别越高，家长的负担就越重。再次是减少了家长的休息时间，家长要在休息时间陪同小孩学习，无论是陪同做作业、练琴、跳舞等，还是去培训班，都得占用家长的休息时间。有的家庭甚至是全职陪同小孩的学习和培训。最后是增加了家长的学习负担，家长要教小孩文化和文娱方面的知识，就得自己前期重新学习，同时家长还要学习如何培养小孩，这也需要专门的知识和技术。在浙江上虞调研时，当地还有专门对家长进行培训的市场化教育机构。所以，在中小学家长群中就流传这样一句话，现在小孩培养既要“拼爹”，也要“拼妈”。“拼爹”说的是要有雄厚的经济基础，“拼妈”则要有充足的时间和精力来培养小孩。能够“拼爹”“拼妈”的家庭是“有钱有闲”的人家。

既然基础教育的“减负”改革既没有达到给中小学生“减负”的预期效果，还给家长普遍带来了非预期的沉重负担，那么基础教育改革何以还在沿着这个方向改下去，为何“减负”的话语还有很大的市场？难道制定教育改革政策的那些人不是小初家长，他们没有生活体验？即便手头宽裕、不需要为购买市场化的教育资源担心经济问题，难道他们也不需要接送小孩上学放学？如果是这样，只能说明制定教育政策的这些人是“有钱有闲”的人，或者他们是依据“有钱有闲”的人的教育需求来制定教育政策的。进一步来说，这意味着中国的基础教育改革存在忽略了广大中低收入家庭的教育需求的问题。

二、不同阶层家庭的教育目标

中国社会在经历改革开放后 40 多年的发展，已从之前分层不太明显的相对均质化社会，转变存在层级区隔的社会。根据不同层级所占有的政治、经济、文化资源的差别，以及叙述的方便，可以将中国社会简单地分为上、中、下三层，不同的家庭处在不同的层级，大致可称之为上层家庭、中产家庭和低收入家庭。不同层级的人和家庭不仅在思想观念、消费理念、政治态度、行为模式等方面有较大差别，在子女教育、社会流动等方面也有不同的理念、目标和期待。

低收入家庭的教育目标。中国的低收入家庭由广大工农、城乡小工商业者、小市民等家庭组成，这些家庭在经济上已经解决了基本的温饱，并正在向小康迈进，但是在完成基本的家庭再生产之后便无多余的活钱。在文化教育上，他们接受了中小学教育，有一定的文化知识，能够读书看报，但学习能力和接受教育的能力较弱。在社会关系上，他们的生活圈子以初级和次级社会群体为主，社会关系网络较窄，关系同质性较强，关系质量不高，关系的生活性较强而再生产性不足。在社会资源上，他们所占有的资源总量稀少，资源种类单一，一种资源转化为另一种资源的能力较弱。在劳动力分工和配置上，以代际分工为主，性别分工为辅，也就是在一个家庭中年轻夫妇主外（如务工经商），中老年人主内看家带小孩，农村老年人还要务农。这样的分工充分调动和合理配置了家庭劳动力，最大限度地创造了家庭财富，同时也解决了家庭再生产问题。在社会流动上，低收入家庭在代内难以实现向上流动，但是有通过代际合作实现代际流动的可能和愿望。结合低收入家庭的上述特点，他们在子女的教育上有以下特点：一是他们限于自己的文化知识水平，无法对子女进行充分和较好的家庭教育；二是他们的经济能力有限，难以为子女在市场上购买优质的教育资源；三是他们家庭的劳动力的配置较为刚性，年轻夫妇必须工作，老年人也有自己的事情乃至还要赚钱，否则家庭就无法完成再生产，那么他们的时间、精力就无法腾出来放到子女教育上；四是他们不能通过家庭的社会关系、资源禀赋等实现自己和子女的向上流动，教育是他们推动子女向上流动的唯一渠道。因此，低收入家庭知道教育的重要性，也重视子女的教育，希望子女能够通过教育实现“鲤鱼跳龙门”，但是他们既没有时间也没有经济能力为子女在市场上购买优质教育资源，同时没有文化为子女提供良好的家庭教育，他们唯一可以寄托的是子女有在学校努力学习的机会和学校能够把他们的子女培养好。

中产家庭的教育目标。中产家庭较为广泛，既包括受过中高等教育、经济收入较高且居住在城镇的家庭，如城镇知识分子家庭（教师、医生、律师、文字工作者、工程师、企业管理者等）、城镇工商业者、政府企事业单位职员家庭等，也包括农村中务工经商成功、在城镇购买了住房的家庭。这些家庭的社会关系已经超越了初级和次级群体，关系网络较广，关系质量较高，他们的关系异质性较强，除有生活性以外，还具备一定的再生产性。他们的资源总量较多，也具有一定的相互转化的能力（如文化资源转化为权力资源）。中产家庭一般是双职工家庭，或是经商成功家庭，他们的家庭收入较高，属于中等偏上水平，拥有一定的社会地位，其职业受人尊重，有较强的荣耀感和自我实现感。中产家庭在城镇至少拥有一套房产，子女能够在城镇学校就读。中产家庭处于社会中层，他们在社会结构中的位置较低收入家庭要高，也较低收入家庭有优越感，他们一般是从低收入家庭中实现阶级阶层地位跃升者，较为珍惜自己的位置和地位，但是他们相较于上层阶层，又有较大的差距，仍有上升的空间。他们认为，即使他们这一代人无法实现地位的再次跃升，也要让子女继续向上流动。同时他们也并不认为自己的位置就已经牢不可破，可以安心地睡大觉了，他们有种天生的从低收入家庭带过来的不安全感。因此，他们虽然对现状较为满意，但并不认为他们就已偃旗息鼓，他们仍在不懈奋斗，拼命地抓取一切可以抓住的东西往上爬，这样既是希望使自己的位置更为牢固，也是为了继续往上流动。他们认定，只有继续往上流动，才更具安全感。那么在子女的教育上，中产家庭有这么几个特点：一是中产家庭有能力将子女送入较好的学校就读，也有文化给予子女较好的家庭教育，亦有较强的经济能力给子女在市场上购买优质教育资源，但是作为双职工的他们缺少时间；二是他们的社会关系、物质资源可以做到让子代不低于父代的社会地位，不向下流动，但还是难以推动子代向上流动；三是他们对子代接受更好的教育寄予厚望，希望在家庭既有资源与子代较高教育水平结合基础上推动子代向上流动。因而，中产家庭对子代教育很重视，他们将子女送入较好的幼儿园、小学、中学和大学接受良好的教育，同时购买少量市场教育资源，再是辅以家庭教育。

上层家庭的教育目标。上层家庭，是指那些拥有较丰富的政治、经济、文化等资源的家庭，包括中高层政治资源拥有者、企事业单位中上层管理者、企业家、高级技术人员、院士专家教授等。上层家庭的规模较小，但其社会关系、资源、权力等密集，他们总体性占有社会的优质资源，其资源的再生产性强，能够实现资源的相互交换和转化。上层家庭拥有这些资源，就能够保障其家庭在社会结构中的稳固地位，并实现社会精英的自我循环和自我复制。他们不用担心自己的阶级阶层地位。他们有能力为子女选择最好的学校，选择最好的家庭教师或培训学校，即便他们自己不能亲自接送子女上学放学，也可以雇人这么做。他们对子女的期待不是考上好的学校、找到好的工作，而是子女的优质成长、综合素质的提高。他们一般对子女要求严格，除应试的文化知识外，他们要求子女学习广泛的文化知识。他们的子女学习文化知识更多的是自我修炼、自我提高的一种方式。即便他们的子女没有考上好的学校，他们也有能力将子女送进好的学校，或者他们的子女根本就不用参加普通中学的应试，而是直接进入西方最好的学校就读。上层家庭是典型的“有钱有闲”的家庭，在基础教育上有以下几个特点，一是他们希望学校为学生“减负”，包括减少学校作业和上课时间，以便他们的子女能够有更多的时间学习应试以外的文化知识；二是基础教育不是上层家庭流动的渠道，而是成长的过程和手段，因而反对应试教育，提倡素质教育，希望子女能够得到全方位发展。

总之，低收入家庭对教育的期待是，通过完全的学校教育、应试教育实现子代的社会流动，他们没有能力给子女提供家庭教育和市场化的教育资源。中产家庭的教育目标是，以学校教育为主、辅以市场化教育并通过应试以推动子代向上流动。上层家庭有能力在学校以外提供足够丰富的教育资源，他们希望改变传统的学校应试教育模式，以强化素质教育。

三、“减负”弱化学校教育是上层家庭教育改革期待

三个阶层虽然对教育各有期待，但低收入家庭和中产家庭的教

育目标有一致性，主要还是把教育当作代际向上流动的渠道。而对上层家庭来说是精英自我成长、自我提升的方式。教育目标不同，教育的制度和方式就不同。传统的应试教育制度有利于低收入家庭和中产家庭教育目标的实现，却无法满足上层家庭对教育的期待。譬如，应试教育要求学生更多的时间待在学校学习应试的内容，甚至周末和寒暑假还要补课，这就完全挤占了上层家庭着力培养子女应试知识以外的知识和能力的时间和空间，他们对应试教育和补课就有意见。但对低收入家庭和中层家庭来说，子女的时间都被学校教育给占得满满的，既可以有充分的时间学习应试知识和提高应试能力，有利于在升学考试中脱颖而出，还能够将家长从陪伴、看护子女中解放出来，以将劳动力配置到提升家庭经济能力、完成家庭再生产的事务上。

以上表明，低收入家庭和中产家庭的教育目标与上层家庭的教育需求是对立的，前者认可传统的学校教育，依赖于应试教育的上升通道，后者则要变革传统的学校教育，强化家庭教育和市场化教育。教育制度难以兼顾对立的教育需求，那么以哪个阶层的教育需求为教育制度的目标呢？如果以低收入家庭和中产家庭的教育需求为制度目标，就得维持传统的教育制度，如果以上层家庭的教育需求为制度目标，就得彻底变革传统的教育制度。从最近十几年基础教育改革的实践来看，上层家庭的教育目标占了教育改革的上风，这可能与以下几个因素有关系：一是上层家庭总体性掌握社会资源，他们有渠道影响国家教育政策，而制定教育政策的人本身也来自上层家庭；二是应试教育确实有其明显的缺陷，而“减负教育”与“素质教育”“快乐教育”符合人的天性，容易引起社会共鸣；三是掌握话语权的知识分子经历过高考，对应试教育和“千军万马闯独木桥”的残酷性心有余悸，他们能够对上层家庭的教育需求给予积极回应；四是旅美回国人员、教育研究者对美国公立教育认识不清，错误地把美国公立中小学的快乐教育当作先进的教育理念引入国内，在国人当中形成了快乐教育、思维训练与应试教育、死记硬背的对立；五是同为中小学教育负担重的日本在 20 世纪六七十年代也实行了“减负”改革；等等。在这些因素的综合作用下，上层家庭对“减负”、素质教育的诉求就成了教育领域的政治正确，进而成为基础教育制度改革的方向。只要提到基础教育改革，言必称“减负”。

在实践中，给中小学“减负”的主要措施包括以下几个方面：一是减轻书包重量、减少作业量；二是缩减学生在校时间，实行晚上学、早放学制度，其逻辑是只要学生在校时间长，学校就会给学生上课增加负担，而缩短在校时间就堵住了学校增加学生负担的可能；三是杜绝中小学周末和寒暑假补课，让学生在这些时间段里自由、快乐地释放天性；四是幼儿园不准教小孩识字算数，小学初中不进行笔试（可以通过游戏通关的形式来考查学生的文化知识），初三、高中考试但不排名，以减轻学生的竞争压力和心理负担；五是降低中小学的课程难度，减少了文化课的内容，现在五年级的难易程度降低到了之前三年级的水平；六是教师不给学生批改作业，由家长来批改和辅导；等等。这些措施的实践意味着弱化学校教育，强化家庭在子女教育上的责任。譬如，缩短学生的在校时间，也就意味着缩短了学校对学生负责的时间，增加了学生的校外时间也就是增加了家长的责任；中小学考试不排名，相应地，学校对教师的教学绩效也不再排名，对教师的激励就减弱，教师在教学上的责任和积极性降低；之前许多由学校做的事情，现在都交由家长来做，如批改作业、预习复习辅导；有些文化课学校不再教授，需要家长去弥补；等等。

总而言之，对于中小学生及其家庭来讲，弱化学校教育之后出现的几个问题需要回答：一是留出了大量的非在校时间，如何去填补；二是文化课的内容减少、难度降低，意味着在学校学到的文化知识减少，如何去弥补；三是在学校的学习压力、竞争压力降低，学习的动力来自哪里。不同阶层的家庭对这几个问题的回答是不同的，并由此带来了十分不同的后果。

四、弱化学校教育拖累中产家庭、害苦低收入家庭

上层家庭如愿以偿地在教育改革中弱化了学校教育、获得了充足的自主支配的时间。上层家庭的子女没有升学的压力，上层家庭又“有钱有闲”，他们就可以在自主支配的时间内实现他们的教育目标：训练子女广泛涉猎各门学科的文化知识，培养他们把读书思考当作生活习惯，而不是功利地学习应试知识；通过请家教、上培训学校提高子女的综合素质和全面发展的能力；通过旅游和实地体

验，让子女接触社会和大自然，了解社会和自然知识；带领子女参加各种社交活动和低收入人群社会生活体验，培养他们跟各式人等打交道的能力；他们可以将子女送到当地最好的学校就读，最好的公立学校虽然弱化了文化教育，但是综合素质方面（搞活动、道德素质、生活能力等方面）搞得有声有色；他们可以通过制定教育政策，在学生录取中增加素质教育的比重（如幼儿园要面试才艺、奥赛加分、“985”高校自主招生等）；等等。总之，上层家庭的培养方式就是要把整个世界变成其子女生活的一部分。上层家庭对子女的培养，既有知识灌输的一面，也有思维训练的一面，既有强制教育的一面，也有快乐教育的一面，将素质教育与知识灌输两种教育方式的优势结合得较好。这样培养下来，其子女不仅文化知识丰富、综合素质高，应试能力也很强。

中产家庭既有子女升学的压力，又有向上层家庭看齐培养子女的压力。中产家庭在社会结构中并不稳固，他们没有能力为子女提供直接流动至上层的机会，通过应试教育进行代际流动是他们唯一的选择。因此他们非常重视子女的文化知识和应试能力的培育，但是当基础教育改革弱化学校教育后，他们就得通过家庭教育和市场化教育进行弥补。同时，他们在素质教育上也向上层家庭看齐，希望将自己的子女培养成德智体美劳全面发展的人才；更何况拥有某项特长能够在高考中加分，也是他们所期待的。因此，中产家庭十分重视素质教育。另外，当前中国城市中产家庭在之前的计生政策下多数只有一个小孩，他们在子女教育方面便崇尚质量高于数量的理念（多生几个不如把一个培养好），希望毕其功于一役，因而能够倾注一切地去培养小孩。基于这些理由，中产家庭在子女教育上的竞争就十分激烈，他们都希望通过家庭教育和购买市场化的教育资源来提升子女教育的水平，以期他们在高考竞争以及后面的社会竞争中脱颖而出。竞争越激烈，他们的压力就越大。也因此，家庭教育和市场化教育对中产家庭来说就相当重要和关键。中产家庭一般是双职工家庭，缺少机动的时间，而家庭教育和市场化教育都需要占用父母中一方的时间，因此中产家庭要想给子女提供优质的家庭教育和市场化教育，就得有一方在事业上作出牺牲，这会给他们带来巨大的心理压力。同时，在市场上购买的教育资源越是优质，花费就越高，中产家庭在这方面也有经济压力。总之，中产家庭之间的竞争既集中在子女的升学上，又聚焦于子女的素质教育上，两个方面的压力交织在一起，就使得他们成为当前中国社会竞争压力最大的一个群体。中产家庭的子女也是负担最重的群体，他们既要在应试成绩上力争上游，又要在综合素质上不落人后，虽然他们在学校的负担减轻了，但在校外的负担增重了。

低收入家庭的小孩有升学的压力。应试升学是低收入家庭代际流动的唯一途径，他们寄希望于学校教育培养小孩。但是基础教育的“减负”改革对他们来说是噩梦，直接断送了他们努力的机会。一方面，弱化学校教育，使得学生在小学、初中阶段无法学到足够参与应试竞争的知识和能力。在校时间缩短、课程减少、难易程度降低等使得他们在学校学到的知识很少。学校不考试、不排名，学生本身没有学习的推动力和积极性。不对教师进行县乡和学校等级别的业绩排名，教师的积极性也降低。这种状况在越差的学校越突出，农村学校基本上整体沦陷。农村只要有点能力、能在县城买房子的家庭，都尽量将子女送到城镇学校就读。如果买不到学区房，就选择在民办学校就读。民办学校依然实行过去公立学校的体制机制，能够满足这批低收入家庭对教育的需求。但是并不是所有的农村家庭都有能力将子女送到城镇学校就读，大部分农村学生只能滞留乡村学校。另一方面，低收入家庭无力提供家庭教育，也没有能力在市场上购买教育资源。低收入家长文化程度不高，劳动力配置比较刚性，家庭收入有限，因而既没有文化、也没有时间、还没有经济能力给子女提供像样的家庭教育和市场化教育。乡村的校外培训机构稀少，有少数文娱类的培训机构，文化课培训机构几乎没有。浙江上虞的章镇镇是个中心镇，该镇只有一个毛笔书法培训机构，我们所调研的某个村的文书想给儿子培训文化课也只有网络英语培训。这样，低收入家庭的小孩在家时父母没有时间管他们的学习，爷爷奶奶管不了他们，他们也没有机会参加市场化的教育培训，他们的校外时间基本上是自由放任的，不可能自觉学习。他们在学校也没有学习的动力。低收入家庭的小孩文化课水平不高，综合素质也差，即便有些负责任、想认真上课的老师在一群差生面前时间一长也会丧失积极性。

当小学初中的文化基础没打好时，不仅考不上好高中，进了高中学习也很吃力，高考也考不出好成绩。我本人就读过的县一中曾是全市数一数二的重点中学，最近十年走向没落，清华生、北大生绝迹，现在的学生连华中科技大学、武汉大学都难以考上了。我之前的班主任对此描述说，你给我一棵白菜怎么让我做出一碗荤菜出来。意思是小学初中的基础教育没打好，高中就没有竞争力。

五、强化学校教育才能不“拼爹”“拼妈”

一直以来基础教育以弱化学校教育为导向的改革，确实很好地实现了上层家庭的教育目标，却给中产家庭的父母和小孩带来了巨大的竞争压力。尽管压力大，但是中产家庭尚能够在竞争中实现突破，他们子女的综合素质相对较高，多数能够考上较好的大学，并且一部分可以实现阶层跃升。低收入家庭的子女仅依靠学校教育根本无法应对升学考试，当家庭无法支付昂贵的市场化教育成本时，他们在应试中就难以与中产和上层家庭的子女竞争。在基础教育主要是“拼爹”“拼妈”的情况下，低收入家庭的子女无论其个体怎么努力亦无济于事，干脆也就不努力了。

2018 年 5 月 7 日

“减负”最应该减的是应试负担

> 义务教育阶段“减负”，不应该是减少学生的在校时间、上课时数、学习内容，从而弱化学校教育，而是要减少学生的应试负担和压力。

一、为什么家长对于“减负”会有反对声音？

2018年“两会”期间关于基础教育的话题火爆网络和自媒体。先有教育部等四部门出台治理课外辅导乱象，后有教育部长在回答记者提问时说下午3点半放学是合理的。与此同时，一篇题为《请不要给我的孩子减负》的文章火爆网络，教育部随后推出系列评论性文章给予反驳，称社会应该对学生“减负”有理性认识。“减负”话语不仅在教育政策部门获得了无以撼动的共识，在社会和媒体主流话语中也被推崇备至。在基础教育研究方面，找不到与“减负”不同的声音。但是社会上对所谓“减负”批评和质疑声一片，家有中小学生的父母对所谓的“减负”尤为反感。

二、“减负”弱化学校教育增加了家长负担

对家长来说，学校给学生“减负”不仅增加了家长的负担，也增加了孩子的负担。家长的呼声政策部门听不到，只能变成相互抱怨。也是在前段时间，浙江省出台小孩早上 8 点半前不准入校，下午 3 点半就得放学回家，那么接送小孩就会成为问题，家长要么请人接送，如把爷爷奶奶从农村接到城里，要么托付专业的接送机构，让市场解决这个问题。

既然早上八九点前不上课，下午三四点就放学了，学生在学校学习的时间就极大地缩短了。但是学生未来升学的压力仍然是有的，家长就得将学生这段多出来的业余时间用市场化的教育资源给填补进来，这使得教育市场的竞争十分激烈，培训和补课等费用剧增，极大地增加了学生家庭的负担，同时也增加了学生学习的负担。

有的家长鉴于小孩所在的小学下午基本上是“放羊”，小孩学不到东西，为了抵抗这种状况，家长中午就将小孩接回家自己辅导。还有的家长抱怨说，不仅要监督做好小孩的作业，还要进行修改。这使得家长要将小孩学的内容也学一遍，加大了家长的工作量。但更多的家长限于专业学识和时间精力而无法对小孩进行家庭辅导。

三、“减负”就是减少学生在校时间、弱化学校教育？

教育部门给学生“减负”，包括晚点上学、早点放学，晚上不

准自修，周六、周日及寒暑假不准补课，目的是要把更多的时间留给学生自己，让孩童的天性尽情释放，使他们真正地感受到童年的乐趣，快乐地成长。结果是弱化了学校教育，学校在政策高压下减少了学生的上课和在校时间，减少了作业量，减轻了书包重量；增加了家长在小孩教育方面的责任，包括时间、精力、知识、金钱等方面的付出，他们在市场上为小孩购买更多的、更优质的教育资源，进而加重了小孩的学习负担，导致了校外培训的乱象；学校老师上课不认真，或不和盘托出，将主要的内容放到培训班上讲授。为了治理这种乱象，实质性地减轻学生负担，贯彻“减负”的大政方针，教育部门又出台了许多“补丁式”政策。

例如，为了解决下午3点半以后学生去留的问题，地方教育部门制订和出台了学校陪护计划、允许校外4点半课堂存在、放宽校外培训机构的服务范围等的措施。又如，出台政策禁止在职教师校外培训。前不久四部门联合出台文件严治校外培训乱象，则是典型的“补丁式”政策。

问题的源头在于“减负”政策，“减负”之后出现了诸多乱象，为了治理这些乱象就必须出台更多的“补丁式”政策。“补丁式”政策是就问题论问题，来一个问题打一个补丁，只能治标不能治本，甚至会带来更大的问题。比如4点半课堂就是“补丁式”政策，但它一定会带来培训补课的乱象，进一步增加学生负担。对之进行打击之后，谁来负责3点半到5点半家长下班前这段时间小孩的去处与安全？还得有新的政策。结果一定是“补丁”越来越多，衣服越补越破。

四、弱化学校教育必然加重“拼爹”“拼妈”现象

“减负”另一个可以预期的后果是给基础教育带来极大的不公平。中国基础教育的性质是大众教育，就是要让普通大众也能够接受最基本的教育，并通过教育而得到不同层次的提升。它是一种公平的、向上流动的教育体制。它让所有的人无论贫富都可以在学校得到相同时间、相同品质的教育，使不同的学生所得到的教育资源是相同的。虽然中国有不同学校、不同地区教育资源分配的差别，但是就地区而言，教育资源的分布总体相对均等。学校教育占据了学生的大部分时间，使得即便是富裕家庭、能够在市场上购买更优质教育资源的家庭，也无法供给更多的时间和精力。因而家庭教育虽然能够在基础教育中发挥作用，如许多农村中小学老师的小孩更容易考上大学，但是不能发挥基础性的、决定性的作用。这样的结果是不同家庭的小孩在相对公平的基础教育环境下接受教育，使他们的起点和机会都相对平等。也就是说，公立的学校教育在某种程度上能够抑制家庭间的不平等。

但是当“减负”弱化了学校教育之后，家庭在教育中的作用就凸显了。小孩的教育不仅要“拼爹”，家庭能够购买优质的市场教育资源，还要“拼妈”，需要母亲陪护小孩参加各种培训班及课外辅导。学校不补课了，减少了学生的在校时间，那么这部分时间就是家庭自由支配的时间。这样，不同的家庭在这个自由支配的时间

内，就会有不同的“节目”，这是差异性的自选动作，取决于不同家庭的经济条件和时间条件。“有钱有闲”的家庭，在这段时间内给小孩上各种辅导班、培训班，既提高了小孩的综合素质，也训练了小孩的应试能力。他们将小孩的这段时间填充得满满的。而那些“没钱没闲”的家庭，既不能在市场上给小孩购置优质教育资源，又没有时间和能力给予小孩陪护和辅导，他们的小孩在自由支配的时间内要么玩耍（玩泥巴、掏鸟窝），要么给家里帮忙干活。久而久之，不同家庭条件的小孩不仅在素质上，而且在应试上也会显示出差距来，“有钱有闲”人家的小孩综合素质高，应试能力强，能够在中高考竞争中脱颖而出。“没钱没闲”家庭的小孩无所谓综合素质，考试也竞争不过人家，自然考不上好的高中或大学。这样，从基础教育开始，不同家庭条件的小孩接受的教育就不再公平。

五、“减负”应该是减少学生应试负担和压力

要辩证地看待“减负”，否则“减负”就会成为意识形态，会遮蔽许多问题。其实，无论是“减负”前，还是现在“减负”后的中小学教育，确实有负担重的一面，“减负”之后负担更重。“减负”前学生的负担是可以承受的，我们也是这么走过来的，如果这点负担、这点磨难都承受不了，就会承受进入社会之后更大的负担。“减负”前真正的问题不在于负担重，而在于学生的素质太单一，应试这一块比重过大，而综合素质不高。但是对中国大多数工农家庭来说，综合素质不是他们放在首位的追求，通过应试向上

流动才是他们的第一要务。那么为了保证教育的公平性，让多数工农子弟能够通过教育向上流动，就得保证学校教育的时间与质量。

要想真正减轻学生负担、扭转当前教育市场乱象，就应该恢复早上7点半到校，下午5点半放学的制度。不同农村地区的情况可适当调整，但大方向应如此，目的是要加强学校教育，弱化家庭对市场教育资源的依赖。多出来的这块儿在校时间，可以用于学生的素质教育和兴趣培养。

2018年3月12日

"双减"政策落地的县域小场景

"双减"政策在县域中小学得到了有效落实，一定程度上减轻了学生的负担。课后服务增加了学生的在校时间，减轻了家长的负担，扩大了学生消化学科知识、提升综合素质的空间。

一、"双减"后的作业

DF 市某中学初中部的课外作业规定是，所有学科加起来不超过 150 分钟。YJ 是数学老师，如果某天有数学课，她布置的作业就不超过 15 分钟。不同学生的能力有差异，15 分钟的作业要分梯度，给好的学生布置难的、差的学生布置容易的。那么作业分必做题和选做题。必做题比较简单，是给差学生布置的，差学生也可以在规定的时间内做完，否则出难了，超出了规定时间就要占用其他科目的时间。选做题是可做可不做的，差学生就不做了，好的学生才会去做。作为年级组长的 YJ，每天下午放学后要在微信群里询问当天该年级每个班级任课老师布置作业的时间，然后公布在年级公布栏里。这样的结果是好的学生越来越好，差的学生越来越差。如果说课后作业要减量是合理的话，那么，学校还应该有补差的机制，要对差学生“开小灶”，使他们有跟得上的机会。好的学生本来自觉性好、学习能力强、学习有方法、家庭有教育，差学生则缺乏学习方法、缺乏家庭教育、学习能力差或自觉性差，如果再在做作业方面继续拣较简单的做的话，补差的机会都没有，后劲就会越来越不足。

二、城镇学生或家长告状何以有效

学校在“双减”政策的宣传上是有力度且细致的，学生及其家长对“双减”政策的具体规范都相当了解。只要学校在作业上布置过量或超出难度，就会有学生或学生家长告状。学生告状是不想做作业，家长告状是不想辅导作业或者抱怨辅导作业的时间过长，或学生做作业的时间过长，学生校外没有时间参加其他培训。除被告状之外，教育部门还会派纪检部门下来督查“双减”政策落实情况，除查学校具体落实及配套措施外，主要是查学生的作业量。所以“双减”政策后，学校会严格按照“双减”政策精神布置作业。但是调查也发现，告状在乡村学校普遍无效，而在城镇学校有效。乡村学校告状的也少，既与家长不了解“双减”政策有关，也与家长希望学校多管学生有关。许多乡村学校是寄宿制，家长将学生交给学校后可以当甩手掌柜，学生在学校学得越多家长越轻松。同时，乡村学校“天高皇帝远”，上级部门较少下来检查督导工作。

学校就可以按照自己的教学任务、目标和节奏来给学生布置作业。加之，乡村学校管理者的属地特性较强，敢于与学生或家长硬碰硬，即便有告状，学校也敢于顶回去，而不会让少数人决定多数人。城镇学校则刚好相反，一方面，被教育部门盯得紧，不仅本级教育部门盯着，上级教育部门还经常跨级暗访督查；另一方面，虽然不少城镇家长对学校教育有需求但不刚性，因此，只要有少数学生告状，学校就没有招架之力，少数就可以决定多数。

三、安全管理如何尽职免责

DF 市某中学每周五下午都有安全主题班会。2021 年 DF 市有几个学生溺水身亡，教育局拍了个宣传片。在每周五开主题班会时就要播放，每个学生来来回回看了几十遍。每次播放都要拍照存档。到后来干脆就打开视频拍照完了就关闭。因为反反复复看学生都看厌烦了。之前有几个学生期末考试后约人到海边游泳，有一个没上来。教育局到学校来调查，发现班主任在学生期末考试后召开了安全主题班会，讲了暑期安全问题，学生说有这个会，班主任也拍照有证明，于是在追责时班主任就免责了。这一次事件让学校老师意识到在安全问题上一定要将程序做到位。

2022 年 2 月 4 日

第 三 章

教育体系与教育生态

“片小”模式、乡校模式与县中模式

> “片小”模式是当前义务教育均衡发展中的过渡模式，是一些地方教育实践中的好经验，比国家重点投入小规模学校的政策实践要好。乡校模式是最近十年农村办学实践的有益探索，是过去乡镇初中和中心小学的结合体，有利于集中乡镇教育资源办好一所学校、服务全镇学生。县中模式是县域教育实践四十多年的结晶，它将高考竞争控制在县域，降低了全民教育焦虑。

一、县域教育体系中的三种办学管理模式

县域教育体系有多重内涵。一是从时间轴上看，涵盖小学、初中、高中三个学段，小学和初中属于义务教育，高中教育包含普通高中、职业高中或中专。县域社会比较关注的是小学、初中和普通高中，涉及县域教育入口到出口的完整教育。二是从空间轴上看，包括县城、乡镇与村三级行政的教育设置。县城的教育最为完整，包括小学、初中、普高和职教四类教育，并且基础教育质量整体高

于乡村。乡镇一级的教育完整性没有县城高，一般只有中心小学和初中部，有些比较大的镇中也有高中部，后来要么撤了，要么合并到县级高中。村一级教育的完整度最不高，一般只有村小和几个教学点，撤点并校后许多村只剩下教学点或小规模学校。村一级越来越不是教育层级，不再承担教育责任。三是从学校设置上看，对县域教育比较重要的有三类学校，分别是村小、乡校和县中。村小包括村级小学、“片小”；乡校则是乡镇中心校，含小学和初中部共9个年级；县中是指县域最好的一两所县级高中。

“片小”、乡校与县中作为三种学校类型，不能囊括县域所有的学校及学校类型。这三类学校有以下特点。首先是设置特殊，是教育资源集中而非均衡配置的结果。县中是县域集中资源重点打造的一两所普通高中，而乡村义务教育资源则集中配置在了乡校，村小或“片小”是中心村与周边多个村的集中办学点，也是教育资源集中落地的地方。其次是数量少，一个县一般只能办好一两所比较好的普通高中，乡校则是一个乡镇一所，合并的乡镇则多一两所，较大的村有一所村小，一般四五个村共用一所“片小”。再次是规模性，学生、老师和其他资源都具有一定的规模效应，能够形成正常的教学班级和学校氛围。最后是功能特殊，它们要承担的是特殊的功能，如县中承担的是县域教育出口的功能；乡校和村小则承担了集中办学、规训和培养乡村小孩的责任。

所以，“片小”、乡校和县中是县域教育体系中最重要的设置，由此形成的是“片小模式”“乡校模式”“县中模式”三种特色鲜明的办学管理模式。

二、"片小"模式：将逐步退出教育历史舞台的过渡模式

"片小"模式是指多个行政村的学生集中在一个村级小学的办学管理模式，与之对应的是小规模学校、教学点的办学管理方式。

由于过去10年农村生育率大幅度降低，农村人口流动和城镇化又不断加剧，农村小学学龄儿童减少，造成了村级小学、教学点的学生大量减少。我调查的平和乡，总人口2万余人，有12个行政村，过去每个行政村都有一所小学，多数是一年级到五年级。中心小学有六年级。最近十几年村级小学陆续停办，或者转为只有一两个年级的教学点。目前全乡只有两所学校，一所是乡镇学校（平和学校），另一所是村级教学点（李家塘村小学）。仅存的教学点只有一、二年级，尚有20—30人的学生规模，有3个临聘老师。乡镇学校包含小学6个年级和初中3个年级，每个年级2个班，每个班40—50人。

许多目前还维持的村级小学、教学点多为学生人数在100人以下的小规模学校，甚至有些是学生只有不到10名的超小规模学校。这些学校的学生人数、教师人数和其他管理人员，基本上构不成一个基本的学校和班级教学单元。正常的教学单元，班级需要30人以上，低于20人就无法满足规模氛围和梯度分层。比较好的学校规模是300人以上，这样才能形成正常的学校氛围，学校的许多活

动才能正常开展。当然100人以上的规模也勉强，6个年级每个年级1个班，每个班也有20人，老师正常的上课还能够维持。

小规模学校有以下特征。一是无法进行正常的学校管理。学校没有校园氛围，办学、教学管理松散，学校不能举办校园活动，教师的主要职责是将学生管住不出校园、不打架出事。学校老师、学生家长戏称小规模学校是托儿所。二是班级教学没有规律和规范。由于班级学生不成规模、没有梯度，任课老师上课没有积极性和成就感，中心校对学校教师的管理也比较松散，没有督查检查之类的活动，因此上课与任课老师的情绪、偏好、态度有关系。三是学生在校时间比较短，上课时间短。一般是上午九点半到校，下午两三点放学。上午安排有课，下午则安排写字课和自由活动。四是被分配到小规模学校的老师，一般年龄偏大，普遍在50岁左右，他们有的是本地人或本地媳妇，主动要求下来任教；有的是被中心校指派下来的。即便优秀教师在“片小”待几年也会落伍和丧失教学经验。五是基础设施完备、电子化程度高，但是利用率低、浪费极大。在义务教育均衡政策下，国家向乡村小规模学校投入了比起城镇不差，甚至更好的基础设施，比如生均校地面积、生均校舍面积、生均教学仪器设备都比较高，按标准配备了现代化投影仪、功能室、食堂、塑胶跑道等。但因学生利用率低，许多现代化设备老师不会用也不会教，功能室只有上面参观检查时才会开放。常常出现“楼建人去”的情况，学校基础设施设备刚投入搞好，学生就都流出去了，办学戛然而止，造成基础设施设备闲置和浪费。六是小规模学校的学生家庭多为离异家庭或是贫困家庭。前者对孩子管教不过来，后者没有经济条件管教，只能放在小规模学校“托管”。七是这些学校的学生因为家庭、学校皆缺乏严格管教，不仅学业水平达不到标准，而且缺乏规训和养成教育，因此，升入更高年级或在学校学习方面跟不上进度、容易厌学，也不遵守班规校纪，很容易成为“问题学生”。

总的来说，小规模学校的好处是对少数学生进行托管，学生离家近，方便接送。但是它浪费大、效率低，没有能力满足乡村家庭、学生的教育需求，是纯粹为了教育均衡政治而强行保留的办学模式。

而在一些农村地区，将中心村周边几个村的学生、老师和其他软硬件资源并入中心村学校形成“片小”，进行集中办学管理的模式，这样一种办学管理模式我们称为“片小模式”。过去村级小学基本上是这种模式。该模式有以下几个特点。一是学生、老师有了一定的规模性，从而能够保证正常合理的学校管理和教学秩序。二是“片小”距离其他村在 5 千米以内，既方便接送，也方便学生自己往返学校和家庭，实现就近、低成本入学，不额外增加学生家庭负担。三是每个年级 1 个班，有二三十人的学生规模，能够形成相对的好、中、差梯度，班级可以营造“比学赶帮超”的学习氛围。老师教学有业绩，学生能够学到东西，可以形成良性循环。四是学校有十数名老师，学校对老师的考勤、备课、上课、教研、业绩等就可以进行较为正常的管理，使教学和班级管理有规律性和规范性。五是小规模学校、教学点采取“暂停办学”的形式停办、停招、停止建设，将“暂办”节省下来的资源集中用于“片小”建设，可以使“片小”建设有资源集聚效应，资源利用则有规模效应。六是即便学生继续流出，因为“片小”有一定学生规模，学生流出也需要一个相对较长的时间，因此“片小”可以存在一段较长时间，不会“楼一建起来学生就走了”，基础设施设备的利用时间较长。因此，“片小”建设浪费相对较少。七是实现乡校与“片小”教师常态化交流，在镇域范围内教育的均衡发展。八是“片小”在熟人社会内部办学，家校关系较为融洽。九是“片小”可以为乡校的初中部输送相对于小规模学校要好得多的生源。“片小”的学生接受了相对正规化的学校知识教育和养成教育，学生的整体素质要较小规模学校好。

三、“乡校模式”：回应乡村社会特性及其变迁的独特模式

“乡校模式”是集中乡村义务教育资源于一所学校的办学管理模式。我们调查的平和学校是典型的乡校，共有 9 个年级，三年级以上每个年级两个班，一个班有 40—50 人的学生规模，这几年学校生源总规模超过了 700 人，在编在岗教师 52 人。小学毕业既可以考县七中（在中心乡镇），也可以留下来就读本校初中部。平和学校这十几年的发展一直比较平稳，学生成绩位居全县东部学校片区前一二名。

表 3–1 平和学校 2022 年在校学生人数统计

年级	班次	人数			住宿生人数		
		合计	男生	女生	合计	男生	女生
一年级	1	39	16	23	6	2	4
二年级	1	54	25	29	11	8	3
三年级	1	55	21	34	15	9	6
四年级	1	46	26	20	22	15	7
	2	46	25	21	18	10	8
五年级	1	47	25	22	21	12	9
	2	42	24	18	19	12	7
六年级	1	38	16	22	12	5	7
	2	42	24	18	20	11	9
小计		450	226	224	167	96	71
七年级	1	32	19	13	18	9	9
	2	31	19	12	25	17	8
八年级	1	50	29	21	30	12	18
	2	47	27	20	25	16	9
九年级	1	48	18	30	48	18	30
	2	51	36	15	31	22	9
小计		259	148	111	177	94	83
总计		709	374	335	344	190	154

“片小”只有在人口相对较多、周边几个村相对集中的中心村才存在。像平和乡这种山区，地域广阔、居住分散，中心村和“片小”就很难存在。平原和丘陵地区的“片小”相对较多。但即便

像长沙县那样，巧妙地实行“暂停办学”的政策，“片小”也是七八乃至十个村才有一个。一个较大的乡镇也只有三四个“片小”。所以“片小”只是乡校的一种补充，是一种过渡形式。未来十数年“片小”将消失，变成一个乡镇就一所包含小学和初中的学校。未来学生的流动有两个方向：一部分人从“片小”向乡校集中；一部分人从乡校、“片小”向县城学校流动。乡校因为有进有出，学生规模将保持相对不变。随着县级“指标到校”政策在全国的实施，全县最好的高中将有65%以上的招生指标按照乡校中考报名人数比例分配。比例定下来后，中考进县中的竞争就被限制在乡校内部，而不是在全县竞争。这样不仅可以保住乡校的生源，还能回流一部分学生。因此，乡校办学在未来十年里具有一定的稳定性。

乡校是在合并中心小学、初中和整合全乡镇生源、师资及其他资源的基础上建立起来的完整学校，其管理、教学、教研、教辅、后勤等都是功能齐全的。从调研来看，县域教育不仅不能弱化乡校教育，而且在义务教育均衡政策下，重点不是扶持和投入小规模学校、将教学点打造得既好看又现代化——相反，小规模学校应该尽快合理撤并，使其生源及其他资源快速向乡校集中；重点打造乡校来保证义务教育的城乡均衡。当前义务教育均衡政策中出现的严重误区是，将乡校所在地的集镇定义为与县城同质的城镇，城乡义务教育均衡被认定是村级小规模学校、教学点与县城（集镇）硬件上的均衡。事实上，集镇是乡村的一部分，乡校更是乡村学校的代表，城乡义务教育均衡应该是把乡校建设好，能够与城区学校匹敌。

之所以只有乡校才能代表乡村学校，乡村学生只有以乡校为载体参与县域教育竞争，才有出路和机会，有以下理由。

第一，乡校拥有完整的学校设置，各部门只要资源到位，就能发挥正常的功能，如生源有规模、教师年龄结构合理、机构设置齐全等。如果将资源集中在乡校，资源就可以起到集聚效应。但是如果把资源配置在乡村小规模学校上，资源不仅会被稀释，还无法发挥正常功能，结果是政治上好看，经济上浪费。

第二，乡校能够承载乡村社会的教育期待，而小规模学校不能。作为结构、功能完整的学校，乡校可以较好地发挥升学教育和养成教育两大功能。乡村家长可以期待子女在乡校就读，首先有较大概率培养成人格健全的人，再是能够通过乡校教育考入县级初中或县中。比如平和学校的小学毕业生可以考七中的初中部——该初中部的学校氛围和教学水平要比平和学校初中部好，因而就有更大概率考入县中（县一中、县六中）；平和学校初中部在县东部学校初中里是数一数二的，除指标到校生外，中考考入县一中、县六中的比例比较大。小规模学校则不被乡村社会信任，它只是问题家庭小孩的兜底措施，以保证这些小孩的处境不会变得更差。

第三，乡校能够直面乡村社会变迁，回应乡村家庭对学校教育的独特诉求。当前与乡村小孩教育有关的社会变迁主要有：农民家庭的半工半耕化程度较高，年轻人外出务工，中老年人在家务农和照看孙辈，但中老年人在孙辈作业辅导、养成教育、校外安全、家校关系上无能为力；乡村网络和智能手机普及，中老年人在孙辈沉溺手机视频、游戏上无能为力；乡村社会因离婚、“跑婚”而导致的年轻家庭破碎率比较高，单亲家庭的问题学生较多；乡村社会离散化程度高，子女的养成教育成为个体的责任，乡村社会的规训阙如；等等。乡校可以灵活地调整政策措施，以适应和匹配变化的乡村社会，比如实施寄宿制、配备生活老师弥补乡村家庭接送不便的缺陷；增加在校时间，如晚自习、周末补课，用于辅导学生作业；学校将知识教育、养成教育的责任都承担起来，以解放乡村家庭壮劳力；在义务教育资源集中的条件下，乡校可以配备校车接送较远而未寄宿的学生。

第四，降低乡村社会的教育焦虑强度和教育竞争烈度，减轻农民家庭负担。乡校有管理水平和教学质量，只要子女在乡校有较大的成长和升学的希望，农民家庭就不会舍近求远到县城买（租）房陪读，教育竞争就只存在于乡校内部，即只要在乡校里赢得竞争，就能够赢得进入县级中学、县中的“门票”。乡校的教学质量越好，就越是如此；指标到校政策进一步促成了这一结果。因此，乡村社会在教育上的焦虑和竞争就不那么大。反之，若乡校衰弱，乡村社会不再信任乡校，便要到县城选择好的学校就读，而好的学校学位资源稀缺，意味着农民家庭要在全县范围内参与稀缺资源的争夺，竞争压力很大，必然加深他们对子女教育的焦虑，从而要提前做准备，教育竞争就会提前至上一个学段，即小学就开始竞争。

四、“县中模式”：承载县域教育政绩与教育期待的梦幻模式

“县中模式”是集中县域高中教育资源于一两所高中的办学管理模式。普通高中教育不是义务教育，教育资源配置本身不讲求均衡性。相反，普高是竞争性教育，既需要学生个体竞争高中学位，进而才有机会参与高考竞争，同时县级政府又希望高中教育在参与全市、全省竞争中出业绩，因此，无论是从家庭还是从政府来说，高中教育都是资源非均衡配置的教育。在县域社会，家庭希望有更多高中的学位供给，以有机会上大学，因此希望政府多办高中；但是对县级政府来说，要出教育政绩，也就要出有显示度和期待值的清北生和重点大学升学率，它就得集中资源办高中。为了协调二者之间的矛盾，政府一方面多办几所高中，满足县域学生及其家长的教育需求；另一方面则将主要的教育资源投入一两所高中上，通过办好这一两所高中，向上级和民众有所交代。而这一两所高中就是我们所讲的“县中”，它们集全县最好的生源、师资，最优质的硬件资源以及最优的教育政策。平和学校所在县就有四所县级高中，其中称得上“县中”的只有一中，排第二位的六中高考业绩与一中不在一个层次上。

由于“县中模式”的目标是高考，培养的是应试能力，于是一些论者批评“县中模式”是基层社会教育焦虑和教育竞争的制造者。但问题是，“县中模式”是恢复高考以来就存在的教育模式，

那为什么这40多年的前20多年里基层社会的教育焦虑和竞争的强度不大，而只有最近10多年才陡然增大？因此，“县中模式”不应背这个锅。相反，跟乡校一样，“县中模式”是县域社会教育焦虑和竞争的抑制者，恰恰是破坏“县中模式”，才导致了教育焦虑和竞争的加剧。“县中模式”是一种梦幻式的办学管理模式，之所以如此与以下几个方面有关。

第一，它拥有丰富的应试经验。县中是公立高中，但是与义务教育不一样，中国义务教育是集素质教育与应试教育于一体的教育体系，教育部门对初中、小学的介入比较深，要求学校教学管理不能仅以应试为目标，要更多地转向素质教育。义务教育阶段学校要执行素质教育政策，学校教育教学管理就不能仅围绕知识灌输展开。在这个意义上，义务教育阶段学校办学自主性不足。有些学校为了提高学生应试能力，在教育部要来检查的那一个月采用教育部门规定的文化与文体相结合的课程表，等到检查结束再换回以文化课程为主的课表，科任老师再赶课程进度。而高中教育是专门针对高考的应试教育，不受素质教育政策的影响，学校办学自主性较强。从调查来看，“县中模式”在知识传输和时间利用上做到了彻底，形成了一系列的机制、措施、方法、经验等，这也是提高学生应试能力的秘诀。

第二，它最契合县域社会的教育需求。“县中模式”是县域普通家庭子女低成本升入高等学校深造的最佳通道。在日本、韩国等东亚国家，学生的应试能力不是在公立教育体系中培养的，而是通过“私立学校+培训机构”的方式获得的，这种方式成本很高，普通家庭难以支付，因而具有社会排斥性。而中国的“县中模式”，虽然是非义务教育学段，但因为是公立学校，政府已经支付大量基础设施、设备、师资、培训、校园文化、管理经验等沉淀成本，学生家庭只需要支付少量费用就能购买到县中优质教育服务。家庭还需支付的成本是学生进城、家长陪读的费用。但如果学校有寄宿条件，则免了陪读费用。县中还是县域社会教育期待的主要出口，县中承担了所有清北生和绝大部分重本生、大部分普本生输送的担子。县中之外的普通高中，上重本的寥寥无几，普本的有一些，出的主要是三本生和大专生。县域社会对这些高中的期待较低。假设县中衰弱，县中不再能承担县域教育出口的重任，县域初中毕业生只有到省市好的高中才能考上好的大学，而这必然加重家庭的教育成本，同时也排斥了多数没有资源条件进省市高中的家庭子女。

第三，它是县域教育质量的晴雨表。县中集中了全县最好的生源和师资，享用了最优质的硬软件资源。它的高考业绩的好坏反映了县域小学、初中和高中教育的优劣。正如有位县中副校长所言，“你（初中）只给我一棵大白菜，我怎么能煮出有肉味的菜来？”“片小”、乡校和县中是一个体系，“片小”和乡校的人才培养是基础，他们办好了，就能够给县中输送优秀生源。反过来，县中办好了，这些优秀学生也有了出路；否则，若县中衰弱，乡校培养的优秀学生没有出路，他们就会流动到地市或省会城市更好的学校，加剧县中衰弱。一些家长为了让自己的小孩能够考入地市更好的学校，就会早做打算，在小孩小学毕业时或初一、初二时就将学籍转到地市好的初中，从而使包括乡校在内的县域初中也衰弱。这是一条链式反应，最后是小学也不行了。

第四，它抑制了县域社会的教育焦虑。县域个体家庭以县中为载体参与全省高考竞争。县中的教育越好，进入县中后考上好大学的概率就越高，县域家长对子女的期待就是考上县中，他们的教育焦虑也就是能不能考上县中。升县中的竞争是在全县初中毕业生中展开的。家长和学生都有一定的焦虑感和竞争压力，毕竟名额少、报名的人数多。比如，某县 2021 年的初中毕业生是 5 万人，而这一年该县高中招生指标是 1 万人，而县中的招生人数是 2000 人。假设这 5 万名初中毕业生都想考高中，那么考进县中的概率是 1/25，100 个人中取 4 个。但是，该地级市所有县中垮掉，就只剩下市一中这么一所“超级中学”，全市初中毕业生家长就都盯着这所中学，因为只有考进一中才有希望。而该市 2021 年初中毕业生是 30 万人，而市一中招生指标是 2000 人，考进市“超级中学”的概率是 0.67%。那么，考进市“超级中学”的难度系数是考进县中的近 6 倍。竞争强度越大，家长和学生就越焦虑。有人主张，解决社会教育焦虑问题，要在县级高中之间搞均衡，逻辑是只要均衡了，每所高中都差不多，县域社会就不再盯着一两所县中，就没有那么多焦虑了。但该逻辑的问题是没有看到如果县域教育均衡了，县中就垮了，县域社会就会盯着市级及以上的学校，不会平等地注意到县域所有高中，会使教育竞争更激烈，社会更焦虑。

五、保卫县中与乡校

“片小”是当前义务教育均衡发展中的过渡模式，是一些地方教育实践中的好经验，比国家重点投入小规模学校的政策实践要好。但它在未来若干年内必定要走向消亡，因此对“片小”的硬件投入应该是保基本需求而非高大上，软件上则可多配置优秀老师和年轻老师。乡校模式是最近十年农村办学实践的有益探索，是过去乡镇初中和中心小学的结合体，有利于集中统筹乡镇教育资源办好一所学校、服务全镇学生。乡校模式将会维持较长一段时间，能够减缓农民教育城镇化，抑制中考竞争下移至小学学段。县中是县域教育实践 40 多年的结晶，它将中国人“千军万马过独木桥”的竞争控制在县域。

2023 年 3 月 4 日

县域教育体系中的乡校与县中

较之城市教育体系，县域教育体系之所以具有独特性，是因为它要回应县域社会的特殊性问题，比如城乡差距问题、乡村社会变迁问题、农民家庭分割问题、青少年留守问题等。那么，县域教育供给就要与县域社会这些特殊性问题相匹配，否则就容易出现教育供需错位问题。而乡校与县中两种教育模式恰能很好地予以回应。

一、县域教育体系的一般性与特殊性

县域教育体系具有基础教育的一般特点，要承担县域社会教育期待的出口功能，辖区学生能够通过县域中小学教育体系往上流动，进而经由高考进入大学。县域教育出口的大小，表现为县域高中的清北人数和重点大学升学率，考上清北的人数多、重点大学升学率高，说明县域教育出口大，县域社会对辖区教育较为满意，家长也就愿意将自己的子女留在县域就读；反之，考上清北的人数多年为零、重点大学升学率逐年下降，表明县域教育出口狭小，留在县域就读升入更高层级学校深造的希望渺茫，县域社会对辖区教育不满，就会“用脚投票”，生源就会流出县域。

县域教育体系也有自己的独特性，那就是要回应县域社会的独特性，包括：县域社会有城乡差距问题，县域教育要解决城乡教育均衡问题；农民家庭经济分化加剧，县域教育要回应不同家庭对教育的不同需求，解决有教无类问题；农村青少年留守现象严重，县域教育要回应留守学生希望更多在校时间和学校教育的需求，解决留守儿童课外辅导和手机沉溺问题。换句话说，县域教育供给要与县域社会本身的特性相匹配，否则就会出现教育供需错位问题。

在县域中小学教育体系中，乡校和县中扮演着举足轻重的角色。乡校与县中在县域教育中的角色与功能既有差异性的一面，也有紧密联系的一面。从差异性来讲，县中要回应的是基础教育中的普遍性问题，县域集中教育资源在县中解决教育出口问题，而乡校则要回应的是县域教育中的特殊性问题，解决县域社会特殊的教育需求问题。从联系性来讲，县中衰落必定会带来乡校的衰落，乡校是农村学生进入县中的必要渠道，乡校与县中是唇齿相依的关系。因此，在县域内，“乡校模式”与“县中模式”要两条腿走路，不能偏废。一旦二者衰落，会导致整个县域教育的溃败，祸及农民和县域社会。

二、“乡校模式”的优势及其衰落的社会后果

一个学校要形成正常的校园氛围，一个班级要维持正常的教学

秩序，都需要一定的生源规模。从调研来看，小学和初中比较合理的规模是300人至600人，也就是一个年级有1—2个50人左右的班级。学校人数不够，正常的课外活动、文体活动都搞不起来。在初中，若每个年级的构成没有2个班级，就无法进行分班管理。从班级来说，一个正常的教学单位是30—50个人，小学30个人左右，初中可以达到50人。有了这个人数，班级就有了规模性，能够开展正常班级活动，形成班级和教学氛围；同时，班级内部因为有规模，学生的成绩和表现就可以形成上中下层次，上层表现可以给全班示范、带动中层，中层则可以传递氛围和正能量。否则，一个班级少于20人，学生就无法形成分层激励机制，班级也没有氛围，老师的热情和积极性调动不起来。

调查发现，受低生育意愿和农民流动影响，农村学龄儿童大量减少，大部分村小要么被撤掉或变成了教学点，要么被合并成了“片小”，但人数规模都相对比较少，多数为100人以下的小规模学校，甚至有的教学点只有一两个学生。这些小规模学校虽然在硬件设施上进行了大量投资，但是资源利用率低，没有规模效益。随着农村人口进一步流动以及学生向乡镇学校集中，多数“片小”、村小、教学点将很快走向消亡。乡镇学校将成为乡村义务教育服务和政府对乡村教育投入的主要承担者。我们将这种教育投资、生源师资、教学机构管理向乡镇学校集中的教育管理和发展模式称为“乡校模式”。

“乡校”是乡镇学校、乡镇中心校的统称，包括中心完小和初中两个学段的年级。乡镇中心校不仅是教学机构，而且对全乡镇的初中、小学、教学点具有统筹管理和教师配备职能。从教学管理来讲，乡校主要是回应和服务未能流出镇域的农民家庭的教育需求，因此，它在教育目标、学校管理、教学方式上都带有较强的乡村匹配特性。比如，在教育目标上，乡校跟城区学校瞄准升学不同，它最主要的是负责学生的规训，因为乡校学生多来自“半工半耕”家庭，学生是留守的，家庭对他们的养成教育、规训教育非常弱，那么这些职责就转为了学校的职责，学校就要对这些农村孩子进行教导、规训和惩戒。在学校管理方面，由于留守儿童的校外时间都是无效度过的，课外没人辅导，安全也是个问题，因此，乡村家庭的诉求是希望学校将学生全管起来，让孩子有更多时间待在学校，对寄宿需求多。那么，乡镇学校在学校管理上就要加强寄宿功能建设和配备，比如要强化配置生活老师，以及晚自习的相关配套。在教学方式上，乡镇要向普通高中输送学生，保证教学质量和学校声誉以留住学生，就得进行区分管理，在学校层面分班，分快班慢班、好班差班；在班级层面分流，好学生坐教室前面和中间，差学生坐教室两边和后面。

从调查来看，乡校较“片小”、村小和教学点有着非常明显的优势。一是学生有规模性。乡校集中了未流出镇域的大部分学生，无论是中小、完小还是初中，学校和班级学生都有一定的规模，能够形成合理的梯度，学校、班级的教学和管理能正常开展。二是集中了全乡镇的优秀教师。中心校具有全乡镇的教师管理和调配权，它就能够将乡镇优秀教师配置在乡校，充实各个年级的教师队伍，合理搭配老中青教师结构。三是乡村教育资源集中配置在乡校，而不是稀释在村小、教学点，因而能使教育资源发挥集聚效应、规模效应。四是乡校有学生有规模，教师结构合理，能够形成稳定的校园文化、氛围和管理经验，形成稳定的教研队伍和传统。如此，乡校在教学和学生管理上就会有业绩，能够适配乡村社会“半工半耕”、多留守、少文化的特性，回应乡村社会的教育需求，解放农村青壮劳动力；升学出口看得到希望，乡校就留得住学生，形成正反馈，乡村家长就更愿意将学生留在乡校，降低家庭的教育成本，弱化家庭教育焦虑；让多数不能进城的家庭的子女都能够接受相对不差的义务教育，并有相同的机会通过乡校教育供给而向上升学。

城乡教育资源分配不均衡是个客观事实。在教师初始分配上，县城更能吸引优秀大学生；在再次分配上，乡村优秀教师也多向县城流动，使乡校成为县城学校优秀教师的培养基地。在教学资源上，县城学校的培训资源、教研资源、科教资源、信息资源等都较乡镇中学丰富。乡村有能力进城的家庭也都不遗余力将子女送进县城学校就读，乡村优秀学生不断流失。这是大的趋势。当前教育部门也在推行城乡教育均衡的相关措施，比较成功的是县域优质高中招生指标到校的政策，这使得乡镇中学有按报名数定比例进优质高中的权利，将竞争限制在校内，一定程度上保证了乡校的优质生源。

然而，县级政府在县城兴建的“教育新城”极大地加剧了乡校生源的流失。为了开发县城房地产、推动县域经济，县级政府将教育资源大量投入房地产周边，通过教育吸引农民进城买房。还有些地方，县城为了吸引农民进城，把地处乡镇、教学质量非常好的高中、初中特地整校搬迁到县城，倒逼农民进城买房。县级政府的这波操作必然加快乡校的衰落，而乡校衰落的后果特别严重，会使得多数乡村学生还没有来得及努力就注定了失败。其逻辑如下：第一，乡村学生特别是优秀学生规模化、快速流出，必然导致乡校学生大量减少而趋向去规模性、梯度性，使得学校氛围难以持续、教学合理规模被打破，乡校的教学业绩就会下降；第二，班级学生无规模、无梯度，教师成就感、获得感也越来越少，也就无法激发热情、动力和积极性，进一步催生优秀教师向外流动；第三，学校无业绩、优秀老师流出，增加乡村家长对学校的不满和不信任，倒逼优秀的学生、有能力的学生进一步流出，最后使得留在乡校的学生就是那些没有能力流出去的家庭的小孩；第四，这些家庭本身是农村的弱势家庭、不完整家庭（如离异家庭），占农村的很大一部分，他们家庭无法给小孩提供知识教育、养成教育，完全依赖于乡校的学校教育，而一旦乡校衰落，无论他们个体怎么努力，也都没有机会通过义务教育往上流动，更何况他们还不知道怎么努力。

乡校衰落意味着，乡村大部分不能进城家庭的小孩早早地就被义务教育体系给甩出去了。首先，这是一种极大的不公平，县域为了城镇化发展、少数人接受优质教育而公然放弃多数人；其次，增加了进城读书家庭的教育负担，包括进城买房、消费、生活、陪读等，这些高额成本也阻隔了没有支付能力的农民家庭进城；最后，中考教育竞争层级向县域上移，个体家庭都向县城竞争教育资源，加剧乡村家庭的教育焦虑和教育竞争，进一步推动教育城镇化，加剧乡校衰败。

三、“县中模式”的优势及其衰落的社会后果

调查了解到，一般区县比较好的普通高中就一两所，所谓“省级示范高中”则最多一所，之所以如此，与高中教育资源的集中配置有关系。中小学教育属于义务教育，教育资源讲求公平，因此需要相对均衡。而高中教育不是义务教育范畴，属于竞争性教育，要参与全市、全省的高考竞争，那么资源配置就必然要趋向集中，而非均衡配置在所有高中，以利于县域在全市、全省的高考竞争。那么，这种县域集中教育资源办好一两所普通高中学校，通过这一两所学校的高考业绩向县域社会和上级政府发送教育政绩信号的办学模式，就是“县中模式”。

就目前调查来看，一般区县户籍人口在 40 万到 100 万之间，辖区内普通高中一般有七八所不等。其中，县城一般有 2—5 所高中，其余高中分布在区域性中心乡镇上。县城的高中一般可以在全县招生，如最好的那一两所高中，中心镇上的高中则主要在所在片区的乡镇初中招生。县域最好的一两所高中承担着县域社会教育出口和为县级政府创造教育政绩的功能，清北生和重点大学录取生一般出在这一两所学校，其余高中多出二三本大学生和专科生。

县域最好的一两所高中就是所谓的“县中”。县中较县域其他高中有以下几个优势。一是生源数量有保障。县中在全县招生，生源数量不随全县初中生源数量的波动而波动。即便县域初中生源大幅减少，也不影响县中招生，因为县中招收的是排名靠前的学生；“指标到校”政策后，县中的生源数量也减不了。所以县中可以按照自己的资源和发展目标来确定和调整招生数量。但是其他高中则因为地处乡镇，招生范围相对受限，因此招生数量都受到片区初中的影响。如果片区初中生源减少，片区高中的招生选择空间就缩小，甚至可能随着农村人口减少和流动而不得不压缩招生规模。即便是允许这些高中在全县招生，也难招到其他片区的学生。在一些县市，在片区的高中为了便于招生而搬迁至县城。二是生源质量有保障。县中招生是合法“掐尖”招生，全县最优秀的初中毕业生填报的第一、第二志愿必然是县中，只有在县中录取完之后，其他高中才录取。有些县中还能通过相关政策吸引优秀初中毕业生，如全县前多少名报考其学校的，可以享受某种奖励如物质奖金、家属住校陪读等。三是师资有保障。县中除能够招来优秀毕业生和高质量培养自己的师资外，还能通过教育局从其他中学外调优秀老师充实教师队伍。四是除生源、师资外，还有其他最优质、最丰富的软硬件资源，包括经费预算、项目投入、荣誉奖励、校园文化、老教师资源、教研经验、管理经验、管理队伍建设、校友关系、社会关系、政治资源、社会声誉，等等。

县域办好一两所县中，县中高考有成绩，就会溢出以下正面影响。第一，满足县级政府及其主要领导对教育政绩的需求，从而源源不断地获得县级政治、经济等资源支持。第二，满足县域社会对教育期待出口的需求，也就是出清北生和更多重点大学生的教育期待，从而使县域社会对县域教育有信任并予以支持，进而才能留住县域优质初中毕业生。第三，县中保障了县域教育的出口，优秀初中毕业生能够留在县域，县域教育体系就会保持相对完整，县域内多数家庭就可以通过县域教育体系相对低成本地获得基础教育服务，并还有很大希望从县中出口走进大学。由于县域教育能够满足大多数县域内家庭的教育需求，而少数有资源的家庭才会到地市、省会城市购买更优质的教育资源，但不会引发其他家庭的效仿和竞争。第四，降低县域社会教育竞争强度。当前的高考竞争主要是以县域为层级、以县中为载体参与全省高考竞争，而非个体家庭直接参与全省家庭之间的竞争，那么，在省域内则是县与县之间的竞争，更具体的是县中之间的竞争；而学生及其家庭只参加县域范围的竞争，也就是升入县中的竞争。及至指标到校后，学生及家庭之间的竞争限制在就读的初中学校内部，即竞争指标，竞争范围更窄，竞争压力更小。所以，以县中为载体参与高考竞争，限制了竞争范围，较大地降低了县域社会的教育竞争强度和教育焦虑程度。

县中在过去二三十年里都运转得比较好，县域社会教育焦虑适中、竞争并不激烈。但是最近十几年，县域社会教育焦虑和竞争加剧，其中一个重要的原因是县中的衰落。而县中衰落主要有以下几个原因。一是省市“超级中学”跨区域“掐尖”招生。县域尖子生被这些学校通过各种优惠政策吸引走了，县中没有了尖子生，优秀学生、中等生和落后生都缺少了带动力，学校高考业绩不可避免地下滑，清北生多年为零，重本率连年下降。二是优秀教师的外流。基础教育是经验积累的教育，优秀教师的培养不能一蹴而就，而是需要时间来沉淀。但是优秀教师外流是短时间内的事情，因此不仅会带来县中优秀教师青黄不接和教师结构不合理的状况，也会影响学校的教学业绩。

除此以外，县中的衰落会带来以下严重的政治社会影响。

第一，在缺乏清北生名头和重本升学率招牌下，县域社会对县中教育进而对县域教育产生怀疑和不信任，优秀学生和家庭有经济条件的中等学生也开始"用脚投票"外流，这样县中的生源结构更为不合理。学校虽然有规模，但是班级不能形成合理梯队，学生的知识能力、理解能力、应试能力上不去，教师没有教学成就感，因而更容易被民办学校、"超级中学"吸引，形成负反馈。

第二，县域教育体系不被信任，只要有人流出县域到省市就读，就会带来其他学生及其家庭的效仿和竞争，从而形成有能力流出都要流出的外流期待，从而加剧县域社会的教育焦虑。那么，为了子女能够到省、市更好的学校就读，就得到市场上购买更多的教育资源，甚至从初中、小学就希望子女到省市好的学校就读。有能力的家长这么做，由此形成的示范和风气使得没有能力和子女还没有到初中（小学）学段的家长就更焦虑。

第三，有能力的家庭在子女读小学、初中时就将子女送出去县域，结果是导致县域内初中、小学生源被掏空，瓦解了从高中到初中、小学整个县域教育体系。县域教育难以再培养出优秀的学生。

第四，有能力的家庭都将子女送进省、市好学校就读，留下来在县域高中包括初中就读的就是县域普通家庭的子女。这些家庭属于县域的大多数，因为走不掉，所以他们最依赖于县域教育体系特别是县中教育。县中教育好，他们就有出口，升学深造的机会较大，对他们就有好处。但是县中衰落——生源结构被破坏、师资结构不合理、教育资源向省市集中，他们就是再努力、再勤奋，也无能力“逆天改命”，他们再难从县中走出去。

四、县域教育体系瓦解

总体来说，乡校在匹配乡村社会特殊性的基础上，实现了大多数农村家庭子女就近、低成本享受义务教育的基本权利，保障了县域教育的公平性。县中集中县域教育资源参与省市教育竞争，体现了县域教育体系的效率性，从而回应了县域社会的教育期待，维护了县域社会对县域教育的信任，保持了县域教育体系的完整性。

县域乡校和县中的衰落使得县域教育不成体系，不再能匹配乡村社会特性和回应县域社会教育需求，更无法给予县域社会教育期待以出口。乡校衰落的最大后果是，乡镇辖区内下层农民家庭的子女还没有努力就失败了。

2023 年 3 月 2 日

县域教育生态的特殊性及应对策略

> 较之城市学校，县域学校的教育资源本来就稀缺，如果还要花费大量资源来处理独特的家校关系、政校关系、校内关系，就会弱化它们与高阶城区学校的竞争。因而要在政策上进一步向县域学校倾斜，强化针对乡村学生的特殊招生政策；给县域学校减负、增加学校自主办学权，大量减少非教学型任务，让县域教师和管理者专注于教育教学。

与城市教育相比，县域教育生态具有特殊性。之所以县域教育复杂、难办，很大程度上也与县域教育生态的特殊性有关。简单来说，县域教育生态的特殊性源于县域社会是城乡差别的社会，县域教育一肩挑两头，一边是走向衰败的乡村，另一边是快速扩张的县城。因此，县域教育就必须正面回应乡村社会、城镇化以及城乡差别带来的特殊问题。县域教育生态是由校社（家校）关系、政校关系、校内关系构成的生态系统，它在校社关系或家校关系上要回应乡村社会的特殊的教育需求问题，在政校关系上要完成政府部门下达的独特的非教学型任务，以及在学校教育教学管理上要处理城乡差距带来的诸多问题。

一、校社关系：要回应乡村社会特殊教育需求问题

最近十数年，乡村社会巨大变迁，已影响到了县域教育的校社关系。过去由家庭、乡村社会或校社合作、家校合作来完成的一些涉及小孩教育的问题，现在都得由县、乡、村三级学校来承担了。乡村社会变化主要有以下几个方面。

一是乡村社会从整体走向离散化。在 2010 年之前，农村人口也向外流动，但农民在外务工经商的经济收入会流入农村，农民也预想还会回到农村生活，还会在意农村的社会规范和人情面子。在这个意义上，村庄社会还有较强的价值生产能力和共同体意识，也有一定的一致行动能力，村庄社会的交往还比较频繁。对未成年人来说，村庄社会不仅是游玩、嬉戏、娱乐、交得同伴的场域，还是习得社会规范、扮演社会角色、获得社会位置的社会化的过程，也就是养成教育的过程。小孩的言行举止、习惯养成，不仅是其个人及其家庭的问题，还是村庄社会整体的义务和责任，小孩不当的行为比如偷盗、骂人、不尊重老师等，还会影响村庄在周边村落的声誉，其他家庭对他人小孩也有教育的权利和责任。当看到小孩有不良的行为习惯时，只要是村庄社会的人都有权利和责任进行说服教育，不行就告知家长，甚至促成村庄舆论。小孩在村庄社会与同伴

交往、嬉戏中，在介入村庄社会人际交往、社会活动的过程中完成初级社会化。学校与村庄的关系紧密，村小是由村级教育统筹支持的，属于村集体所有，与村集体、村民活动频繁；乡镇初中、中心小学与各村的关系较为紧密，关于学生的问题，学校不仅会跟家长沟通，还会给村支书通气，互通信息，共同解决问题。例如，某村有小学升初中考上县一中初中部的，校长会特意通知村支书，村支书会有面子。在一定意义上，村庄社会在学生养成教育上扮演着比学校更重要的角色：校外的养成教育村庄社会是主导，校内的养成教育村庄社会也要参与。

2010 年以后，情况变化很快。80 后、90 后不仅外出务工经商，还在县城买房子，快速推动农民以县城为载体的城镇化。他们不仅平时回村次数少、时间短，过年也举家在县城过，其中不少还数年到女方娘家县城过年。村庄社会不仅平时冷清缺乏人气，过年也热闹不起来了。越来越多的人不再遵守村庄规范，甚至退出一些人情往来。年轻一辈农民下学后就到各地务工经商，结婚后也无多交往，过年也难以见着和串门，相互之间成了“陌生的熟人”，见面认识但是不再知根知底。年轻人的主要利益关系在务工经商地，主要社会关系在村庄之外，村庄社会只剩下人情关系，为的是合作将红白喜事办好，所以，相互之间缺乏紧密的共同的利益关联和情感联系，进而相互之间的权利义务关系也就比较弱。村庄社会对年轻人来说，除人情关系外其他功能不凸显，也不再在意村庄的建设与社会关系的和谐，即不再关心村庄的公共事业、关注其他人家的事情，包括小孩的养成教育。小孩养成教育已经成为个体家庭的私事，与其他人无关，小孩再调皮、再违反村庄规范，其他人管不住，也犯不着去管，管了还惹人嫌弃。小孩之间也很难玩在一块儿了，多数是兄弟姐妹的小孩一起玩，农村过去小孩的嬉戏方式、游戏形式如捉鱼、爬树、掏鸟窝、玩水、玩泥巴消失了。小孩都躲在屋里或屋檐下玩手机，小孩之间不再有“社会”，也就不能通过相互交往习得社会规范及与人打交道的方式。学校管理“以县为主”之后，跟村里的关系就弱多了，村支书不再关注村里小孩的教育情况，学校也不再跟村里通报相关情况，相互之间的联席会议也不再开了。也就是说，村庄社会不再对学生的养成教育负责：未成年人的社会化不再在村庄里完成，在学校完成部分村庄社会也不再参与。

乡村社会走向碎片化，使得农村小孩无法在村庄里完成初级社会化，该功能就完全落到了学校的身上。县域学校就要专门设置相关的体制机制来承担这些功能，比如专职生活老师、寄宿制、做学生思想工作、家访制、团队建设。养成教育需要学校与家庭联动，共同营造良好的家校关系和氛围，那么家长会、“叫家长”和家访制就非常重要。特别是班主任的家访，有助于学校了解学生和学生家庭情况以及家长了解学生在校情况和学校相关政策、措施精神，进而共同解决相关问题。家访次数与家教关系、问题解决程度成正比。做学生思想工作也是如此，班主任与学生个别谈话、交流多了，学生也会感到温暖、受到鼓舞、感到被重视（尊严），老师也能够及时、实时了解学生思想动态，对于矫正学生不良习惯、缓解学生学习（人际）压力、治疗学生心理疾病等都有帮助。按理来说，这些体制机制在县域学校要比城市学校要更完善，但实际情况是，县域学校特别是乡村学校的非教学型任务、形式主义更重，过多地消耗了班主任、科任老师的时间和精力，使得他们无法充分做好学生的思想工作和家访工作。例如，调查发现，县域义务教育学段学校班主任的家访次数已经不少了，但都不是为了学生的成绩或养成教育，而是为了完成上级下达的非教学型任务，让家长配合自己搞形式主义，次数多了往往招致家长的反感，影响家校关系。又如团队建设，应该将班级建设成一个有温度、归属感、荣耀感的强有力的集体，让每个学生在里面都能够感受到集体的温暖和他人的关心，让学生在班级活动中（比篮球比赛）习得规范、获得价值、产生荣耀感等。但事实上，特别是乡镇学校为了升学不仅会进行分班管理，在班级里还会分群体管理，从而人为地将一个年级、班级的学生切割成不同部分，造成分裂，更难以凝聚。

二是农民家庭从完整走向不完整。家庭是小孩完成社会化的重要场所，家庭不完整，家庭的社会化功能就发挥不出来。在 2010 年之前虽然也有留守儿童，但是，一方面村庄社会尚未解体，留守儿童能够在村庄社会中获得社会支持和情感体验以及养成教育；另一方面祖辈还有除提供食宿服务外的教育孙辈的权力。近 10 年农村家庭在乡村社会碎片化的基础上发生了巨大变化，家庭呈现不完整性。首先，在家庭形式上表现为一家两制或一家三制。也就是家庭被分割在不同的区域空间，前者指的是半工半耕的代际分工式家庭形式，年轻夫妇外出务工，中老年人在家务农和照看孙辈。后者是一个家庭除代际分工之外还有性别分工，即中老年人在家务农、年轻男子在外务工和年轻妇女在城镇陪读的分工制度。这两种家庭分工制度意味着年轻夫妇或至少年轻男子无法参与第三代的教育和成长过程。当前农村家庭的权力已集中到年轻人身上，父代只有辅助的义务。在教育小孩上，年轻夫妇拥有完全的知识教育和养成教育的权力，中老年人则负责孙辈的衣食住行，在教育上没有发言权。因此，无论是家长会、“叫家长”抑或家访，主体对象都得是年轻夫妇而不是祖辈。由于手机游戏（及视频）渗入农村家庭，祖辈难以管教，部分年轻母亲开始返乡陪读，这在一定程度上弥补了小孩家庭教育上的不足。但是母亲陪读也有问题，那就是家庭投入过大，对子女的期待过高，子女的精神压力亦甚大；陪读母亲在管教子女（如管理手机）过程也容易产生亲子矛盾。其次，问题家庭比较多。由于农村未婚先孕、早婚早孕以及社会流动性加大，农村年轻夫妇离婚、年轻妇女跑婚情况增多，使得农村单亲家庭增多；还有些问题家庭是家里父母一方或双方有残疾（光棍娶残疾女性）、家庭贫困、父母年龄比较大等；或者年轻男子有家暴、酗酒、赌博等不良习性，这些家庭的小孩在成长过程中容易出现行为或心理疾病等问题，比如偏激、自闭、自卑、胆小等。在一些地方的村小，有条件家庭的子女都进城读书了，留下来的有 1/3 到 1/2 的学生是问题家庭的小孩。

不完整性的家庭既无法给予小孩知识教育，也无法给予小孩养成教育。如年轻夫妇皆外出务工的家庭一年最多回来参加一次家长会，班主任“叫家长”次数多了也会烦躁，更难接受班主任家访。这些年轻夫妇也不熟悉小孩在校外的情况。问题家庭的家长本身是问题的源头，他们在班主任面前倒是很“谦虚谨慎”，也承诺要改掉习性，会更多关注关心小孩，但就是“屡教不改”。因此，这些家庭在家校关系上是比较消极的。对于这些家庭的小孩，学校就不能仅考虑知识教育，尤其不能只盯着学生的应试升学，还要将学生的养成教育的责任承担下来。

三是隔代抚育的社会功能不齐全。在留守家庭中，由祖辈抚育孙辈会出现一些问题，比如祖辈没有权力和威严实施教养和行为规范，因此孙辈的一些不合理、不规范的言行，祖辈难以约束和纠正；祖辈多采取讨好、溺爱孙辈的策略，采取不得罪孙辈的逻辑来对待孙辈，对孙辈的一些言行不管不问；祖辈没有权威管束孙辈，不能严控孙辈的活动空间，因而难以保证孙辈的校外安全问题；祖辈管不了孙辈沉溺手机的问题，如果不给手机看，孙辈就要“上房揭瓦”“拼刀子”；等等。当前农村中小学生最大的问题是“手机控”，学校老师说，学生在学校一个月养成的学习习惯，回去一两天就荒废了；一个学期养成的好习惯，一个暑假就没了，都是手机惹的祸。祖辈不仅管不住孙辈玩手机，他们还主动把手机给孙辈，这样才能让他们不吵不闹、不外出打架玩水。那么，留守儿童的教养、安全、沉溺手机等问题，责任又要落到学校身上。许多学校都在与学生斗智斗勇，探索管理手机的方式方法。寄宿制让农村学生的更多时间留在校内，既保证他们的学习，也能保障他们的安全。“双减”的课后延时政策，乡村学生家长是举双手赞成的。

二、政校关系：要完成县级部门下达的特殊任务

在村级办村小、乡镇办乡镇初中和中心小学的时候，村级只有重大庆典才会到学校举办活动，或让学生到活动现场营造氛围；乡镇会要求乡镇的学校参与植树节活动，给学校划个片挖树洞植树，或者教师节的时候学生拿着标语全乡镇游行宣传教育政策，一般非教学型任务不会下放给学校，更不会干扰学校正常的教学秩序。县级教育部门下发的文件 80% 是提高教学质量类的，再是与学校教育、行政管理相关的，不会直接给乡、村两级学校下达非教学性任务。其他部门就更没有权力给学校布置任务。因此，学校的工作相对单纯，科任教师专事教学，班主任、年级组长、校办工作人员、政教处主任、副主任等，都是科任老师兼任的，校长、副校长及其他中层干部都还兼着自己的主课，教学兼管理，既没有耽误教学，也把学校管理好了。这种学校由属地进行管理，它与学校的关系类似于行政发包制关系，属地放权，学校管理的自主权和剩余索取权比较大。教育管理部门与学校的关系是指导与被指导关系。

随着税费改革和取消农业税，大部分地方乡镇和村都不再是一级财政，乡村教育改由“以县为主”的财政支持和管理机制。村小和乡校都由县教育局垂直管理。过去，乡镇分管教育的副职直接领

导乡镇“教委”，县级教育部门对乡镇教委给予指导。“以县为主”之后，乡镇教委逐步改成了“中心校”，直接对县教育局负责，直接管理村小和乡校的财政和人事。乡镇协助“中心校”进行管理，除“安全”事务外，其他事务都不介入。县域教育管理体制变革的直接影响是，县教育局与乡村各学校之间的关系从指导与被指导关系，转变为领导与被领导关系，学校成了教育局的下属单位或部门，是教育局在城乡社会的“腿”。进一步地，县教育局可以直接向学校下达各项任务，学校作为下级必须予以完成。这也是下列情况出现的根本原因：学校班主任、年级组长忙得不行，他们有填不完的表、做不完的资料、开不完的会、搞不完的活动；学校各管理部门将科任老师也调动起来做这些事情，还觉得忙不过来，把教学、学生工作逼成了老师们的副业。

在调查中，受访的校长和一线老师反映，除畜牧局之外，县里其他部门都可以向学校布置任务。除上述政校关系外，还有以下几个原因。

一是县级涉及教育、学生的综合性重要事务增多，这些事务都以县级领导小组办公室的名义布置给教育局，教育局是领导小组成员单位，这些办公室都对教育具有考核评比的权力，教育局如果需要贯彻相关精神、落实相关事务，就得将任务布置给学校。教育局本身就是许多领导小组办公室所在单位，某县有十几个这样的办公室。

二是上述事务多了，又是长期性的，许多地方的教育局都成立了这些事务的科室，比如综治科、安全办、文明办等。这些科室除承接各部门、上级的事务外，还有自己的自选动作。

三是与城市不同，乡村学校在财政、政策等方面都更加依赖于县级相关部门，因而在面对上级任务时根本无法阻挡，有时还需要主动迎合去做好一些事情，以争取上面的荣誉与资源。受访的校长称，人家（校外机关团体）下达任务来了，你不支持人家，以后人家还会支持你？而且，家长在与学校的交互关系中，也处于弱势地位。这样，县域的政校关系的天平就更倾向于教育管理部门。

上级能够将任务下达给学校，那么一些涉及教育的、学生的以及需要组织人员完成的任务就都可能通过教育局下达，直接与学校教学管理一线老师、学生和家长发生关联。比如许多宣传工作，可能与教育没关系，但是因为“小手拉大手”，由学生向家长宣传效果更好，就以“××进校园”的形式下达到学校，如骑电动车戴头盔、App 下载、防诈骗、毒蘑菇宣传。

比较普遍的“进校园”的工作还有：食品安全进校园，民法、宪法进校园，交通安全进校园，传统文化进校园，禁毒知识进校园，足球进校园，文明创建进校园，劳动教育进校园，廉政教育进校园，文明礼仪进校园，未成年人保护宣传进校园，安全宣传进校园，消费维权进校园，生态文明进校园，防震救灾进校园，京剧进校园，地方戏曲进校园，民俗文化进校园，人工智能进校园，科技进校园，等等，据某学校统计不下 30 个。这些“进校园”的活动既是在校园“摆摊”、拉横幅、做展板宣传，也不会耽搁教师、学生正常时间，还会因为学生“面广”，起到比较好的宣传效果，同时也丰富了师生的精神文化生活，充实了教师德育实践活动，有助于学生综合素养的提升。但是一旦这些活动多了，而且还要一线教师在学生中进行各种形式的宣传，就不仅是干扰教师的“正课”，还要占用学生的课外、社团、班会等活动时间，破坏正常教育教学和管理秩序。

进校园活动，许多城市学校可以抵制，但是县域学校无法抵制。还有一些特殊的任务如防溺水、防毒蘑菇等，是乡村学校才有的事务，那么这些任务在乡村学校就执行得更彻底，调动的人力、物力更多。

三、校内关系：要处理城乡差距带来的问题

教师与学校的关系是主要的校内关系。与师校关系相比，县域的师校关系较为脆弱，表现为流动性较大。教师流动有三个方向。一是普通学校向优质学校的流动。优质学校在生源、师源、财源上都较为丰富，对教师的个人成长、事业发展以及成就感有较大的支撑作用。比如优质学校的教师培训、观摩、学习等机会较多，对教师的个人成长有较大助益；生源比较好，教师教学积极性高，教学相对轻松，学生考得好有成就感。二是从县域向地市、省城的流动。这种流动表现为优秀教师的外流，流动原因既有个人事业发展的需求，但更多的是为子女寻找更好的教育资源。三是从乡村向县城的流动，这是最主要的流动方向，也是县域独特的流动方式，表

明县域教育要处理城乡差距带来的问题。

就教育而言，城乡差距表现在教育资源的配置和聚集上。从县级政府的角度，乡村学校多且分散，资源投入不经济，规模效应不强。如果将县域教育资源主要投入在县城，大兴“教育新城”建设，将投入乡村学校的资源集中起来新建城区学校，就不仅可以节省教育资源，还能够通过农民子女教育进城而拉动县城房地产发展，增加县级财政收入，凸显城镇发展政绩。但是这样做，又与国家的义务教育均衡政策相悖，还会无端增加农民家庭的教育投入，以及陷入金融风险，弱化农村稳定器和蓄水池的功能。为此，县级教育部门还要在城乡教育均衡发展上做一些事情。首先是生源均衡，也就是要尽可能留住乡镇学校的生源，要执行“指标到校”政策。其次是师资均衡，要确保县域城乡教师流动的有序，比如县城学校教师有评高级职称须有 2 年或 3 年乡村学校执教的经历；县城学校与乡村学校“结对子”，“校联体”就是一种比较普遍的均衡机制。

乡村学校教师向县城流动，既是教师的需求，也是县城学校发展的需求，县域教育部门对这种需求宜疏不宜堵，应该引导乡村教师有序流动。有序流动的意思是，既要保证一定比例的乡村优秀教师进城，又不能掏空乡村学校。在这方面比较好的经验是湖南的“招考进城”的政策，即只要乡村教师要进城，无论哪个学段的，都需要有一定的乡村学校任教年限和经过全县考试，这既保证了公平，又激发了希望进城的教师在乡村增长本领，在乡村学校做出成绩。做得比较糟糕的是湖北一些县市的无序进城，进城没有标准和考试程序，只要有关系就能进城，使得老师们都去搞关系而不是成长自己，进城的教师不一定是优秀的，而找不到关系进城的就不再有积极性。

四、小结

较之城市学校，县域学校的教育资源本来就稀缺，还要花费大量资源来处理独特的校社（家校）关系、政校关系、校内关系，但是它们在全省又与地市、省城的学校同台竞争，如何竞争得过？我想，第一，还是要在政策上进一步倾斜县域学校，比如加强针对乡村学生的特殊招生政策；第二，给县域学校“减负”，增加学校自主办学权，大量减少非教学型任务，让县域教师和管理者专注于教育教学；第三，在县域教育资源的配置上既要有集中又要均衡，高中教育要集中发展一两所具有较大竞争力的县中，在小学初中教育上要均衡发展乡镇学校，让更多的学生就近接受优质均衡的义务教育。

2023 年 8 月 25 日

第 四 章

教育竞争与县中衰弱

县中是教育竞争的最佳载体

县级是省域高考竞争的最佳层级，县中是教育竞争的最佳载体，能够满足多方教育主体的需求：县域内学生家庭低成本参与高考竞争的需求；县级政府的高考教育政绩需求；县中出人才、出声誉的需求；市级政府的高考教育政绩需求。

一、教育竞争载体：县中、市中抑或“超级中学”？

根据调查，由于高校招收指标是定额发放到省域内的，省域内的学生参与竞争既定名额。也就是说，高考是在省域内竞争，而不是省际竞争。那么，省域内的竞争，省级政府是竞争规则的设置者，而不参与竞争，参与竞争的主体包括市级政府、县级政府、高中学校、学生家庭。学生参与竞争的目标是脱颖而出考上大学；高中学校的目标是考出更多一本、二本学生，赢得教育声誉，吸引优质生源和师资；县政府或市级政府的目标则是出教育政绩，为辖区内教育流动拓宽出口。市级政府的教育目标与县级政府的教育目标可以一致，也可以不一致。前者是指市辖区县有教育政绩，加总可以成为市级政府的教育政绩；后者是指市级可以只依靠个别市级中学在全市范围招生出教育政绩，这会与县级政府的教育政绩需求有冲突。

从调查来看，高考竞争有三个层级：一是以县域为层级、以县中为载体的竞争，该类竞争将教育竞争限制在县域范围，学生只要中考考上了县级高中，就有较大机会考上好大学；二是以市域为层级、以市级重点中学为载体的竞争，该类竞争因县中衰弱而使竞争扩大到市域范围，学生只有考上了市级重点中学才有较大机会考上好大学；三是以省域为层级、以“超级中学”为载体的竞争，该类竞争建基于县级中学、市级中学全面衰败之上，意味着学生只有进入“超级中学”才有可能考上好大学。那么，在县级高中、市级高中、“超级中学”三个载体中，哪个是参与高考竞争的最佳载体？

二、低成本、高收益教育竞争模式：以县域为层级，以县中为载体

教育竞争的最佳载体需要满足两个基本条件。一方面，高考指标是既定的也是稀缺的，竞争就很激烈，那么，在优秀学生、优秀师资、其他软硬件等教育资源有限的情况下，要想在激烈竞争中胜出，教育资源就得集中配置。另一方面，教育资源的配置又要能够满足大多数学生低成本参与竞争，即不能为了集中资源而抬高学生家庭的教育支出，从而形成对无能力支出家庭学生的教育排斥。

从这个意义上来讲，地处乡镇的普通高中只满足第二个条件。它可以让辖区学生低成本参与教育竞争，但是乡镇各类教育资源稀缺，高考的竞争力不大。因此，就单个学校而言，一般的高中学校不是独立的参与主体。但是“超级中学”可以作为独立的参与主体参与省域竞争。那么，在县域，县级政府要参与省域竞争，就不能让每所高中都给自己出政绩，而需要集中资源打造几艘高考“航母”，也就是通常所说的县中。一般中西部区县资源有限，一个区县只能支持一两所县中发展。这样县域内其他高中事实上就得朝其他方向或特色发展。集中力量发展县中满足以下两个基本条件：一是能够集中全县资源备战高考；二是乡村优秀高中生进城读高中虽然成本较乡镇高，但一般家庭能够承担得起，因而额外增加的教育负担不大。

到市一级，优质资源更多，如可以集中全市的优秀学生、老师到一所学校如市一中，办好这所学校就可以出教育政绩。但问题是集中到市一中读书的学生人数少，竞争性压力大，学生家庭需要额外增加教育成本参与进入市级学校的竞争，这样就会排斥不能额外支付成本的学生家庭，特别是农民家庭。

质言之，县级是省域高考竞争的最佳层级，县中是教育竞争的最佳载体，能够满足多方市县政府、家庭、学生的教育需求：一是满足县域内学生家庭低成本参与高考竞争的需求；二是满足县级政府的高考教育政绩需求；三是满足县中出人才、出声誉的需求；四是满足市级政府的高考教育政绩需求，因为每个县都有教育政绩它就有政绩了。同时，县中有高考业绩，县域社会的教育期待就有出口；学生就会留在县域内就读初中、高中，而较少流动到省、市就读，节省了家庭教育资源，一定程度上降低了教育焦虑和竞争。

三、以市中为载体参与竞争：排斥性和教育成本“双增”

随着跨区域招生的放开，一些省会城市的民办教育集团、“超级中学”、重点中学就会通过各种渠道、政策、措施，在全省范围内“掐尖”招生，从而将各县最优质的生源集中到少数学校。其结果：一是县中生源得不到保证，高考业绩下滑，县级政府的教育政绩阙如；二是优质学生流动加快优质老师外流速度，县中教育质量进一步下降；三是县一级没有高考业绩，意味着市级政府也没有教育政绩。县、市级政府都很着急，县级政府面对优质生源、师资外流无能为力，但是市级政府还有回天余地。市级政府的招数是集中全市的优质生源和师资打造市级高考“航母”，在招生上也就是全市“掐尖”。这样，虽然县中的颓势不可挽回，但是多数优质考生还留在本市，市级仍可以出教育政绩。每个市都这么做，就意味着省域高考竞争的主体从县级政府变成了市级政府。

市级作为教育竞争的主体，意味着学生需要通过市级学校参与全省高考竞争，会导致如下结果：第一，市级政府有教育政绩，而县级政府没有教育政绩，县级政府对县中的投入就不会那么积极，县中进一步衰弱；第二，初中学生升高中从参与全县竞争到参与全市的竞争，教育竞争的压力向初中下移，加剧县域内的教育焦虑；第三，初中升学竞争加剧，初中压力加大，学校就会加强班级的分化管理，从而放弃大多数学生；第四，县中衰败，县域内没有教育出口，一些富裕家庭就会从子女小学、初中开始就将他们送进地市以上学校就读，以提高考上市级重点高中的概率，这样就会使县域小学、初中生源流失，留下来的都是走不出去的家庭的学生，破坏县域中小学正常教学、管理秩序，最终的结果是县域中小学跟县中一样衰败。

从层级上来讲，乡镇层级的资源体量不够，无法参与省域教育竞争；地市有足够大的资源体量，但是以它为主体参与教育竞争，会加剧县域教育体系瓦解和造成较大的社会排斥。县域则满足资源体量条件，社会排斥较小，家庭教育成本也相对较低，同时造成的竞争压力又相对较小，因此，以县域作为教育竞争的层级最为合理。

四、“超级中学”模式：个体家庭直接参与全省教育竞争的模式

高中教育是基础教育，教育方式主要是知识灌输，而不是创造新的知识。因此，只要教师团队有足够的教育教学经验，就能够胜任高中教育。各县的县中办校时间长，有文化和经验积淀，聚集了全县最优秀的高中教师和全县最优质的学生，因此在全省的高考竞争中都会有清北生和一定比例的重本率。在一般情况下，全省县中

的水平都差不多，只有个别县中会因为县级人口规模大、资源丰富等在高考上多几个清北生。而“超级中学”之所以成为“超级中学”，经验不外乎两个。一是在全市或全省“掐尖”招生；二是将应试教育做到极致和极端。但是某省四大名校、某师附中、“老白干”中学的校长们到其他学校或外省传道授业时，却闭口不谈这两条基本经验。

“掐尖”是“超级中学”最大的经验和秘诀，结果是其触角所到之处寸草不生，县中无一幸免地衰弱了。我曾采访过黄冈某县中的一位经验丰富的老师。他介绍说，该县中十年前每年都有五六个清北生，多时达到八九个。后来某师附中和黄冈中学都来校“掐尖”，每年该县要向某师附中输送上十个优质生源、向黄冈中学输送三四十个优质生源。该县中被“掐尖”之后就一蹶不振，不仅清北生没有了，重本率也大大受挫。头一两年高考不行还被认为是偶然，连续多年考不好，较好的初中生源和家庭条件较好的初中生就会纷纷涌向地市和省会城市，县中的生源也就越来越差。没有优质生源，再有经验的老师也教不出好的学生和好的成绩来。该县中过去物理还是化学在全市是最好的，有一群在全市叫得上名的专业老师。其他县市的县中都来他们这里取经。被“掐尖”之后，该县中的物理（或化学）成绩也掉在了其他县市之后，使得那群有经验的老师蒙圈了，以为是自己的经验落后了，别人有了新的经验，不断地到其他县中去学习，结果要么发现别的县中的经验是从自己这里学过去的，要么学了人家的新经验也不起作用。

跟我一起调研的陈博士是武汉市下面区县一中的毕业生，该一中也被“掐尖”得厉害。因为尖子生都被“掐”掉了，陈博士作为中上水平的学生就成了年级第一名，在高考时他以全校文科第一名的成绩考上华中科技大学。他介绍说，每次模拟考试，因为自己总是第一，没有尖子生的参照系，他也不知道自己的问题在哪里、从哪些方面提高，因而学习出现内卷，成绩提不上去。班主任和科目老师也存在没有参照从而无从找问题、找优点和经验的困惑，造成高中各年级中上水平学生成绩停滞不前的问题。也就是说，有尖子生作为参照时，中上水平、中等水平的学生的成绩会稳步提升，因而预期可以考上更好的大学；一旦被“掐尖”，中上学生预期自己的成绩提高不了时，也会流动到有尖子生的学校，造成县中优质生源的进一步流失，中等水平的学生的成绩就可能不升反降，县中高考成绩就会越来越差。

在许多省份，如四川省、陕西省，“超级中学”不仅使县中衰弱，也搞垮了市级中学，使得全省中考学生只能盯着少数几所“超级中学”，使全省学生和家长意识到“只有进了‘超级中学’才能考上好大学”。后果是：第一，以“超级中学”为载体参与全省竞争，本质上是个体家庭绕过县中、市中直接参与全省高考竞争；第二，教育竞争从过去全县初中毕业生竞相进县中，到竞争进少数“超级中学”，教育竞争的层级从县域扩张到全省，即全省初中毕业生竞争少数“超级中学”学位，竞争压力和教育焦虑加大上百倍；第三，在以县中为载体参与竞争时，竞争的是县域教育资源的集中度和学生个体的努力程度，而当教育竞争以“超级中学”为载体时，竞争的是个体家庭的经济能力，经济条件越好的家庭越能在更低学段时就将子女送到地市、省城读书；第四，当个体家庭在全省进行教育竞争时，竞争压力越来越大，教育竞争就会向低学段转移，从幼儿园、小学学段就开始竞争和择校；第五，县中衰弱使个体家庭直接参与全市乃至全省的教育竞争，使全社会陷入教育焦虑之中，基础教育越来越内卷化。

2023 年 3 月 1 日

县中衰弱导致全民教育焦虑

学校学位、升学指标是稀缺资源，需要通过竞争来获取，中考竞争最好是以乡镇为层级、以乡校为载体，高考竞争最好是以县域为层级、以县中为载体。教育竞争的范围越小，竞争压力越小，教育焦虑越轻。全民焦虑源于县中衰弱，而县中衰弱的直接原因是“超级中学”“掐尖”。

一、为什么中国会陷入全民教育焦虑？

最近十几年中国已经陷入了全民教育焦虑。年轻一辈从怀孕之前就焦虑小孩出生后怎么教育，到处在新媒体上找胎教指南。小孩出生后早教班就开始学习文化知识，上幼儿园开始择校。一些幼儿园择校还考察小孩的各方面能力和家庭背景。武汉市最严重，有些小学开始就分“火箭班”与非“火箭班”，急得家长对小孩的学习从一年级起就不能懈怠，稍想到三四年级后才管已经来不及了。进不了“火箭班”就没有进重点初中、高中以及这些初高中的重点班的希望，进不了重点班就难考上好大学，甚至初中就被普职分流了。“双减”之后课外补习不是少了而是多了、隐蔽了：要么家长投入了更多的时间和精力，要么有条件的家庭单独或几家合起来请家教。某县教育局副局长都请了有经验的教师为自己及学校领导的几个小孩“开小灶”，不是因为他反对“双减”政策，而是不放心自己在全年级成绩排名前八的小孩。教育竞争普遍从过去的高中学段下移到初中、小学乃至幼儿园学段，因精神压力过大，初、高中抑郁的学生有增多的趋势。

那么，全民教育焦虑从何而来？

网民火力比较集中的是说高考制度制造了焦虑。当前教育竞争、择校竞争最终围绕的都是高考，而21世纪以来，高考经历了多次重大改革，每次改革都会制造新的矛盾、问题和焦虑，因而社会对高考制度及其改革的批判比较多。高考改革在没有经过任何政策辩论的情况下，从过去的“3+2”到“3+文综或理综”，再到“3+3”“3+1+2”，选课和考试制度愈加复杂，老师、学生、家长都看不懂，还要向“专业”人士请教，对县域高中和学生尤为不利。高考怎么改都是要考，无论怎么改选拔出来的还是那些会考的人，何苦凭空制造诸多麻烦。恢复高考以后，高考制度就存在了，在20世纪八九十年代也有高考改革，但没有出现全民教育焦虑。在70后、80后高考的年代，家长与学生、家长之间的教育焦虑都不大，学生和家长也没有择校的压力。最多乡镇初中与县一中初中有差距，但是县一中初中毕竟招收的人数偏少（200人左右），多数学生需要在乡镇初中完成初中教育，县一中的大部分学生（2000 人中的 1800 多人）还是要从乡镇初中招收，因此，学生的择校竞争其实不大。也就是说，高考制度不是教育焦虑的制造者，而高考改革则最多是加剧了社会的教育焦虑，但不是教育焦虑的源头。

还有种说法是现在的 80 后、90 后家长较前辈更重视子女教育，往小孩教育上的投入增加，相互比较和竞争加强，从而加剧了教育焦虑。从调研来看，新一代父母确实更加重视教育了，过去县域城乡父母对子女教育直接管得少，放手让学校管得多，现在父母的教育责任加重，从辅导作业到预习、复习、提前学习等，父母都要亲自掌握、亲自抓。父母要教子女，首先自己得知道怎么学、怎么教，许多知识得重新学一遍，所以在“双减”之前大量存在“家长培训班”。在长沙调查时发现，许多 80 后父母在小孩读小学四年级的时候就组织小孩学完了初中数学、背完了基础教育阶段所有的诗词。其他父母看到这种情况必然产生焦虑并加以效仿，推动加强家长对小孩教育的介入程度。但还需要讨论的是，是因为先有家长介入小孩教育，加强教育竞争，再有教育焦虑；还是因为教育竞争激烈了，家长的焦虑加重，才有了家长的重视，从而更深地介入小孩教育？几乎所有受访的父母都说不想多管小孩的教育，学校全管了最好，但是因为学校管的、教的不足以让小孩应对中考、高考竞争，因此家长必须管起来。城市双职工家庭如此思考，农村半工半耕家庭亦有此想法。

阶层分化与竞争也被认为制造了全社会教育焦虑。中国社会在加剧分化，甚至农村社会的分化也已经非常大了。在社会有阶层分化但是阶层分化又没有固化的情况下，下层、中层希望自己的子女向上流动，中上层、上层则希望通过教育保持自己的阶层位置，甚或阻止下层、中层向上流动，因此教育竞争的背后是阶层之间的竞争。阶层分化越大，竞争越激烈，教育焦虑也就越深。表现就是不同阶层的家庭都在通过不同的形式参与、介入子女教育，农民工家庭年轻母亲返乡陪读，不惜牺牲一个壮劳动力的务工收入；中产阶层不仅给子女补习文化课，在综合素质上也不遗余力；上层则在保证子女应试能力的基础上，加强综合能力的培养，甚至直接更换子女竞争的赛道（如就读国际班）。不同阶层之间信息是透明的，上层、中层的行为给予了中层、下层家庭示范，刺激了教育竞争和焦虑。同样的问题是，是先有一定强度的教育竞争和焦虑，才加剧了不同阶层参与教育竞争的动力，从而有不同的行为表现，还是先有阶层之间的分化与竞争，才有了不同阶层之间的竞争行为，最后制造了全民教育焦虑？

教育研究领域更多地把全民教育焦虑归结为基础教育的非均衡性。基础教育的不均衡是事实，包括城市与县域的不均衡，省城和地市的城市化、现代化更高，集中了较多的资源，因而教育资源也较县域丰富，那么，在县域就读的学生及其家长就会产生较大的教育焦虑，并千方百计地送自己的子女到省城和地市学校就读、享受优质教育资源。还包括县域内部城乡之间、不同学校之间的不均衡。县城的教育资源要比农村的教育资源丰富，经济相对发达镇的教育资源一般也要强于普通农业镇，这也会造成在教育资源相对薄弱地区就读的学生及其家长有较强的教育焦虑，因而会努力向教育资源相对丰富的地区流动。相反，在县域内城乡之间、各乡镇之间的教育资源相对均衡，县域与省城、地市之间的教育资源相对均衡，也就是所有高中之间、初中之间、小学之间的教育质量相对均衡，乃至所有班级都相对均衡。按照划片招生原则，每个学生在本片区学校就读就能够享受均衡的、优质的教育资源，社会也就不会有教育焦虑，学生也不会舍近求远、流动到其他地区（片区）去就读。所有学校都一样，也就不存在择校和分班问题，高考竞争变成了纯粹的学生个人奋斗的问题，也就不会存在社会的教育焦虑。但问题是，高考指标是既定的，需要竞争才能获取；教育资源是稀缺的，需要一定程度的集中才能参与高考指标的竞争。那么，资源只要有集中，分配就必然存在不均衡性，就一定会有优质学校和普通学校的区别，而优质学校的学位是有限的，也要通过竞争获取，因此一定程度上会制造教育焦虑。因此，关键不是消除教育焦虑的问题，而是将教育焦虑控制在一定程度上的问题，也就是要保证教育均衡保持在某个合理的水平上。

二、最小范围竞争定律：范围越小，压力越小，焦虑越轻

教育焦虑实质上是择校压力，与教育竞争强度有关，教育竞争强度越高，教育焦虑就越重，反之则轻。在竞争指标既定的情况

下，教育竞争强度又与参与教育竞争的人数有关系，人数越多，竞争强度越高，反之则低。实践中，教育竞争是以属地或片区为层级展开的，比如幼儿园进的是某村或某片区的村小，小学进的是某乡镇或某片区的初中，初中进的是高中，高中则既以属地或片区为单元，又以分数论英雄。竞争的层级越低，人数就越少，竞争的强度也就越低，竞争压力也就越小，教育焦虑也就越轻。

中国实行的是九年制义务教育，小学升初中不再进行升学考试，那么在基础教育阶段，有两个考试是最重要的，那就是中考和高考。

中考很重要，但是关键不是竞争这一次考试，家长们考虑的是小学生所就读的初中教学质量的情况。初中教学质量高，每年都有一定比例的学生考入县一中或进入其他高中，那么家长就愿意送小孩进入该初中，而不存在择校的问题。以县域为例，南方某县有 15 个乡镇，每个乡镇有 1 所初中，全县最好的高中是县一中，另外还有 3 所普通高中。如果这 15 所初中的教育质量相对均衡，好的好不了多少，差的差不到哪里，那么，每个乡镇的小学生只要进入本乡镇的初中就读，就有同等的机会（平均机会）进入县一中读高中或考上其他高中。实际情况是，各乡镇的初中事实上不可能均衡，城区或其他县中的初中部的教育资源要优质一些，那么，这样就会造成乡镇初中优质生源的流失。为了稳定初中生源，国家要求各县最好的高中招生有 80%—85% 比例的招生名额下放到各乡镇初中，乡镇中考生多则分配的名额就多，这个政策叫“指标到校”。各乡镇初中都有了既定的进县一中的指标，这些指标不参与全县竞争，只要中考在乡镇初中的排名在这个指标数以内的，都自然而然地进县一中读书。无论该县 15 所初中的教学质量是均衡还是不均衡，“指标到校”都意味着初中考生只要在乡域范围内（乡镇初中）竞争获胜，就能够进入县一中或考取其他高中，而不需要与其他乡镇初中的学生一同竞争县一中有限的学位。

以上是将中考竞争限制在乡域即乡镇初中内部，竞争范围小，竞争人数少，竞争压力就不大，家长也就没有什么焦虑。如果该县没有“指标到校”的政策，而 15 个乡镇的初中全部衰弱，只剩下县一中原来的初中部比较好，全县家长都认为“在乡镇中学就读考不上县一中，只有到县一中初中部就读才能考上县一中”，那么全县的小学毕业生就会向县一中初中部挤。家长在子女小学毕业的时候就要考虑到择校的问题，学生则要通过竞争考入该校。那么，小升初竞争就不再是限定在乡域范围，而是在全县范围内，即全县小学生竞争县一中原初中部。

我们将小升初限制在乡域范围的竞争压力指数设定为 10，焦虑指数也是 10。现在是 15 个乡镇的小学生共同竞争县一中初中部的学位，竞争人数增加了 15 倍，竞争压力指数也就增加了 15 倍到 150 倍，家长的焦虑指数也从过去进乡镇初中的 10，变成了择校县一中初中部的 150。也就是说，中考从乡域竞争上升到县域竞争，竞争压力指数和择校焦虑指数都提高了 15 倍。进而，家长为了自己的小孩能够顺利进入县一中初中部，不仅要疏通关系，还要从小学一年级起就重视小孩的考试成绩。在乡域竞争时，因为小学直升初中，不用择校竞争，到初中二三年级要分班管理，因此到初二家长才重视小孩的成绩，但是进入县域竞争后，家长就需要从小学一年级开始就重视小孩的学习成绩，教育竞争下移到小学学段。

三、高考竞争的最佳载体是县中，县中衰弱则全民陷入教育焦虑

高考是要在全省进行竞争，县域高中的教育资源就必须有所集中。某县有三四所高中，但主要的教育资源都投入到县一中，比如县一中可以在全县“掐尖”招生（非划片）、可以从其他高中调入优秀教师。县一中还享受其他的优惠政策，比如较少的非教学型任务、较大的办学自主权、较多的财政支持、较频繁地外出考察学习深造机会等。一般一个50万人口的县的资源（生源、师源、财源）能够支撑1所较好的高中，超过100万人口的大县则可能有2所较好的高中。将全县优质教育资源集中在这一两所高中，以使其能够在全省的高考竞争中取得好成绩，给全县学生以较大的教育出口。全县各初中都在竞争一所高中，确实会有一定的竞争压力和教育焦虑，而如果将集中的高中教育资源平均分配到其他高中，高中多了，确实可以分散竞争压力，但是由于教育资源被稀释，一所高中都办不好，那么它们在全省高考竞争中都会考不好。更极端地假设，各个乡镇都办一所高中，每所高中都差不多，乡镇初中的学生都可以直升高中，升学竞争的压力就更小，更没有择校压力。但是

这些乡镇高中的教学质量就会非常之差，基本上无法参与高考竞争。过去许多乡镇都办过高中，改革开放后就取消了，原因就在于这些高中极大地稀释了教育资源。

高考竞争需要将资源集中到一定程度。集中到县域是比较合适的，原因如下。一是县级资源可以支撑一两所好的高中。二是乡镇学生到县城高中就学的成本相对较低，农民家庭也可以支持子女进城读书，即便是陪读，生活成本也不太高。如果教育资源集中到地市一级或省城，教育费用、生活成本、陪读消耗就相当大，一般只有富裕家庭才能支撑，从而造成对普通家庭子女接受优质高中教育的排斥。三是高中教育资源集中到县域的一两所优质高中，初中生进入这一两所学校确实有压力，家长也有焦虑，但是并不太大。如果教育资源往上流动和集中，教育竞争和焦虑的指数就会十数倍地增加。

假设全市有 15 个区县，每个区县都有一所全力支持的县中。如果资源集中在县域，那么高中生就是以县域为层级、以县中为载体参与全省高考竞争，竞争压力指数假定为 10，家长的教育焦虑指数也是 10，在学生、家长和全社会都能够接受的范围内，因为全县域社会都知道，只要考上了县一中就能考上大学或比较好的大学。比如，每年有一两个或两三个清北生，有固定比例的重本率和本科率，每次考试只要在全校某个分数段内就知道能够考上什么样的大学。但是，如果将优质高中教育资源如优质生源、优秀教师集中到地市某一两所中学，就相当于所有县一中都衰弱，全市中考生只有考进这一两所中学才有考上好大学的希望。全市家长都有这个意识，就会有较强的选择这两所学校的焦虑，学生就有考这两所学校的压力。如果考县一中的竞争压力指数是 10 的话，那么全市竞争一两所市级中学，竞争压力指数就会增加 15 倍，变成 150，家长的焦虑也会猛增 15 倍。家长为了自己的孩子能上这一两所高中，就会从小学、幼儿园乃至胎教开始抓起，教育竞争的学段就会不断下移。

最近十几年以来，各省都培育了自己的“超级中学”以及依托“超级中学”建立的教育集团，“超级中学”有的是公立的，有的是私立的，教育集团都是资本控制的。“超级中学”（及其教育集团）通过在全省范围内“掐尖”招生维持高清北生数量和重本率，从而赚取社会声誉和资本收益。一个“超级中学”起来了，无数的县中衰弱了、市中衰败了。县域、市域社会不再信任县中和市中，认为只有进了“超级中学”才能考上好的大学，进县中、市中没有前途，于是全省初中生都盯着几个“超级中学”，小学生家庭也都在为能进“超级中学”做准备。这意味着全省学生跨越了县域、市域，在全省范围内竞争少数“超级中学”。假设一个省有 10 个地级市（州），以地市为层级、以市中为载体的竞争，压力指数是 150，那么学生个体在全省范围内的竞争，压力指数就会增加 10 倍到 1500，家长的择校焦虑指数也猛升至 1500，是在县域以县中为载体参与竞争的 150 倍。也就是说，只要一个省“超级中学”横行，县中衰弱，教育竞争压力和择校焦虑指数就会提高 150 倍。这就是最近十几年会出现全民教育焦虑的根本原因。

进一步来说，要考上某“超级中学”（高中），首先需要考上它的初中或某初中，于是小学家长就要着手让自己的小孩能够进入这一少部分“特定”的初中；而要能够进入这一少部分初中，就必须进某些“特定”的小学或某些小学的重点班（武汉称为“火箭班”），家长就得在孩子读幼儿园开始就谋划如何让自己的小孩进这些小学，以及如何才能进这些小学的重点班。这些“特定”的小学、初中的数量都十分有限，学生却很多，竞争就会聚焦到这少数几所“特定”的小学、初中上，竞争的压力就很大，家长择校的焦虑也就重。

在调研中，我一直有个疑惑未解答，即“超级中学”除“掐尖”和极化应试教育之外，没有任何超越普通县中的先进经验；各省也不会因为培育了“超级中学”而获得国家更多的高考招生指标；“超级中学”的“掐尖”却让县中一溃千里，让全社会陷入教育焦虑。那么，为什么各省教育部门还要培育、支持、宣传“超级中学”，以有“超级中学”为荣?

四、县中一定要有清北生

从以上叙述可知，如果中考竞争限制在乡域、高考竞争限制在县域，或者中考竞争以乡域为层级、以乡校为载体，高考竞争以县域为层级、以县中为载体，教育的竞争压力和择校焦虑就能在很大程度上受到遏制。20 世纪八九十年代和 21 世纪前 10 年的中国基础教育竞争格局，基本上是这个格局：乡镇中小学有活力、有希望，每个县的县中每年都能够考上少则一两个多则两三个清北生，以及一定比例的重本率，有时一两年没有清北生，县域社会也不会怀疑县中的教育质量。教育竞争被限制在县域范围，县域学生的竞争压力不大，家长的择校焦虑不重。

当前政策部门也意识到了乡校和县中的重要性，它们主要是从教育均衡角度考虑。其中，“指标到校”政策为的是实现义务教育在各乡镇的均衡，将一定比例、不用全县竞争的指标固定下来发放给各个乡镇，乡镇初中如果掌握这些指标的分配权，就不仅可以留住本乡镇优秀的小学毕业生，还能够吸引进城就读的初中生返乡就读。这样乡镇初中不仅有优质生源，还能够保证一定数量的生源，乡镇初中就可以限制竞争和降低择校压力。国家也在提“强县中”“县中提升”计划，比如清北的“强基计划”“逐梦计划”，就是主要面向边远、贫困、少数民族等地区县级市及县以下高中勤奋好学、成绩优良的农村学生的招生政策。两校每年在正常招生计划外，依据各省人数单独制订计划，将一些具有天赋的学生筛选出来，服务国家各个专业的战略建设。一些地方也在实施县中的帮带计划，例如建设某些教育集团托管县中。还有一些地方出台政策明令禁止“超级中学”跨地区“掐尖”招生——尽管“超级中学”还有自己“掐尖”招生的策略。

做强县中，使县中每年都有清北生非常重要。县中有清北生，背后就一定会有一定比例的重本率，以及较大比例的本科率。清北生是风向标，有清北生意味着县中保持了整体较好的教育质量，不仅可以留住全县的尖子生，还能够留住中上水平的优秀学生，从而形成尖子生带动优等生，形成鼓舞中等生、中下学生的传帮带的整体氛围，促进高中生整体成绩的提升。这样重本率和本科率都会上去。如果几年不出清北生，县域中考尖子生就会流动到其他县市或“超级中学”，造成中上水平的优秀学生缺榜样、竞争氛围和学习的新方式、方法，从而无法提升自己，这部分学生也可能为了提高成绩、考上更好学校而流失。在没有尖子生、优等生少的情况下，年级、班级的整体氛围和动力就上不去，中等生的成绩也难提高，还可能被后进生拖垮，这样重本率和本科率也会随之下降，进而造成生源进一步流失，县中就会进一步衰弱。

县中的尖子生可以为县中带来声誉，带动和提升其他学生的学习成绩，是县中发展的顶梁柱，值得县中花重金打造。县中则是县域教育体系的定海神针。县中发展了，县域教育体系才能够维系得住；县中坍塌了，县域教育体系就会崩溃。其基本逻辑是，尖子生被“掐尖”，县中没有了清北生，县域优秀中考生也会随之流失，县中会更差；县中差了，不再受家长信任，家长为了让自己的小孩能够考上地市、省城“超级中学”，就会从小升初开始将小孩送到更能考上这些学校的初中就读，县域初中也就失去了优质生源，初中也陷入衰败；初中衰败了，县域家长看不到希望，从子女读小学开始就将他们送到能进地市、省城好的初中的小学读书，县域教育体系就此崩溃。

五、小结

根据以上分析，总结县域教育的基本规律：

第一，学位、指标是稀缺资源，需要竞争，中考竞争最好是以乡镇为层级、以乡校为载体，高考竞争最好是以县域为层级、以县中为载体。

第二，教育竞争的范围越小，竞争压力就越小，教育焦虑就越轻。全民焦虑源于乡校和县中的衰败，使中考在全县竞争、高考在全省竞争。县中衰败的罪魁祸首是“超级中学”的“掐尖”。

第三，县域教育要有一定的集中度，初中教育资源应该集中在乡校，高中教育资源集中在县中。

第四，当教育的生源、师源、财源向地市、省城集中配置时，教育竞争的层级就会上升，竞争范围变广，学生的竞争压力增大，家长的择校焦虑就必然加重。

2023 年 8 月 17 日

“超级中学”的发展后果

依据平均教育质量理论，县域中考生中的尖子生是县域义务教育阶段平均教育质量的产物，尖子生的比例和数量主要与平均教育质量和县域人口总量有关系。因此，“超级中学”特有的教育、教学和管理，并不能把其他学生培养成尖子生，而只是提高了从县中“掐尖”而来的尖子生及其他学生的相对分数。“超级中学”的崛起是以大部分县中的衰弱为代价的，并破坏了县域基础教育体系，催生了全民教育焦虑和基础教育内卷化。

一、基础教育何以愈发应试化？

“超级中学”在教育系统内部被认为是一个省教育发展有成绩的表现。据说全国百强中学名单在中学界有着极大的影响力，能登上这份榜单的学校都是业内的顶级名校，也就是通常意义上的“超级中学”。湖北这几年每年都有四五所“超级中学”登上榜单，湖北的教育部门也引以为荣。可以说“超级中学”是一个省中学教育的名片和脸面。但是，我在全国各地县中调研时，从一线教师到校长，无不对本省市的“超级中学”咬牙切齿。湖北下面的县中尤其对某师附中恨之入骨，黄冈各县市中学则对黄冈中学颇有微词，因为这些“超级中学”将一个县最好的中考生都“掐尖”走了，由此带来了县中的普遍衰败，进而推高全民教育焦虑，并带来基础教育应试的极化效应。

调研发现，近十年来无论是高中还是初中，都出现了应试极化现象。过去中国基础教育广遭诟病的是应试成分太重，而忽略素质教育，导致学生综合素质不足。从 20 世纪 90 年代末期开始，我国提倡素质教育和给学生“减负”的呼声不断高涨，素质教育和“减负”教育正式提上中国教育的议事日程，后面的基础教育基本上是在“素质”“减负”及其“改革”这三个关键词下展开。但是 20 多年过去了，我们发现，中小学应试成分不仅没降，反而不断加重，在大部分地区甚至出现应试极化现象；应试压力不仅在学校、学生身上更加凸显，而且快速向家长转移，形成了全民教育焦虑的局面。这是何故？通过梳理“超级中学”的崛起可以解答这个问题。

二、强化应试教育：1.0 版“超级中学”异军突起

强化应试是“超级中学”崛起的第一步。在 20 世纪 90 年代中期之前，全国的县中虽然都是以应试为中心，但是应试的强度和压力都不大。每个县有一到两所县中，县中是初中高中一体化学校，

比如在南方某县，全县最好的初中是县一中的初中部，在 20 世纪 90 年代每年招收 4 个班，每个班 60 余人的样子。全县高考前一百名，有五六十人出自县一中的初中部。县里只要办好县一中以及其他县中的初中部，就可以出高考政绩。每个县都这样，集中力量办好一两所县中：集中全县最优质的师资、生源及基础设施。那么，这所县中就能够每年都有清北生一两人、重本生五六十人和二本生一百余人。这在高考扩招之前是四五十万人口规模县市县中普遍的高考业绩，扩招之后重本生和二本生翻倍。不同学校、不同年份会有所波动，但平均业绩差不多。在这种情况下，县中自身的压力不大，学生只要考进县中就等于一只脚跨进了大学校门，那么学生的压力也不大，他们只要每次考试能够进入全年级多少名就能够保证是上二本还是一本，其余的也能考上专科学校。家长择校的压力也不大，如果小升初时小孩没考进县一中初中部，还可以通过其他县中或较好的乡镇中学考入县一中高中部。

如此，初高中阶段有期中考试和期末考试，还可能全县或全市的半年或年度联考，也有公开排名，也会给学生带来压力；每年有家长会，以便让家长了解学生的在校情况和班级、年级排名情况，家长也会给予学生压力，但是学生对自己有总体把握，可以给自己加压，因而来自外界的压力仍较少。学校除基本的文化课程安排外，初中音体美课程也有安排，下午有一个半小时的休息娱乐时间，学生可以自由安排，男同学多数是打篮球或踢足球，女同学则有其他的爱好，如阅读、看报。晚自习，初中一、二年级、高中

一、二年级两节课，到毕业班就变成三节，用于预习、复习和写作业，或者阅读课外读物。原则上初中不让学生阅读武侠小说或言情小说，但是在20世纪90年代正是这些小说流行的时候，基本上每个男生都在外边租借过武侠小说、女生都租借过言情小说。班主任晚自习巡查的多是收缴这些小说，需要学生写份说明后才让学生带走，成绩比较差的或者屡教不改者则需要班主任亲自陪同还书。班级活动较多，班级集体荣誉感较强，班级内部同学之间的交往较为密切；班级内部虽有分层和竞争，但是没有出现隔阂，成绩最好的与成绩最差的也能玩在一块儿，比如一起踢足球、搞活动；在学习上，分层带来的是层级的帮带效应，尖子生带动优等生，并与优等生一同指导中等生和后进生。这样，即便有考试的比较与竞争，但是班级氛围普遍较好，老师较为省心，学生中基本没有出现过抑郁或其他精神、心理疾病。

在这一阶段，学校和学生的考试和升学压力是适中的：学生的综合素质虽然是低层次的，但也得到了一定发展，特别是身心较为健康、关系交往较为正常；学校将尖子生和优等生培养了起来，保证了一定的高考业绩，留住了优秀的初升高生源。

如果所有的县中都保持这种中度应试压力，中国的应试压力和教育焦虑就不会像现在那么高。但是此时有些县中就开始有超越其他县中的想法，手段是强化应试。首先有这些想法的学校是地市级一中，典型的如黄冈中学、郴州市一中，有它们的优势：地市财政资金雄厚，可以给予一中更多经费支持；可以向全市遴选优秀教师；可以向全市招收优秀学生。比如郴州市一中在20世纪90年代，每年都有一次向全市初中毕业生招考的单独考试，每年下面的县一中都有四五个优等生报考这所学校。另外，这些学校在其他学校还在搞教研、提高教育质量等成绩提升较慢的措施时，通过强化应试措施整体提高学生应试水平和应试能力，可谓“先知先觉”。

强化应试的措施主要包括：一是增加应试练习。从过去的季考变成周模拟、月考试、单元考、季联考。考试量增加了数倍。通过密集的考试，既可以清理过去所学的考点知识，还能训练学生的应试能力和应试技巧。这些学校开始出现学生集中“刷题”的现象。二是强化知识灌输。针对考点，加重具体知识的灌输体量，比如上更多的主课程，降低副科的课程量；布置更多的作业；晚自习不再由学生自由支配和自行决定学习内容，改由各主课老师讲解作业或试题。三是加强时间管理。从初中开始所有年级晚自习都增至三节课，或者三节半课，晚自习下课时间一般为晚十点半；班主任加强对学生的时间监控，经常去教室督促学生，包括早自习督促、早操前小读、晚读督促、宿舍夜自习督促等；缩短下午下课至晚自习这段休息时间，从一个半小时变成25分钟促进学生的时间自觉。四是强化目标管理。对于老师制订的是目标责任制，包括工作质量考核体系，以结果论奖惩；班主任与任课老师责任连带。对于学生则根据学生每个阶段的情况，制订下个阶段要达到的具体目标，比如各科成绩或总成绩提高多少分，制订具体的提高分数的方法和策略；对于偏科的学生怎么提高综合分数；制订一帮一或多帮一的名单，将帮扶责任落实到个人。五是施行分班管理策略。在一般县中，每个年级的班级数量都不多，一般不采取分班管理策略。但是地市这些率先觉醒的学校都实行分层教学，根据学生成绩划分为精英班和平行班，平行班为多数，精英班为少数，各自在内部进行横向评比。精英班和平行班讲课的内容和深度有较大差异，前者可能上了大学学科或奥赛的内容。六是加强试题编制。组织有经验的老师编制自己的试题库，这是考试次数增多的需求，更重要的是要使试题库的试题更接近高考真题。这就需要试题编制组老师对历年高考试题进行研究，需要到外地去学习借鉴，也需要花重金邀请省里的出题专家到校来讲学和研讨。七是强化思想动员。激发学生的学习和竞争动力，除了激发学生之间的竞争意识、耻辱意识，更重要的是要激发学生的内在动力和奋斗精神。解决学生的“为谁而学”就非常重要。过去有“为中华之崛起而读书”，现在不能再用这个了，“跳出农门”是比较常见且有力的动员口号。

通过上述措施，有条件又“先知先觉”的一些地市中学，就可以将自身从一般的县中转变为“超级中学”1.0版。首先，这些地市中学的清北生会增加，从平均每年一两个、最多两三个增加到七八个甚至十数个。其次，重本率也会有较大幅度的提升，有的提升一倍或两倍多。一般县中的重本生数量在五六十个（扩招之前），强化应试后可能超过100或150个。最后，二本上线率大幅提高，使过去只能上三本的学生也考上了二本。也就是说，强化应试使得这些学校的学生成绩提升了一个档次。当这些学生的成绩普遍提高一个档次，而其他县中没有提高、招生指标又是既定的时，其他县中的清北生就会减少、重本率和本科率会降低。从而会造成这样的假象：某县县中的教育质量变差了，而某些中学异军突起了。事实上，不是县中变差了，而是“超级中学”学生的成绩真的提高一截了。于是，县里的优秀学生就可能往这些“超级中学”流动，使得后者的生源更加好，而县中的生源有所下降。

于是，其他县中就会到这些“超级中学”参观学习，得出两条经验：加强投入和强化应试。前者使得县域教育资源继续向县中集中，其他高中衰弱。县域的资源再怎么投入也比不过地市的资源，但是强化应试是可以学的。于是，各地县中亦纷纷强化应试，甚至比“超级中学”有过之而无不及。经过几年的强化训练，县中学生的成绩也总体提高了。这样就会整体提高一个省的考试成绩，同时也拉平了 1.0 版“超级中学”的成绩。实际反映出来的是，进入 2000 年初以后，20 世纪 90 年代那些“超级中学”比如说大家熟知的黄冈中学，不再那么凸显了：清北生的数量明显下降了。

原因在哪里呢？原因就在于强化应试教育并没有使原本的优等生变成尖子生，也没有使原本的中等生变成优等生，或差等生变成中等生，更不可能变成优等生、尖子生。在一个地区如县域、地市，在平均教育资源投入和教育质量下，培养的学生会有个自然分层：尖子生、优等生、中等生、差等生在所有学生中所占比例是相对固定的。县域人口多，尖子生就相对比较多，能够考上清北或复旦的学生就多，县域人口少，尖子生相对就少。比如，一个有 100 万人口的大县考上清北学生的数量，就应该是人口只有 50 万规模中等县的两倍。如果中等县清北生的数量是 2 个，大县的数量是 4 个，说明二者教育质量差不多，但后者是 6 个或 8 个，则表明其教育质量较前者好。

因为不同层次学生的占比相对固定，不会因为教育质量提高而使得尖子生或优等生的占比相应提高，即强化应试只是成绩整体提高一个档次，而不会改变高中学生的分层比例。所以，如果是只有 1.0 版“超级中学”强化应试，那么，在他们学校，尖子生的成绩提高了，过去考人大、复旦、浙大、南开的尖子生都可能考上了清华、北大，优等生也因为成绩提高了而可能考上更好的学校，过去只能靠专科的可能考上本科。而如果全省的县中都采取同样的措施强化应试教育，成绩都整体提高一个档次，那么就会拉平 1.0 版“超级中学”的成绩，使其在全省高考竞争中的优势不再明显，即考复旦的或者是考人大、复旦的，还是只能考复旦，而不可能再进清华、北大。这就是黄冈中学落寞的原因，不是它真的衰败了，而是其他县中通过强化应试使成绩上来了。

那么，黄冈中学还能不能通过进一步强化应试教育提高成绩？答案是否定的。因为强化应试教育到一定程度后边际效益会递减，使其不可能通过资源的投入或相关措施的加码而大幅度提升成绩，更难提升一个档次。小幅度的提升对于维持其“超级中学”的声誉没有意义。那么，这些 1.0 版“超级中学”就得另寻他途。

三、换赛道："超级中学"跨区域"掐尖"招生进入 2.0 版

黄冈中学十几二十年以来，仍然每年都还有十几个清北生，与它对下面的县中"掐尖"有关。"掐尖"是 1.0 版"超级中学"换赛道进入 2.0 版的绝招。有段时间黄冈中学还招收了大量的复读生，但是复读生一般不是尖子生，因此他们复读可以提升成绩，可以考上比前一次更好的学校，提高学校的重本率和本科率，但不可能用复读生来提升清北生的数量。所以复读生也不可能维持 1.0 版"超级中学"的声誉，而"掐尖"是唯一的办法。

中学"掐尖"招生需要满足以下条件：一是有足够的声誉；二是有足够的财政；三是有政策支持；四是有足够的生源。前者一般只有 1.0 版"超级中学"满足，一般县中掐不了人家的尖，反而是被人家"掐尖"。而只有财政雄厚才能支撑优秀教师的高工资和对尖子生的补贴政策。这种情况，要么是地方财政支持力度比较大，省会城市的财政可以支撑，但是地市已无法支撑；要么是有强大资本介入。无论是私人资本，还是公有资本，都是逐利的，那就必然会以"超级中学"为主体成立教育集团，以到处开设分校。在 20 世纪 90 年代地市一中还有政策全市招生，但是后来公立学校招生有特定的片区，不能跨区域招生，除非有特定的政策。而教育集团却可以通过旗下的私立分校跨区域招生，亦即能够"掐尖"。跨的区域越广，尖子生的数量就越多，教育集团掐的尖就越多，清北生

数量就越耀眼。

在过去很长一段时间里，黄冈中学都不是集团化办学，黄冈市的财力支持也不大，因此它能“掐尖”的范围也只有在市本级，而不能再吸引武汉、孝感等地的尖子生。更何况，黄冈市下面几个财政雄厚的市县的县中有财力支持，黄冈中学还难以掐它们的尖。相反，后起之秀衡水中学通过成立教育集团的形式，形成大资本支持格局，除能在衡水市、河北省“掐尖”之外，还能够掐其他省份的尖，因而能够保证每年上百个清北生。

由于尖子生是既定教育体系及质量条件下自然分层的结果，而不是某个特定学校培养出来的，因此，一方面，“掐尖”并没有培养出更多的尖子生，而只是将既定的尖子生集中起来了，他们考上清北或其他名校，并不是“超级中学”的功劳，“超级中学”在这方面并没有创造额外的价值；另一方面，县中被“掐尖”了，县中的尖子生没了，也不可能再培养出尖子生。这就是许多县中连续多年没有清北生的缘故。

现在每个省都有若干个教育集团，在全省“掐尖”招生。湖南省有所谓四大名校，湖北省也有以某师附中为代表的数个“超级中学”。2021 年在湖南长沙县调查时，听说该省已出台政策明令禁止“超级中学”跨区域招生、私立学校自主招生，这是非常好的政策导向，对县中来说是福音。湖北省的“超级中学”跨区域招生则还有政策支持。即便没有政策支持，“超级中学”也有足够多的“掐尖”手段和资源。比如，组织单独招生考试，这是过去多少年比较常见的方式，但是现在教育部门明确不允许搞了，因而成为原始落后的招生方式；通过校外辅导班既训练又选拔；举办校园开放日，邀请各校毕业生来学校参观、体验、参加活动，然后观察这些学生哪些比较出色，记下名字、学校、班级，再私下联系；周末私下组织考试；跟尖子生私下联系，给予丰厚待遇，如高额奖学金和免学费、免费家长陪读套房、解决父母就业；私立学校与公立学校都要摇号入学，但是一些学校会把摇号名额少报一些，留下“掐尖”名额；有的学校提前一年签约“掐尖”；通过合校“掐尖”；等等。对县里来说，外边学校来“掐尖”，教育部门是不愿意放档案（学籍）的，但又没有政策说可以不放档案（学籍），因此也只能拖一拖、做做工作，最终还是要放的。

四、县域应对“掐尖”：中小学应试教育极化

对县中来说，尖子生走了，就培养不出清北生。在县域，县中好不好，看的不是本科率或重本率，而是清北生。看每年有没有清北生：有清北生，重本率和本科率就不会低；没有清北生，重本率再高，县域社会也会惋惜；如果多年都不再出现清北生，就表明县中教育质量出现断崖式下滑，县域社会对县中就不再信任，很快就会出现优等生生源的流失，进而带来县中衰弱。县中衰弱了，小升初生源也流失，比较好的初中也会衰弱，甚至出现有条件的家庭从子女读小学开始就让他们到地市或省会城市就读的现象，进一步弱化县中生源，形成负反馈。

县中没有清北生，县级政府及教育部门就没有教育政绩，就会给县中施加压力，要求千方百计提高教学质量。怎么做？比较直接的做法是提高教育软硬件资源投入，但这方面投入有限；县中“掐尖”？县一级没尖可掐；招收复读生？复读生复读只能提高一定的分数，但不能进入尖子生层级。根据调查，各县为提高县中高考质量，普遍有以下两条措施。

一是下移压力。将教育压力向下两个学段转移，即向小学、初中要教育质量。一些地方从小学四年级起开始记录考试分数，以选拔优秀学生进入优质初中；到初中分重点班、快班、火箭班、超火箭班。在乡村一些只有三四个班的初中，也分出一个或两个重点班；重点班里也区分尖子生与一般生。

二是极化应试。在过去强化应试的基础上，采取新的措施将应试教育推向极端化。比如，加强时间管理，向时间要分数，对学生吃饭、睡觉、通勤时间进行严格量化；实行军事化管理；用红色精神动员师生；家长深度参与学生学习过程。家长史无前例地介入了小孩的学习之中，包括陪读、指导学习、辅导作业、接送辅导班等。

比较典型的是云南丽江的华坪女高：学生早上五点半起床，上午五节课，下午三节课，中间午休 1 个小时；晚上分三段，一段 2 个小时，11 点半到 12 点之间熄灯，从周一到周六，每天如此。除学习外，所有其他时间都被尽可能压缩，吃饭不能超过 10 分钟，跑步往返。校长张桂梅精心测算过，每分钟约有 30 个学生打饭，一个年级 159 人全部打完需要 5 分钟，最后一个学生也留有 5 分钟时间吃饭。唯一的休息时间是周日上午 11 点到下午 2 点，这 3 个小时内，学生被允许外出，享受每周一次的洗澡时光。

在极化应试教育的情况下，县中能一定程度地提高学生的考试成绩，提高重本率和本科率，但是仍难将优等生转变为尖子生，从而自己有清北生。现在清华、北大对贫困地区的贫困学生有支持计划，一些稍好的县中还能依托这些专项计划保证一两个清北生，从而可能留住一些优质生源。而完全衰弱的县中则无法享受这些计划，县级政府在振兴县中无望的情况下，会缩减对县中的资源投入，这对县中来说是雪上加霜。

地处地市、没有天然生源优势的 2.0 版的“超级中学”除“掐尖”之外，也还得跟县中一样要采取极化应试教育的措施。因为他们要保证较高的重本率和本科率，招收更多的需要高收费的中等生和优等生。而地处省会城市、拥有招生优势的“超级中学”，因为没有招生压力，则可能除“掐尖”招生外，对本部学生的压榨力度不会太大，甚至还可能进行综合素质培养。

五、“超级中学”是应试教育极化和全民教育焦虑的制造者

应试教育极化和全民教育焦虑是当前中国基础教育最显著的特点。县域中学特别是高中之间的教育政绩（声誉）竞争加剧了应试极化，而家长之间的择校竞争则引发了全民教育焦虑，其背后都有“超级中学”作祟的身影。

“超级中学”的“掐尖”使得县中获取教育政绩、吸引优秀学生的压力加大，县中包括下面的初中、小学就会通过极化应试的方式来提高成绩，以满足县级政府及县域社会的教育期待。极化应试在学生管理层面的重要体现是分班管理和分化管理，学生被区分对待，被迫从小学四五年级开始就遭遇自证预言；学校不断营造竞争氛围，班级内部学生之间的竞争压力增大，班级集体归属感和荣誉感弱化，同学之间的关系疏离化和圈层化。学校对成绩差、纪律意识弱的学生的包容性降低，排斥性加剧。

“超级中学”崛起直接导致县中衰败，家长意识到子女只有进“超级中学”才能考上好大学，就会紧盯更容易进入“超级中学”的小学、初中，择校焦虑从小学就开始了。家长的择校压力正面刺激了家长对校外辅导（家长和机构）的依赖，使得不同家庭的小孩在学习基础和考试成绩上出现较大分化，这也为中小学分班管理和选择学生提供了基础，反过来会强化家庭的校外辅导行为。家长对子女的教育期待越大、付出越多，子女从家长那里感受到的压力或胁迫就越大。

在学校应试教育极化和家长教育焦虑增大的双重压力作用下，学生的学习压力和考试压力剧增，从而会使抗压能力弱的学生在某些事件包括考试成绩下滑、同学关系破裂、家长或老师批评、校园欺凌等的刺激下，容易陷入抑郁或其他心理、精神疾病。

2023 年 9 月 1 日

第五章

城乡教育一体化与教育公平

县域城乡教育一体化的条件

县域城乡义务教育的一体化并不是硬件上搞好了，软件上就自然而然跟上来了。在快速城镇化过程中，大量乡村学生进城就读，许多乡村学校逐步小规模化、空心化。学生一旦缺乏规模和出现分层，即便硬件上去了，学校和班级的教育、教学、管理目标也难以实现。

一、城乡教育硬件一体化难阻止乡村学校的衰败

在浙江绍兴市上虞区几个乡镇调查中小学教育时发现一个很有趣的问题，学校基础设施和教学硬件设施都非常好，教师的年龄、性别和学历等结构也相对较好。学校老师除个别年纪大的外，都有大专以上学历。文体设备齐全，教室充足。据说在政策上，只要农村学校向文体局申请学校建设项目，一般都会得到批准。但问题是，在校学生少，师生比高出正常范围，大量教室和其他公共设施被闲置。有一所小学一个年级只有一个班，十几名学生。本来能够容纳上千学生的中学只有三四百名学生。教师学历起点较高，但是

在乡镇中小学没有教学和工作的积极性，大量教师资源被浪费。教学质量与城镇学校相比严重落后，乡镇中学考入县两所重点中学的学生屈指可数，绝大部分学生进入了职教中心。

在浙江发达地区，城乡教育在硬件上的一体化程度较高，甚至很多方面要超越县城学校。县城学校受限于地理位置和土地政策，面积没法扩张，建筑老旧改造起来不易。在工资水平上，乡镇学校的老师除拿工资外，还有乡村教师补贴。同级别条件下乡村老师的工资要高城区老师一两万元。但是，在教育质量和学生培养等软件上，乡村学校远落后于城区学校。城乡软件的一体化程度不高，反而越拉越大。这说明，城乡教育的一体化并不是硬件搞好了，软件就自然而然跟上来了。城乡教育硬件软件的一体化是需要条件的。

二、学生规模化、层级化是城乡教育一体化的软件

其中一个条件是要有足够多的学生。一个班级几个学生，不构成一个基本的教学单位。教育专家研究表明，一个班保持在 30 人左右是一个最有利的教学生态，少于这个数，很难形成基本的教学生态，就无法进行正常的教学和班级管理，尤其是无法形成层级竞争。那么农村中小学的学生都到哪里去了？

我们调研的上虞农村已经进行了学校撤并，许多乡镇目前只有几所小学和一所中学，除中心小学外，其余小学集中在中心村。有的乡镇只有一所小学和一所中学。学校撤并之后，学生已经集中，但是多数学校仍然难以形成正常的教学班。原因就在于学生都到城

区学校就读了。

并不是城区的学校教育一直就好，乡镇学校一直就差。在十几年前，有不少乡镇的学校教育质量较城区学校不会差。乡镇学校落后是最近若干年的事情。农村学生往城里跑，首要的原因不是城区学校教育质量的问题，而是城区集中了市场化的优质教育资源。根源在于教育部门弱化了学校教育。

学校教育弱化主要集中在以下几方面。一是中小学的在校时间缩短，早上不上早自习，8 点才进校，8 点半到 9 点才上课。下午 3 点半就放学了。二是不上晚自习，少数路途远的学生留在学校也不强迫自修。三是不对学生成绩进行公开排名，弱化学生竞争。学校也不对老师的教学成绩进行排名。在班级排名中，老师知道学生排第几，但是学生不知道，学生只知道分数。小学甚至不考文化课，考试变成考察或者是游戏通关。四是教师缺乏激励，缺乏积极主动性，责任弱化，批改作业也交给了家长。五是加强家校联合，但是农村家长根本没有时间参与学校的相关活动。这些方面的综合就使得学生在学校能够学到的知识偏少，学生要学到更多的东西，要有更好的素质，就需要到市场上去购买教育资源。

市场化的教育资源集中在城区。在乡村市场化资源几乎为零。在我们调研的中心镇章镇镇，有一所中学、几所小学，学生还相对较多。但是市场化教育资源也十分稀缺，且主要英语和书法的培训，培训的层次也较低，其他学科和特长的培训几乎没有。但是在上虞城区存在各种各样的培训学校数百所，仅登记在册就有 300 多所，拥有数千名培训老师。这样，为了能够给自己的小孩在市场上购买教育资源，就得让他们到城区来就读。

上虞农村的学生到城区就读有两条途径。一是买学区房，这需要家庭有足够的经济实力。有些家庭难以承受学区房的成本，就借钱先把房子买下来，小孩毕业后再卖掉。后来当地政府规定买学区房后 2 年内不准出售。二是到私立学校就读。私立学校的教学质量不一定比乡镇的好，但是在私立学校就读，还能够获得城区的市场化教育资源。上虞有一所著名的私立学校，其小学和高中都一般，但是初中因为接受了来自农村的优秀生源而在当地独树一帜，跟公立的实验中学平起平坐。私立学校的费用高，而且里面自办培训学校，因不同层级的学生收费标准有差异，3 年下来的费用少的也不会低于 10 万元，多则 20 万元。

要到城区就学，还得在城区买房居住（有的是学区房），请专门的人来照顾小孩，这也是一笔不小的开支。这样算下来，购买学区房或在私立学校就读，购置市场化教育资源，在城区的生活成本等，一年下来的花费要数万元，有的家庭能花掉 10 多万元。这不是一般家庭能够承受得了的。那么，只有农村那些做生意成功、有双劳动力务工（还有人照看小孩）、年收入在 10 万元以上的家庭，才有能力送小孩到城区读书，一般年收入在六七万元的家庭则负担不起，他们的小孩就只有留在农村读书。上虞农村经济较为发达，能够承担在城里读书费用的家庭不少，留在农村读书的只有不到 1/3 的学生。

三、教育城镇化使落单学生还没有努力就失败了

在上虞农村，虽然有数个高中，但只有考上了上虞中学和上虞外国语学校才能考上的大学。这两所高中一年四五千人，但是乡镇中学能考进去的不到 10%，分配到每个乡镇，一个乡镇最多只有四五个人能考上。这对留在乡镇读书的学生来说简直是杯水车薪。这些学生一开始就知道考不上重点高中，只能去一般的高中或职教中心，对他们来说命运已经注定，努不努力都是一样，他们就不会再努力。再加上弱化了学校教育，他们的家庭也无法购置市场化教育资源，因而不能跟有这些资源的城区就读的学生竞争。他们的家庭不仅经济条件不好，而且双亲都要拼命地务工或务农，没有空余的时间和精力。更何况，据我们调查，留在乡镇中小学读书的学生，多半是家庭不完整的，父母离异的较多。因而他们父母基本上无暇顾及他们的学业。结果必然是，留在农村就读的学生几乎百分之百升学无望。

只要是应试，就一定会有落单的学生。现在和过去都一样，总有一些学生无法升入更高的学校去。但是落单的逻辑完全不同。在未弱化学校教育之前，学校教育是学生获得知识和素质的主要途径，市场化的教育资源较少，因而大部分学生要升学拼的是个体的体力和智力，主要是努力程度，与家庭教育的关系不大。那么那些努力程度不够、基础差的学生就可能落单，难以升到更高的学校。这些学生既可能来自条件好的家庭，也可能来自条件差的家庭。来

自经济条件差的家庭的学生还可能更加努力，而经济条件好的家庭的学生也可能是纨绔子弟。那么，这种竞争的方式就会使得每个学生都有相同的晋升机会，都可能付出努力。

但是在弱化学校教育、开放市场化教育的情况下，经济条件好的家庭能够通过市场化渠道购买优质的教育资源，而那些没有条件的家庭则无法获得市场化的教育资源。对这些家庭的学生来说，一方面学校教育被弱化，无法通过学校教育获得提升；另一方面又无法获得市场化的教育资源，那么意味着他们基本上从小学开始就被整个教育体系淘汰。命运这么垂青于他们，在他们还没有来得及努力就被淘汰了。这种落单的逻辑是拼家庭的逻辑，低收入家庭的孩子不用努力就直接落单了，落单了之后也就跟他们父辈一样仍属于低收入人群。

并不是说能拼家庭的学生不需要努力，这些孩子也很努力，负担也不是不重。而是说，只要是拼家庭了，就意味着剥夺了一些无法拼家庭的学生的努力机会，在基础教育上造成了极大的不平等。

2018 年 3 月 12 日

县域教育资源的流动与集中

在教育资源有限、优质学位竞争不可避免，进而产生竞争压力和教育焦虑的条件下，义务教育学段的竞争应该控制在乡域内、以乡校为载体，高中教育阶段的竞争控制在县域内、以县中为载体，这样既能让县乡的孩子们就近平等地接受基础教育，又能集中资源打造相对优质的乡校和县中，提高县域教育竞争力，降低教育焦虑。

一、县域教育资源配置：是自由流动，还是有序流动

教育资源包括师源、生源和财源，是教育教学得以展开的基础条件。在市场条件下，资源效用最大化的关键在于资源要向能够最大化利用的地方流动。资源流动能够使资源得到最大化利用从而产生最大的效用，教育资源也是如此。当前义务教育阶段农村优秀教师向县城学校流动，学生也涌向县城学校，县级教育财政也主要投入县城学校。而县域优秀生源则有向地市、省会城市或其他县市优

质高中流动的大趋势，县域优秀高中教师外流的现象也愈加严重。就资源最大化利用而言，优质的教育资源向城镇流动，比集中在乡、村两级可以发挥更大的效用：学生可以在县城学校获得更综合的成长；教师可以在县城更高平台更好地展示自己以及提升自己；县城学校的基础设施利用率更高。同样地，地市或省城的教育资源更丰富、更优质，教师和学生往这些地方流动会获得更大、更高的平台。

但是就县域教育而言，教育资源不能只讲流动，还要讲一定程度的稳定和集中，也就是有序流动。教育资源如果太分散，就不能集中力量办大事，尤其不能集中打造有竞争力的学科或学校、特色、相关人才；如果资源使用者没有达到一定规模，就难以产生规模效应，造成资源的浪费。教育资源中的生源、师源还有一定的特殊性。生源需要在一定数量上能够进行自然分层，所以既要有一定规模，也要能够分层。师源的关键是老中青结合，形成有经验的老师带动其他经验不丰富的老师的梯度结构。而且，由于县域存在较大的城乡差异，城乡教育不均衡现象普遍存在，因而还需要从城乡教育均衡角度考虑教育资源的流动问题。如果教育资源从乡村向城市无序流动，不均衡问题就会愈加严重。

这就需要对流动进行一定程度的限制。如果没有限制，会造成以下后果：乡村学校的优质教师都流走了，造成乡村学校教师梯度结构、经验结构不合理；学生流走了，乡村学校就没有了优质生源，甚至学生数量都达不到基本的教育单元规模，结果是留在乡村学校的教师没有动力和积极性，学校、班级形成不了学习氛围，学生分不了层级，形成不了“传帮带”和相互激发学习的氛围，乡村学校教育变成了兜底教育。同样，县域优质初中毕业生流走了，县级高中就难以培养出清北生，县域高中教育就获得不了县域社会的认可，其他有能力流走的学生流走，就会造成县域高中教育的衰败。教师流动亦如此。基础教育是经验活，需要时间来沉淀，优质高中教师短时间内流走得多，会破坏教师基本结构，也不利于高中教育。

那么，在县域教育资源特别是师生流动需要有所限制和集中，不能人为地加剧流动，使流动变得无序。在县域，教育资源至少要有两个稳定和集中。

第一，在乡校的稳定和集中。随着农村出生人口减少和县域城镇化加速，在村小、“片小”就学的学生会越来越少，以至于许多学校变成教学点而不成为正常的教学单元，从而需要将学生、教师及其他资源都集中到乡镇学校。如此一来，乡镇学校的各方面教育资源就会有规模效应，班级可以成为一个正常的教学单元和形成梯度层级，学校也有一定人数规模，从而可以搞各种活动、形成氛围，这样一来，学生就可以得到应有的成长，教师也有教学业绩，能有获得感和成就感。对学生及其家庭来说，资源集中在乡校，可以就近接受相对优质的教育，可以通过乡校教育的出口通往更好的学校，较大地节省家庭的教育成本。

第二，在县中的稳定和集中。高考是在全省竞争，县域高中教育资源就不能太分散，需要有所稳定和集中。一个县可以多办几所高中，让更多的初中毕业生可以读高中考大学，但最优质的资源要集中在一两所高中。比如我们调研的某县，一百二三十万的人口，办五六所高中一点问题都没有，但最好的高中只有两所，其余高中则根据自己的资源办出自己的特色：一所是专门培养特长生，另一所是专门培养复读生。集中资源的这一两所高中就是所谓“县中”，用于出高考政绩，展示全县教育成绩，为全县家庭拓宽教育出口。这个教育资源集中度越高，县中在全省的竞争力就越强，县域教育的出口就越大，就越能获得县域社会的认可，进而也就留得住县域优质生源和优秀老师。

二、生源的配置：是划片招生，还是跨片区招生

在县域，由于不同学校的历史、文化、师资、声誉、成绩有各种差异，如果放任家长选择学校，或者学校选择学生，就会造成一些学校在全县“掐尖”招生，招的都是成绩或综合素质比较好的学生，而有的学校则难以招到好学生；或者，一些家长可以为子女选择比较好的学校就读，而另一些家长则无法给子女选择学校，造成小孩起点的不公平。这些问题是招生与择校的最基本的问题，涉及全社会的利益，因此中国普遍都实行划片招生。这几年由于中央对教育均衡的强调，以及择校热加剧了全社会的教育焦虑，一些“超级中学”、优质初中的“掐尖”引起了社会普遍的反感，市县教育部门加强了划片招生的规范化建设。但划片招生也带来了一些新的

问题，典型的如学区房问题。一些好的中小学大家都想往里面挤，但是资源有限，除了有特别硬的关系，最基本的就是户籍或居住在该校招生学区，学区房也就应运而生。有房子就能读书，以资产论英雄，是另一种形式的不公平。为了实现最大的公平，现在普遍实行的是“摇号”入学，即同一学区内的学校将所有或一定的招生指标纳入系统统一摇号，随机招收学生；学生这边也如此，他们统一参与同一学区的摇号，随机分配学校。划片招生在一定程度上保障了公平，抑制了择校焦虑。

与初中或小学划片招生相对应的是县中招生的“指标到校”制度。按理来说，县中要参与全省高考竞争，就应该在全县选拔最优秀的初中毕业生进行培养。但是全县的初中教育是不均衡的，如果全县最好的一两所高中完全按照中考成绩来录取，许多经济落后、偏远乡镇的初中就可能因教学质量落后而被“剃光头”，或考上人数较少，从而迫使该乡镇小学毕业生到其他乡镇或县城择校，增加这些乡镇学生家庭的负担，进而也使这些乡镇初中的生源进一步弱化。为了各乡镇义务教育均衡发展，就制定了“指标到校”政策，硬性规定最好的那一两所高中拿出一定比例（如 65% 或 85%）的招生名额分配给各乡镇，到各乡镇的指标数量根据各乡镇初升高学生的报考数量而定，报考数量多则到校指标多。指标生之外的招生名额则在全县统招。各乡镇初中的到校指标只在本校竞争，而不参与全县统招竞争，即某初中到校指标是 20 人，那么原则上排在该校中考前 20 名的人都能被县中录取。指标到校是教育部的原则性要求，各地按照实际情况实施。调查了解，有些县的到校指标是65%，长沙县2021年的指标是85%，并明确逐渐递增；有的县规定了指标生的最低分数线，有的县则没有规定。由于有的县没有规定最低录取线，造成招收的学生质量参差不齐。在先招收指标生还是统招生上，也有不同的规定：有的县为了公平而先招指标生，再招统招生，这样，各初中考得比较好的学生都被县中以指标生的名义招进去了，而考得差的学生则无法参与统招；而有的县为了招到更好的生源，首先招统招生，通过统招生将最好的学生招进学校，再按照指标和最低分数线招收指标生，有的学校的指标生就招不满，空出来的指标就可以挪到统招补录中去。

不过，无论如何，指标到校让一些落后乡镇的初中也能有一定县中生，甚至不需要到全县竞争。于是这些学校不仅能够留得住生源，而且一些小升初时到县城去读的优秀生源，也返回乡镇初中就读，因为他们在乡镇初中的到校指标内胜出就能够上县中，而他们的成绩在县城初中则难以排到指标数以内。

无论是划片招生，还是指标到校，站在学校的角度都是不乐意的。县中要给全县学生争取出路，如果没有好的生源，就很难有好的高考成绩。所有的初中都想招到好的学生，越是好的初中，就希望自己在全区范围选择招生、“掐尖”招生。而相对较差的初中也希望自己能对生源有所选择，而不是被片区给限制住。比如，有的学校所在片区打工子女较多，学校生源中很大部分是农民工子女，农民工对子女的教育较为“松懈”，学生的成绩和表现都不太好。

而学校周边的小区居住的是公务员、企业主，那么生源就会较好。从家长的角度来讲，有条件的家长也希望突破划片招生和“摇号”制度选择特定的学校。在这种情况下，就有种潜在的力量在突破这些制度。于是隐性的跨片区招生就出现了。

跨片区招生，是指一些声誉较好的初中在自己的片区以外进行招生。越是好的初中越有突破划片招生的动力：学生家长希望突破，这几乎是所有家长的期待；学校期待，学校要保持好的声誉，出好的业绩（升重点高中率）；区县教育部门也要出教育政绩；一些有权有关系的家庭如政府、教育局领导家庭，最希望有操作的缝隙。于是在划片招生之外，就出现了一些显在或潜在的跨片区招生行为，如对某些重点初中区县教育部门默许在辖区范围内“掐尖”招生。这种“掐尖”招生不是政策鼓励的，但只要学生与学校双方“两厢情愿”，区县教育部门就会放行。所以，全区小学之间有隐性地比较考入某几所重点初中的人数，这是小学及其校长最重要的业绩，县域社会也会比较。如果某所小学的学生被某重点初中招去得多，在家长中就有好的声誉。

三、财政资源的投入方向：是教育新城，还是小规模学校，抑或乡校

县城的教育资源要比乡村丰富，单培训机构、培训项目就比乡村要多，90 后父母有意将子女送到县城就读，或在县城买房、租房。那么，县城就要增加学位，也就是要增加教室、学校。但是学

位的增加赶不上教育城镇化的速度，于是县城学校就出现了大班额问题，有的中小学班额高达100人。为解决大班额问题，就要新建学校。新建学校需要经费，县级政府没有钱，就通过让利的形式鼓励房地产开发商在小区周边建学校等公共设施。新建小区有了小学、初中等学校，房子就卖得好。县级政府发现了这一逻辑，就主动开发教育新城，通过教育吸引农民进城买房。这样，县级教育财政的投放就会向教育县城集中，也就会减少对乡村学校的投入。同时，教育新城从乡村吸纳大量优秀教师。在学生减少、教师流出和投入减少的情况下，乡村学校就会进一步衰弱，从而更得不到乡村家长的信任，学生会加速流失到教育新城。

县级政府对教育新城的投入，使得农村有能力、没能力进城的家庭为了子女教育都不得不进城；在县城有稳定工作、没稳定工作或在外务工的家庭都得在县城买一套房子。实际上，一般县城能够容纳的就业人数有限，大部分农民家庭都是年轻人在外务工、中老年人在家务农，这样才能使得一个家庭有较为体面的收入。如果小孩在县城读书，就得有人进城陪读，一般是年轻妇女返乡陪读，这就会减少一个壮劳动力的收入，同时增加在县城生活的成本。在县城买房陪读，不仅家庭收入减少了、生活成本增加了，而且每月有定期的“月供”，这就需要在外务工的男子不仅要更加努力地工作以使收入提高，还要使工作更加稳定有预期，否则“月供”就还不上，这极大地增加了农民的劳动强度和精神压力，使得他们不能哪怕是短暂地“丢掉工作”。从社会稳定来讲，如果国家经济紧缩、下行，大量农民工丢掉工作，他们就不能再回到农村去等待“调整恢复”期，而是滞留城市继续找工作，有还贷压力的他们一旦在一定时间内找不到工作，就会成为城市的不稳定力量。过去乡村之所以是中国现代化的稳定器和蓄水池，是因为农民进可进城、退可回乡，一旦他们被绑架在县城房地产上，就没有退路了。

除此以外，他们在县城买了房子，年轻男子在外务工没有享受县城的生活，年轻妇女陪读完了之后也还要外出务工，因为要还贷款和债务，等到他们年老退出城市务工之后，他们回到县城又没有工作、没有退休收入，只有支出，所以他们会回到农村务农、生活。也就是说，在县城的房子除陪读几年能用得上之外，其余时间都是闲置的。他们的子女要么考上大学，毕业后多数不会回到县城，而要在地市、一二线城市买房子，此时他们还在还房贷，不能给予子女在大城市立足以支持；要么跟他们一样要在外务工，重复他们的生活，房子也就是陪读可以用。而如果他们没有在县城买房，就可以有一定的积蓄，而他们的子女通过乡镇小学、初中考上县中，再考上了大学，毕业后在大城市打拼，届时他们还有支持的能力。

以上表明县级政府的教育投入方向有问题。但同时，中央和省市的教育资源投入及政策方向也存在问题。中央、省市对教育的投入及政策重点是小规模学校。中央、省市很重视教育公平，对教育均衡发展很重要，所以为了城乡义务教育均衡发展，不仅中央、省市自己的钱主要投向了教育最薄弱的乡村小规模学校，而且以教育均衡的名义要求地方往乡村学校投入资源。一个县为了达到教育均衡的指标，往往要向乡村学校投入数亿甚至十数亿元。

中国大部分农村地区的村小、“片小”和教学点，大部分都已经是小规模教学了，人数在两三人到数十人不等，根本达不到基本的教学规模。今年暑假在张家港农村调研，农村学校人数还“满员”，但75%是农民工子弟，本地生源也占不到25%，且还在快速流失。如果要保证这些学校的教学完整性，就得投入数十万元到上百万元不等：操场、教室、厕所、厨房、功能室、实验室、教学设备、教师配备、辅助人员配备等，即使一个只有3个学生的学校也要一应俱全。这些投入一是都用不上，二是很快学校就会没人，于是造成大量教学资源的浪费，堪比犯罪。更为重要的是，因大部分村小（教学点、“片小”）达不到基本的教学规模而毫无教学质量可言，还留在这些学校就读的学生多数来自贫困家庭、婚变家庭或自身有残疾（如智障），因而教师只能沦为学生的保姆，教师根本没有教学积极性和获得感。

义务教育资源不能只讲均衡，要求城乡所有学校在资源投入、教师结构上都达到均衡，以为这样就能使农村学生享受平等的教育资源；还要讲究如何才能尽可能均衡。完全均衡是不可能的，投入小规模学校也不可能，像县级政府那样将教育资源投入教育新城中就会加剧不均衡。事实上，教育资源可以投入乡镇学校，通过发展乡校实现义务教育的相对均衡。因为乡校有规模效应、就近入学、投入成本低的特点。

四、集中力量办高中：是县中，还是“超级中学”

从调查来看，县中在县域扮演着特殊的角色，主要有以下功能：一是背负着县域大部分人的教育期待，他们的家庭是没有能力和条件将子女送进省城或地市的学校的；二是承载着县级政府的教育政绩，县级政府主要通过县中的高考业绩来向上级发送教育政绩信号和兑现对县域群众的教育承诺；三是带动县域初中、小学教育，吸引和留住县域学生和教师生源，使县域小学、初中、高中构成不可分割的功能完整的教育体系。所以，办好县中是办好人民满意教育的最关键的一环。

县中办好了，县域社会对县域教育就有基本的信任，即使有能力和有条件流出的家庭也会将子女留在县域就读，他们就不需要从小学、初中开始择校到地市或省城。从小学到高中的生源都留在了县域，就可以保证县域小学、初中、高中教育体系的完整性及其功能性。反之，县中衰败，没有清北生，重本率也不行，县域社会就会对县域整体的教育质量质疑，中考尖子生就容易被其他学校“掐尖”走，有能力和条件的家庭就愿意将子女送进大城市的学校，造成县中生源流失。而这会导致县中高考业绩进一步下滑，使得县中不仅愈加不受县域社会待见，连县中老师和管理者也会自我怀疑。

而造成县中衰败的是“超级中学”的“掐尖”。这里说的“超级中学”是特指以“超级中学”为载体的教育资本集团，其背后是私人资本或公有资本。资本最大的属性是逐利，因而不会考虑公共利益。那么，作为从事教育的资本集团，要实现资本的最大收益，就需要有足够多的生源，而要吸引足够多的生源，就得有足够傲人的高考业绩。这就需要提高民办学校的教育教学质量；从公立学校引进优秀教师团队和学校管理队伍；极化应试教育；强化对师生的激励和动员；回应县域乡村社会的特殊教育需求（如寄宿）。

这些措施可以一定程度上提高学生的成绩，提高高考业绩，但是无法使“超级中学”提高它们的清北生数量。而清北生数量才是它们真正的宣传点。清北生属于尖子生，在一个区域平均教育成绩下其数量多与人口规模相关，而与强化应试等方式关系不大。因此，就需要“超级中学”在同一区域内将公办高中的生源吸引进来，同时还要到其他区域去“掐尖”招生。只有这样，“超级中学”才能获取更多的尖子生以提高清北生的数量。有了超越一般县中清北生数量（1—3 个）的数倍到上十倍的高考业绩（15—100个），“超级中学”就有了足够的优势来吸引媒体和社会公众的注意力，紧紧抓住学生家长的神经。有了知名度和声誉就不仅可以更好地“掐尖”，还可以吸收更多的其他生源来就读。所以，“超级中学”不仅跨区域“掐尖”，还通过跨区域办分校招收其他层次的学生。对“超级中学”来说，尖子生本身是赔本的，“掐尖”要给尖子生及其家庭好处，如高额奖励；而跨区域招收其他层次的学生才是它们收入的源泉，但信誉度源于尖子生造就的较大数量的清北生。所以，“超级中学”背后的资本要利益最大化，就必须不断在更大范围内“掐尖”和招生。

“超级中学”崛起，县中衰弱，造成了两大后果。一是县域社会择校焦虑加剧。当社会普遍认为只有上“超级中学”才能考上好大学，那么就得在小升初时选择能考上“超级中学”的初中，在上小学的则能考上这所初中的小学。这就使得小孩在每个学段都不能掉队，一步掉队意味着步步赶不上。家长择校的焦虑加大，就会将焦虑传递给子女，强化对子女的校外学习和培训。家长对子女教育的时间和精力的投入加大。二是县域教育体系极化应试教育。尖子生被掐走了，优等生也流失了，县中要想提高教育业绩，提高在县域民众心目中的地位，就得进一步强化应试教育；而县级政府、教育部门要提高中考、高考业绩，就得从小学开始抓学生的应试能力建设，将应试压力向低学段传递。

2023 年 9 月 9 日

公立教育要回应乡村教育需求

农村社会正在发生前所未有的变化，农民流动和城市化加速，社会性竞争激烈，农民对子女教育的期待提高，而公立教育无法把握农村社会的变化对乡村教育的影响，进而不能及时有效地回应广大农民对子女教育发展的需求。

一、县域私立学校供给如何对接农民教育需求

2017 年底，我们在浙江绍兴市上虞做了一个星期的教育调研，发现该县城区民办教育发展速度惊人。

在西方国家，私立学校是贵族学校，实行的是精英教育。与中国许多专家和民众对西方私立学校的理解相反，西方私立学校学生的负担并不比中国公立学校学生的轻，甚至在许多方面较中国学生重。“快乐教育”不会出现在私立学校，它是西方公立学校的招牌。与西方的私立学校是为满足上层精英对教育的个性化需求不同，中国的私立学校并不全是精英学校。其中，一类私立学校集中在大城

市或沿海发达地区城市，它们主要是为上层精英的子弟服务，为他们打通留学西方国家的渠道。占比重大的是在县城的私立学校，这些学校招收的并不是城区精英子弟，而是普通农民子女。县城政治精英、知识精英和经济精英的子弟大多就读于城区最好的公立学校。县级私立学校也不一定是当地教学质量和声誉最好的学校。

县域私立学校的快速发展是2000年以后的事情，近10年发展尤其迅猛。2000年以后出现了普通农民对县城教育资源的巨大需求，而私立学校正好迎合和满足了这种需求。私立学校的发展，有国家政策鼓励和导向性的作用，也有城区扩张县级财政无力提供教育公共服务而不得不借助民间资本办学的原因，还有农民对教育发展的需求公立学校无法满足而只能求助于私立学校的缘故。那么，从教育市场供需对接角度来讲，农民对教育发展的哪些需求与民办学校进行了有效对接，而公立教育在哪些方面缺位？

二、农民家庭的特点与教育需求

城市化是工业化和现代化的必然结果。城市化的重要表现是农村人口向城里流动、定居。城市是人口、资源、信息、机会等聚集之地，城市不仅有更多的发展机会和发展前景，而且有着现代化的生活、生产和交往方式。农民尤其是对城市生活有着向往和憧憬。当然越是大城市，现代化的水平就越高，浸润其中就越意味着更多、更及时地享受现代化。但是，无论是东部地区，还是中西部地区，一般农民的家庭收入既不能完全支撑所有成员城市化，也不可能让多数人在一、二线都市城市化。更多的情况是，年轻人家庭在县市城市就地城市化。

中西部农村的家计模式是“半工半耕”，东部农村的家庭收入则来源于半正规与半非正规领域就业，前者是年轻人外出务工获取务工收入，中老年人在家务工获得务农收益，后者是年轻人在正规经济就业，中老年人在非正规经济领域就业，都获取工业领域的剩余价值。一个家庭有了两笔收入后才能支撑年轻夫妇加一两个小孩在本地县市城市化，且更多的是在县城买房和就业。东部地区区域工业化较为发达，县城及周边都有较多的务工岗位，进城的年轻农民可以在本地就业、在县城生活。而大部分中西地区的县级城区工业都不发达，属于消费型城镇，因而就业机会不多，即便是在县城买了房子的年轻夫妇也至少有一个人到沿海城市打工，以支付城市化生活的成本。

年轻夫妇带着小孩城市化，其中要解决的一个重要问题是小孩的读书问题。在县城买了房子，在县城生活，不可能将小孩放在农村老家读书，必须在县城找学校读书。但是县城的小学和初中一般都是按学区制招生的，只有处在那个学区的学生才能被招收进来。从农村进城的小孩除非他们的家庭买了学区房，或者少数找了关系进了学校，否则就只能在原来所在村所属辖区的学校就读。在东部地区，县城的房子已经相当昂贵，学区房还要贵上一两倍，其价格不是一般农民能够承担得起的。只有经商成功的农民精英才有这个能力。社会关系亦是如此。那么，即便能够在县城买得起房子的农民也一般不会买到学区房，只能买城市边缘带正在发展的商品房。而这些地区一般公共设施并不齐全，尤其是幼儿园、小学和初中等学校无法及时供给，即便这些学校齐全，也可能由于是新建的，在校风、教学质量等方面都还没有跟上。那么此时，农民要给子女选择学校的话，就只能在城区选择私立学校。

农民进城而形成的城市化越是发展迅猛，农民对学校教育的需求量就越大，在公立学校无法满足其需求的情况下，民间的教育资源就会进来填补这块空白，抢占这块市场资源。所以，农民城市化越快，私立学校的发展也就越迅速。

三、农民的教育竞争驱动教育城镇化

除农民对城市化的需求带动了他们对私立教育资源的需求之外，农村在子女教育上的竞争也是私立学校发展的推动力。

农民总是在村庄内与其他人进行比较和竞争，希望自己在各个方面都超过人家，或者至少不会比人家差，人家有什么自己也要有什么。当然农民不是在生产生活的各个方面都均衡使力给人家竞争，而会在某些重要方面投入更多的家庭资源。这些方面一般与农民的人生任务联系在一起，包括建房（买房）、子女教育、子女成婚等。在这些方面达到或超过村庄普遍的标准，父母就会觉得自己圆满地完成了任务，一辈子没有白活，在村庄里也面子十足。伴随着农村青壮年外出务工的越来越多，劳动力的市场化程度越来越高，农民越来越感觉到教育程度、文化水平在市场竞争中的重要性，也就越来越重视子女的教育。农民家庭之间在子女教育上的竞争也逐渐兴起。

在资源占有、师资水平、学校管理、学风建设、教学质量等方面，乡村学校远逊色于城区学校。更何况农村年轻、有学历、有经验的老师都大量向城区学校招考流动。农民从刚开始将小孩送到乡镇幼儿园、小学读书，发展到逐渐地将小孩送到县市城区幼儿园、小学和初中读书。农民坚信小孩读书不能输在起跑线上。在村庄里，他们认为既然村里有人将小孩送到城镇上学，那么自己家的小孩在乡村学校上学，不仅会因为被人家认为没有本事送小孩到城区学校读书而面子上不好看，而且会使自家小孩从一开始就落后于村里一同长大的小孩。一步落后就会步步落后。再穷也不能穷教育，再苦也不能苦孩子。于是，农民勒紧了裤腰带也要将自己的小孩送到城镇学校就读。有条件的比如在城镇买了房子、租得起房子、有专人陪读的家庭，在小孩上幼儿园时小孩就送到了城镇，这些条件难以满足的家庭则会在小学或初中、高中时将孩子送到城镇读书。现在形成的风气和舆论是，越早到城镇读书对小孩越好，农民也就越来越多地在小孩读幼儿园、初小时就把小孩送到城镇学校了，这就使得“陪读”越来越普遍和严重：有的是爷爷或奶奶陪读，有的是母亲陪读。母亲陪读意味着家庭要有一个壮劳动力作出牺牲，损失家庭一半的务工收入。这会给家庭带来支出压力，并将压力压在了另一半劳动力身上。

这种教育竞争的风气使得条件较好的家庭更容易将小孩送到城镇就读，条件中等的家庭会“没有条件也要创造条件”将小孩送进城镇学校。而留在乡村学校读书的小孩则一般来自那些经济条件一般的家庭：无法在城镇买或租房子；无法使小孩就读昂贵的私立学校；无法抽出一个劳动力来陪读；或者是那些残缺的家庭如父母离异的家庭。这些家庭的小孩只能在乡村学校就读。

农民教育竞争的驱动使得大量乡村的孩子进城读书，他们同样面临着公立学校对他们的需求无法回应的局面，只能寻求于私立学校。私立学校是市场化的教育机构，对市场需求及其变化敏感，它们能够及时回应农民对教育竞争的需求。

四、私立学校满足留守儿童的照料、规训、学习需求

在东部农村，区域工业化发达，市场就业机会多，大部分农民能够就近就业，留守儿童现象少。但是在中西部地区，本地就业少，年轻农民需要到大城市或沿海地区务工，这就会造成普遍的留守儿童现象。在农村，留守儿童容易成为问题儿童，自闭、脾气暴躁、不爱讲话、不讲道德、爱打架、做坏事、受欺凌等。留守儿童面临几个主要问题：一是照料问题；二是行为规训问题；三是学习问题。

祖辈可以管小孩的吃穿住行，但限于精力、权威、知识、信息等方面资源的缺陷，祖辈无法对孙辈进行 24 小时看护和管教。如今公立学校上学晚、放学早，晚上和周末、寒暑假这些时间段，学

校都对留守儿童没有看护和教育的责任，出了问题也不由学校负责。祖辈是这段非学校时间留守儿童的看护人和责任人，但是没有能力将他们看护和规训好，以致容易出现以下几个问题：一是在这段时间里留守儿童不会自己学习，祖辈也无法对他们进行强制，那么他们的学习时间就要较非留守儿童少，较城区学校学生的学习时间就更少；二是留守儿童在无人看管和教育的情况下容易沉迷于网络游戏；三是留守儿童这段时间可能在家庭以外的场所度过，其生命安全就不在可控范围之内，存在隐患；四是在非学校教学教育时间里，祖辈又无法进行知识和规范教育，留守儿童就可能在道德、规范和伦理上缺乏教育；五是在这段时间留守儿童可能外出惹是生非；等等。总之在非学校的这段时间是留守儿童的“飞地”，很难被合理地填充和利用，进而很可能出问题。

所以，对留守儿童的家长来说，很希望在这段时间把他们的小孩“托管”给一些规范的机构，将小孩的课余、校外时间都占满，即使不能让他们在这段时间里学有所获，至少也不会出现大的问题。留守儿童家长的这个需求被私立学校敏锐的市场嗅觉给察觉到了，他们给家长的承诺就是只要将小孩放入他们的学校就不用再操心。事实也是如此，私立学校一是白天被各种课程排满，二是在晚上自修时间有老师看护，三是实行住校制，也有专门的人看护。学生基本上被 24 小时无间隙监控。只有到了周末的时候，祖辈才会将他们接回家。这样，就使得学生在校外的时间极大地压缩。这就解决了家长的后顾之忧，使他们能够放心地外出务工。在这种情况下，私立学校主要扮演的是学生托管的角色，解决了儿童留守的问题。

五、私立教育有弥补农民家庭教育不足的功能

当前中国基础教育改革的主要方向是弱化学校在知识教育方面的功能与责任，而强化家庭的相应角色。家庭在小孩教育方面起的作用越来越大，投入也越来越多。公立学校弱化学校教育主要表现在以下几个方面：一是学校排课少了，相对来说学生在学校学到的东西就少了；二是教师上课教授的东西少了，有的老师甚至连大纲的要求都达不到；三是学校老师不再批改作业，而是交由家长批改并签字；四是学校要求家长辅导学生预习、复习和做作业；五是早上上学晚，下午下学早，许多小学在下午 3 点半就放学了，下午基本上不安排课程，而是放养式的活动课；等等。结果是，学生在校时间缩短，在家时间延长，家长需将学生在家这部分时间给填补上，陪他们玩或辅导学习；学生在学校学到的东西减少了，需要家长在家里将这些未能学到的东西给填补上；家长在学生学习上的责任增加了，家长必须自己先掌握相关知识，才能去辅导学生。

但是问题就来了，一是家长是否有时间在早上八九点送小孩上学，下午 3 点半去学校接小孩放学；二是家长是否有足够的时间陪小孩学习；三是家长是否有足够的知识储备辅导小孩学习，不仅需要各科文化课的知识，还需要文体美艺术等方面的造诣；四是如果家长没有相关的知识储备，就需要到培训市场上去购买，家长是否

有足够的经济支撑。从调查来看，大部分东部地区和中西部地区农村的普通务工阶层，最缺的是时间，他们很早就去上班，很晚才能下班回家，基本上没有在规定时间内接送小孩的可能。他们基本上是起早贪黑，甚至“白加黑”“五加二”，没有时间和精力辅导小孩学习。他们本身在文化和文体方面就缺乏功底，根本没有能力对小孩进行辅导。至于经济方面，市场化的教育培训是个无底洞，农村中等收入水平的家庭只能承担一两个科目的短期培训费用，不可能对所有科目和文体都培训。但是他们的子女只要在公立学校就读，就必须给子女报各种培训班。不仅如此，他们也要参加培训班学习，否则即便有时间也没有能力辅导小孩。而如果不培训，或者家长不辅导，小孩的成绩就上不去，综合素质也提不高，就会处于落后状态，使学习基础打不牢，危及后面的升学。

进私立学校可以解决在公立学校就读存在的上述问题。私立学校是个相对独立的体系，瞄准的是市场需求，教育部门对他们内部教学管理的监控没有公立学校那么严。当公立学校弱化学校教育、强化家庭教育功能之时，私立学校还可以像过去公立学校那样进行学生管理和教学管理，强调课堂教学和教师对学生学习的责任，将学生的时间更多地用于知识灌输，同时学校也增收素质教育的内容，满足不同家庭的期待。私立学校多是寄宿学校，学生的大部分时间都在校内，并且每天的各个时间段都被课程与活动安排得满满的。这些措施可以将家长从学生的学习教育中解放出来，他们既不需要接送，也不需要辅导，甚至没有多少时间送小孩上校外辅导班。当然也给有能力送小孩上辅导班的家长一定的空间，那就是周末也可以接小孩回去上辅导班，或者就在校内上学校自己办的辅导班。这给了家长自由选择的空间。

公立学校将更多的责任压在家长身上，而私立学校还保留了完整的传统公立学校的做法，将学生教育的责任全部揽下来，弥补了家长在家庭教育上的不足。

六、公立教育改革要面向农民家庭教育需求

农村社会正在发生前所未有的变化，农民流动和城市化加速，社会竞争激烈，农民对子女教育的期待提高，而基层教育部门却无法把握农村社会的变化对乡村教育的影响，进而不能及时有效地回应广大农民对子女教育发展的需求。调查发现，县级私立学校有力地回应了农村的这些需求和期待，解决了农民流动、城市化、社会竞争以及家庭教育不足给农村教育带来的诸多困境，满足了部分农民的需求。但是私立学校的教育教学资源毕竟有限，乡村基础教育的资源大部分掌握在公立学校，公立学校不去回应农民的需求，反而强化和放大农民家庭在教育上的缺陷，既极大地浪费了公立教育资源，又制造了极大的不平等，使得那些没法在私立学校购买教育资源的家庭的孩子早早地就被甩了出去，被排斥在社会竞争体系之外。

反观民办教育对乡村变迁及农民教育需求的回应，我们在公立

教育上的改革不应只盯着“减负”一个目标，还要强化公立教育尤其是县乡公立教育对乡村社会的回应，实打实地解决农民在子女教育上的需求和问题。

2018 年 3 月 20 日

民办教育发展的比较优势

公办学校在管理上属于教育科层制的一部分，讲究服从和按政策办事，追求所谓素质教育和快乐教育，对学生减负较为推崇；民办教育通过准确回应市场需求追求效益最大化，很好地弥补了公立学校弱化学校教育后产生的教育市场空间。

一、公立学校的优势在改革中流失

基础教育中的公立学校与民办学校在各方面都有着明显的区别。总体上，现在公立学校教育还占主导地位，学校信誉和教学质量也普遍较民办学校高，但是民办学校也有其发展优势。若不进行教育政策调整，基础教育的民办学校很快就能超越公立学校，成为家长和学生的优先选择。对当前县乡民办学校和公立学校进行比较，发现民办学校的许多优势都是过去公立学校曾经拥有的，只不过在最近一二十年的改革中逐渐消失了。从调查来看，国家对基础教育的公立学校改革整体上是失败的，它以“减负”和“快乐教育”为名，将中国基础教育的优势和特色都改掉了，正在掏空基础教育的基础。这种改革对于县乡基础教育尤其是农村基础教育来说是致命的，使越来越多的农村子弟想努力也得不到努力的机会，阻隔了他们向上流动的渠道。民办教育的优势主要体现在学生培养、教师激励、管理制度等几个方面。

二、民办教育在招生培养方面的优势

在学生培养方面，民办学校的优势首先是在招生上具有选择权。我国实行九年制义务教育，不再设小升初的考试晋级，这就阻断了许多公立初中对小学生的选择权。民办学校在学生选择上可以分为三等：一等是优等生，不收取学费，进来后还有奖励；二等分数稍低，收取正常学费；三等则要收取较高学费。也就是说，民办学校可以选择两类学生：一类是基础好的学生，另一类是有钱家庭的学生。招收前者可以提高学校生源质量，到升学时可以提升学校整体的升学率。招收后者则是为了赚钱，使学校在市场中生存下来。公立学校讲究的是公平，在学区范围内的学生“鱼龙”一起招生，选择的空间很小。我们在浙江绍兴市上虞区调查试验小学和初中时，校长和班主任就抱怨学校按学区来招生，既可以招到学区内官员、知识分子家庭的优秀子弟，那些城中村改造家庭的调皮捣蛋、基础较差的学生也要招进来。他们认为这些学生严重影响了他们生源的质量，也较难管理，还会影响其他学生。而上虞区的华维初中则是民办学校，它可以在全区范围内招收优秀学生，极大地提高了它的生源质量，并在初升高时取得全区数一数二的成绩。而高中是非义务教育，上虞区的几所传统重点高中都在全区范围内招生，华维初中的考生也可以报考，所以华维初中的优秀毕业生考华维高中的较少，也就影响了华维高中的生源。

在学生和班级的管理上，民办学校与学生（家长）是市场关系，公立学校与学生（家长）则是政治关系。这就使得民办学校有较多的手段来管理学生和治理班级，而公立学校的手段被严格限制。民办学校可以自主设置规则对学生进行奖惩。民办学校的资金是自己的，可以设置相关的奖项在各方面对学生进行奖励，公立学校不能自主设置奖励项目和制度，其资金被严格限制在专项领域。在惩戒方面，民办学校还可以用以前公立学校使用的罚站、体罚、通报批评、留校察看、开除等方式。只要学校惩罚有据，家长即便不情愿（如罚站等）也只能认受，否则就自己卷起铺盖走人。民办学校的学生一般来自周边农村，能进城读书不容易，且可选择的学校有限，所以只能服从学校的严格管理。出于安全责任的原因，公立学校在对学生的处罚上较为谨慎，即便学生触犯学校管理规范，一般也是说服教育，不会启动处罚。即便是说服教育也要讲究方式方法，生怕学生接受不了出意外。家长对学校教育管理的方式只要不符合自己的理念，就会要求学校老师整改回复。老师既不敢对学生说重话，也不敢进行体罚。传统的管理手段在公立学校不起作用，它们只能创新管理方式方法，包括建立和做实“家委会”，通过家委会去管理学生和做家长的工作。在农村学校很难成立家委会，在学生的管理上基本上没有手段。

激发学生竞争是学生管理和提高升学率的最重要手段。素质教育主导下的公立学校改革恰好是要弱化学生之间在学习成绩上的竞争，以强化学生素质方面的提升。上虞区公立小学的做法是不进行试卷考试，只对学生进行游戏式考核，考核不登记分数。公立中学的做法则是取消月考、模考、季考，只进行期末考试，考试成绩不排名，每个人只知道自己的分数，不清楚自己的排名。这样做的结果是学生只有纵向的自身比较，没有学生之间的横向比较，不能激发学生因为比较差距而带来的竞争心理，因而也就没有竞争激励。学生对学习的认识不足，无法端正学习态度，教师也难以通过成绩排名对学生进行有针对性的教导。学生只有到了初三阶段、要升学后才会意识到学习成绩的重要性。家长在这个时候为了让子女能考个好学校，就开始猛烈地培优。学生没有学习的竞争性，难以分出差等，在班级管理上也会失去重心和抓手。班主任看着一班成绩平平、资质平平的学生也容易丧失管理和教育的动力。这种情况在农村公立中小学中更为普遍，学生无学习的积极性，教师无教育的积极性。但是，在民办学校中小学中，学生的成绩激励依然占最重要的地位，各类成绩排名和奖惩制度都较为健全，班级管理也因学生竞争而被激活。

三、民办教育在教师激励方面的优势

在教师激励方面，民办学校的手段也较公立学校多。公立学校对教师的激励一般是以县级为统筹，实行统一的激励措施和制度。这源于教育经费的专款专用制度，学校在教育经费上的自主权被上收，无法依据本学校的情况制订相应的激励制度。有些公立学校要在教育部门的奖励制度之外对教师进行物质奖励，都要以校外民间机构或企业的名义进行，如校友捐赠基金会、企业教育基金会等。而民办学校可以自主设立激励项目。

公立学校也不再对教师的教学成绩进行评比和排名。过去都会按年级、学科在全县区进行统考，并按照学科在各学校间进行排名，在乡镇也会排名，如果学校同一个年级有多个班级也会进行排名。学生成绩的优、中、差也会进行比重排名。排名本身就是一种激励，因为老师都要讲脸面，一次落后是意外、可以找理由，次次落后就是水平、态度问题了。有的排名还会有相应的物质或精神上的激励。这些措施对教师的激励起着很大的作用。随着这些措施在公立学校的取缔，教师教好教差都一个样，负责任与不负责任一个样，教师在教学和班级管理上就难有积极性。备课上课都不认真，上课就是完成任务。民办学校可以对教育部门的相关政策置之不理，它们仍然可以对教师的教学成绩进行排名，并在年终对老师进行严格的绩效考核，对考核分数给予排名和公布。公立学校的绩效工资制度流于形式。学校即便将教师的一部分工资用于年终的绩效考核，也很难真正实施下去，因为教师都认为那个工资本来就是自己的，如果被扣掉的话就会找学校领导吵闹。

公立学校的校长在调动教师的积极性方面缺乏有效的措施，既没有经济措施，也缺乏行政措施，只能靠感情。笔者在贵州省镇远县报京村调查，发现该校的校长竟然是轮流担任的，原因是没有老师愿意当校长，当了校长难以做事，只能维持学校的基本运转。也没有人愿意当班主任，校长只能通过私人交情做工作，一些老师拗不过校长的面子才答应担任班主任。民办学校与教师之间的关系是市场关系，教师教得好就有奖励，教得不好就会受到处罚，乃至解除合约。调查发现，公立学校的老师较为轻松，将课上完后就处于无所事事的状态。而民办学校的老师压力很大，除教学成绩的压力之外，还有班级管理的压力，他们要将大量的时间和精力放在班级管理及学校安排的其他事务上，甚至一个教师做几个教师岗位的事情。

四、民办教育在回应家长需求方面的优势

在学校管理制度上，民办学校也有其自身的优势。首先，民办学校无论家校距离远近一律实行寄宿制度。寄宿制度对学生进行统一作息管理，除周末以外，学生所有的时间都被限制在学校范围内，有事外出有严格的请假制度。这样做的好处有以下几点：一是有利于保证学生充分的学习时间；二是有利于保证学生的生命安全；三是有利于保证学生不到校外学坏。而这些正是公立学校想做却做不到的。公立学校无法强制学生住校，即便是远距离学生也可以自由选择住校或在校外租房。这就使得学校难以管住学生的课外时间。但是学生在校外一旦出现安全事故，学校就有可能被要求承

担责任。民办学校还能够将学生的课余时间安排得满满的，既可用于学生学习，也可以保障学生安全。

其次，民办学校的家校沟通制度较为健全。在公立学校，家校沟通制度建立较好的是城区较好的中小学，并且与学校沟通较顺畅的主要是家庭条件较好的家长，普通家庭的家长没有时间、精力、能力及意愿进行家校沟通。有的家长即便是老师打电话来沟通也很不耐烦，他们认为把学生放到学校就应该由学校负责，学校就不应该打搅家长。但是民办学校与家长的沟通非常及时和有效。这与民办学校同家长的关系性质有关。民办学校在与家长打交道的过程中处于卖方市场地位，居高临下，有优越性，他们要联系和沟通家长，要家长参与和配合学校相关事务，往往带有强制和命令性质，家长必须“服从”。大部分家长将子女送进民办学校是付出了不小代价的，因而对子女的期待较高，也乐意配合学校和班级的管理。因此通过家校联合与沟通，对学生的在校行为和在家情况就可以及时监管和反馈。

最后，民办学校对市场需求回应性比较强。民办学校在市场中求生存和发展，对教育需求较为敏感，并能够在第一时间予以回应和满足。譬如，公立学校下午三四点钟就放学了，在城镇务工的农村家长无法在这个时间去接子女放学；公立学校老师要求家长对子女的作业进行辅导和批改，但是大部分农村家长没有这个水平、时间和精力；公办学校弱化学校教育，强化家长的责任，但是农村大部分家长对子女学习和教育无法承担责任；现在社会上普遍提倡素质教育，大部分农村公立学校无法提供，只能家庭在课外时间去搞培训，但农村家长既没有足够的经济条件到市场上去购买，也没有那么多时间陪子女参加课外培训；农村青壮年劳动力大量外出务工，又无法将子女带在身边接受教育，因此只能将他们留在农村公立学校就读，他们非常担心子女非在校时间的学习与安全，等等。农村家长在这些实际情况下就会对教育有特殊的需求，公立学校按照上面的制度和政策规定来办，制度设置较为僵硬，灵活性不强，对社会的教育需求也没有满足的动力和责任。民办学校在教学管理、学校秩序、教育内容、班级安排、课程设置等方面对农村家长的上述需求给予了充分满足。譬如民办学校实行寄宿制度、晚自习制度就解决了农村家长对学生安全问题、接送问题、学习时间等方面的要求；在课程设置上，民办学校尽可能开设素质教育课程，并在广告中大肆宣传；民办学校在校内开设文化课的课外培训，不需要家长陪同，费用也较校外低，解决了农村家长对子女文化培训有需求但没有时间陪同的问题；民办学校对学校秩序的维系较为严格，班主任、年级组长及普通老师都有维护校园、宿舍、食堂秩序的责任，满足了家长对学生安全问题的需求；在班级设置上，民办学校可以巧立名目设置快班和慢班，将好生和差生隔离开来，满足了学生成绩较好的家长对子女更好发展的需求；等等。

总之，民办学校的发展以市场需求为导向，以解决家长关切为准绳，其制度设置较为灵活，因时而变，因事而变，能够很好地跟市场对接，回应市场需求。

五、小结

公立学校讲究公平，学生招生以学区为主，不能对学区内的学生进行三六九等的差别对待；民办学校则追求效益，招生的选择性较大，既可以挑选成绩好的学生，也可以依据家庭条件来招生。公办学校在管理上属于教育科层制的一部分，讲究服从和按政策办事，追求所谓素质教育和快乐教育，对学生“减负”较为推崇；民办教育通过准确回应市场需求追求效益最大化，很好地弥补了公立学校弱化学校教育后产生的教育市场空间。民办学校的优势不外乎三点：一是它继承了公立学校的优良传统；二是对教育市场需求敏感；三是制度安排灵活有效。反观民办学校优势，公立学校改革应向何方？

2018 年 5 月 3 日

第 六 章

校园欺凌与学校惩戒权

农村校园欺凌是怎么发生的

家庭隔代抚育中的“不过问”逻辑导致家庭教育主体无法扮演相应的角色，农村交往中的“不得罪”逻辑带来了社会主体在小孩成长教育中的缺位，而学校官僚行政中的“不出事”逻辑则使得学校在一定程度上退出对学生的成长教育。三者角色的缺位共同构成当前农村校园欺凌现象发生和增多的结构性因素。

一、农村校园欺凌的特殊性与普遍性

农村校园欺凌应该受到关注，因为农村校园有其独特性：农村是乡土熟人社会，教师和学生一般为本乡本土人；农村校园有很大一部分学生属于留守儿童，他们的父母在外打工，祖辈成为他们的主要看护人；农村学校在学校管理和教学质量上相对比较落后，教师除教学任务外，还要负责农村家务和农务；农村校园是开放式的，欺凌现象既可以发生在广阔而隐蔽的校外，校外辍学人员亦可进入校园实施欺凌；农村学生有自己的村落、宗亲成员，欺凌者和被欺凌者都可以将同村同族的学生乃至成年人引入欺凌事件中；等等。这些因素都影响农村校园欺凌较城市校园欺凌在形式、频度、强度上都会有差别。从调查来看，农村校园欺凌的发生率正快速增长，很多欺凌者与校外青少年混混勾连在一起，使校园欺凌带有团伙化特征。

南方某校是中小学校，设一到九全部年级，传统小学部有 15 个班，初中部有 5 个班，每个班 60 人左右。笔者于 2016 年底在该校调查，访谈了该校的校领导、班主任和部分科目的老师以及部分学生，包括校园欺凌者和被欺凌者，收集了相关数据和案例。从调查来看，该校从 2010 年到 2015 年比较严重的校园欺凌事件呈上升趋势，并以群体性欺凌为主要特征（详见表 6-1）。

表 6-1　某学校 2010—2015 年校园欺凌发生率

年份（年）	学生数量（名）	校园欺凌事件	
		教导处记载（件）	发生率（%）
2010	1356	17	1.25
2011	1279	19	1.49
2012	1215	23	1.89
2013	1168	24	2.05
2014	1153	24	2.08
2015	1037	25	2.41

二、家庭教育中“不过问”的隔代抚育逻辑

家庭是中小学生的“初级群体”，具有社会化、情感及社会控

制的功能。社会控制的功能即为教化的功能，是指家庭为其成员提供基本的价值观和行为规范。但是，在广大中西部农村，越来越多的农村剩余劳动力流入城市，有一部分孩子随父母进入城市，但更多的孩子还是继续留在农村，跟随自己的祖父母、外祖父母或其他亲戚朋友一起生活。由“留守老人”和“留守儿童”组成的留守家庭，是形式和功能都残缺的家庭，它使家庭成员间缺少经常性的面对面的交往，也使得代际的情感联系难以维系，更重要的是留守家庭在社会控制的功能上无能为力，因而难以在中小学生的成长中扮演教化角色。

留守家庭社会控制和教化功能的缺失，主要表现为在隔代抚育中，祖代对孙辈成长教育的“不过问”逻辑，从而导致家庭教育主体缺位。家庭教育主体缺位则是农村中小学校园欺凌事件发生的第一位的因素。

“不过问”逻辑，是指祖代（爷爷奶奶、外公外婆等）作为隔代抚育的主体扮演的是“慈祖”的形象，在孙辈成长过程中对孙辈的任何行为都放任自流，不做是非对错等规范性的要求和如何行为等原则性、操作性的指导；相反，对于孙辈对自己提出的任何事项和要求都不问缘由地予以满足；祖代与孙辈之间缺乏实质性的话语交流和情感沟通。祖代只注重满足孙辈衣食住行等方面的需求，而不注重情感、道德、规范、知识等方面的教育，尤其是对孙辈在成长中表现出来的“问题”与“过错”，往往采取睁一只眼闭一只眼的“不过问”乃至回避的态度，从而使得孙辈的言行过失在家庭中得不到及时矫正，并可能在祖代的“纵容”下不断放大。

祖代对孙辈的“不过问”逻辑主要表现为“溺爱”和“不闻不问”两个方面。溺爱就是祖代对孙辈百依百顺，什么都依着孙辈，满足孙辈的生理需求，孙辈要什么就给什么、买什么（吃的、喝的、玩的、穿的等），对孙辈的要求从来不会拒绝。祖辈生怕孙辈吃得不好、穿得不好、玩得不好，还生怕孙辈受了委屈、吃了苦、遭了罪，尤其是生怕孙辈吃的、玩的、用的比其他小孩差。祖代会在各个方面极力创造条件给予孙辈以满足，在各方面予以无微不至的关爱。当然，更舍不得打骂，即便是温和的教育也生怕孙辈受到伤害。“惯着”“顺着”“依着”“宠着”和“捧着”是祖代照顾孙辈最主要的行为策略。

案例 6-1　刘显贵老人和他的孙女也属于隔代养育，由于老人对孙女的性格和习惯养成不重视，也没有向孙女好好讲道理，使得在家里情况那么困难的情况下，孙女还是不懂事。在父亲患上大脑胶质恶性肿瘤，爷爷患上肺气肿，家里没钱给他们看病，且母亲又与父亲离婚并出走的情况下，孙女还找老人要手机，“老人机”还不要，一定要智能的。老人最终还是依着孙女花了 1100 元去给她买手机。

溺爱首先是祖代因血缘联系而对情感的自然流露，是对孙辈表达祖代“爱”的一种方式，因为孙辈是自己的孙子孙女，所以什么都想给予他们最好的。祖代的溺爱还有两重考虑。一重考虑是“讨好”孙辈。受访的祖代认为，孙辈五六岁以后就已经有了记忆，而且小孩的记忆是选择性的，你对他（她）一千次好，只要有一次骂了他、训了他，或者有一次没有满足他的要求、忤逆了他的个性，他就会记住，认为你对他不好，会把这个仇记一辈子。所以要对他好就要一直对他好，这样，“他就会记得小时候爷爷奶奶对自己好，长大以后就会有孝心，会来看你、来关心你，你病了会给你端茶倒水”。因此，为了自己以后不被记恨、有孙辈孝顺，就得现在宠着孙辈。尤其在当下农村孝道衰弱的大环境下，孙辈能够隔代记住自己的“好”、孝顺自己是农村大多数老人最后的愿望。

案例 6-2　67 岁的香花老太太对笔者说，她现在都记得自己小时候奶奶对自己很凶，动不动就又打又骂，所以直到现在都对奶奶印象不好。等到自己有孙子的时候，香花老太太就记住了这个教训，她照顾孙子时就不打、不骂孙子，孙子要什么都给他买。她儿子媳妇外出打工前交代过她不能给孙子买零食吃，但是只要孙子想要吃什么，她就会去买什么，而把儿子媳妇的交代当作耳边风。香花老太太对此解释说，我要是不给他（孙子）买东西，他长大了就会恨我得要死，而不是恨他爸妈，我为什么要去讨他的恨呢。

另一重考虑是“做给儿子、媳妇看”。在各种行为上溺爱孙辈，祖代的苦心还在于要将自己对孙辈的态度展示给自己的儿子、媳妇看。儿子、媳妇将小孩交给老人看管，小孩在老人那里过得如何（有没有吃好、喝好、穿好、受到关爱等）；老人有没有辱骂、虐待小孩；老人有没有亲自送小孩上学（安全与否）；老人有没有关心小孩的学习（买学习用品）；老人有没有看护好小孩不被人家欺负；

老人有没有偏心（同时看护多个子女的小孩）；等等。这些都是在外务工的年轻夫妇十分关切和第一时间想要知道的。老人对小孩的态度，是儿子、媳妇（尤其是媳妇）今后如何对待老人的重要考量指标。为此，老人希望给儿子、媳妇留下一个好印象，至少不能让他们觉得自己亏待了他们的小孩。儿子、媳妇虽然知道老人对小孩溺爱不好，这样不仅会惯坏小孩，还使小孩难以完成正常的社会化（会养成许多小毛病），但是老人溺爱和宠爱小孩，至少说明老人对自己的小孩好、没有偏心。所以他们会坦然地接受老人对小孩的溺爱，不会因此埋怨老人，更不会对老人产生怨恨情绪。同时也会记得老人的"好"，在以后赡养、照顾老人时就不会找各种理由来"搪塞"。相反，如若老人对小孩过于严格、苛刻，什么（吃、穿、住、行、玩、医等）都舍不得给小孩买，甚至有时会打骂、教训小孩，年轻夫妇尤其是媳妇就会认为老人对小孩不好，进而会认为是看不起自己，由此产生对老人的不好印象，甚至记恨老人。特别是在老人同时看护多个子女的小孩时，子代会比较老人是否偏心，一旦觉得自己的小孩在老人那里没有受到平等的待遇，就会对老人怀恨在心，返乡后会找老人出气。

"不闻不问"亦是如此，是指无论孙辈提出什么要求老人都无条件地满足，对孙辈的任何言行一概睁一只眼闭一只眼，不做价值判断，不予以纠正，而是放任自流、任其发展。因为老人知道，只要指出孙辈言行上的是非对错，或是对其进行严加管教、责备和训斥，都会违背孙辈的意志，招来孙辈的反感，从而与其发生冲突。

为此，孙辈不仅会记老人的仇，上了初中的孙辈还可能与老人对着干、出手殴打老人。重要的是，孙辈还会添油加醋地向自己父母告状。在信息不对称的情况下，在外务工的年轻夫妇更愿意相信自己的小孩是不会撒谎的，从而置老人于不利地位，简直百口莫辩。所以，老人看管孙辈一般不敢打、不敢骂、不敢说狠话，说话重点、大声点都怕传到儿子、媳妇那里去就变了样。为了不给孙辈告状的由头、不给儿子和媳妇留下无端指责的“把柄”，老人最好的态度就是对孙辈的言行装聋作哑。

案例 6-3　醉次长到十五六岁时，跟父母待的时间不超过一年半载。他出生不久父母就南下打工了，一直是奶奶和外婆带大，即一段时间在奶奶家，一段时间在外婆家。2014 年底的时候，16 岁的醉次背着菜刀追赶他外婆，嘴里还喊着“杀掉她老娘再杀掉她女儿”。之所以嚷着要先杀掉自己的外婆，再杀掉自己的母亲，是因为他外婆将他在农村做的各种丑事、坏事都打电话告知了他远在广州的母亲，让他隔空挨了一顿臭骂。就因为这事，他要报复自己的外婆，把外婆追得东躲西藏，最后逃到别人家的楼顶上才躲过了砍杀。从这以后他外婆更“老实”了，好坏都不再说醉次的事情了。

案例 6-4　60 多岁的国婶和老伴在家带着一对孙子女和一个外孙女，孙子 8 岁，孙女和外孙女都 6 岁。三个小孩的吃喝拉撒玩和读书都由他们老两口负担，女儿有时候会寄些钱过来，儿子、媳妇则从来没有表示过。老两口尽量一碗水端平，吃穿玩的都是一式三份。有次上街买了蛋糕回来，也平均给小孩分配了，但是孙子吃得比较快，吃完后就找另外两人要，由此发生了孙子与外孙女的打架。国婶说了孙子不该抢妹妹的蛋糕。小孩为争食打架本来很正常，但是后来孙子跟母亲通电话时却有鼻子有眼地说爷爷奶奶只给某某（外孙女）买蛋糕，不给他和妹妹买蛋糕，还打了自己。等孩子的父母回家后，就找茬向国婶撒气，说国婶只顾女儿家的，不顾孙子、孙女。国婶一肚子的委屈说不出来。

祖代在孙辈的抚育上扮演的是“慈祖”的形象，他们照顾孙辈的最佳策略是溺爱和对他们的言行不加管束，这便是隔代抚育中的“不过问”逻辑。从调查来看，“不过问”逻辑的深层原因主要有两个方面。一方面，祖代自身知识结构欠缺，他们对现代教育的知识体系和方式方法无所认知，知识结构和知识体系陈旧老化，跟不上时代要求，不仅在子代那里通不过而无法施教，甚至难以在孙辈面前获得教育的权威。有这么一个典型案例，读小学的孙子跟奶奶一起生活，一次他让奶奶闭上眼睛，他报数学题让奶奶计算，结果奶奶不能马上答上来，孙子就说：“你都不如我，你不能当我的老师。”自然奶奶说的任何话在孙子那里就不起作用，管教也就无从谈起。另一方面，也是最深层的方面，是农村家庭代际权力结构的变化，家庭权力的天平由父代向子代倾斜，老年人在家里不再拥有绝对的话语权和威望。为了使自己的老年生活过得顺畅，不受子代的“气”，他们在带孙辈时就必然战战兢兢、如履薄冰，不去得罪孙辈，反而要讨好孙辈，把对孙辈的“好”做给儿子、媳妇看。

隔代抚育的“不过问”逻辑加深了留守儿童的“问题化”。首先，在学习方面，由于缺乏父母的监督，留守儿童自觉性相对较差，上课、作业不认真，逃学和辍学的情况较多，有不少人早早地就跟人“打遛”“混社会”。其次，在品行规范方面，由于他们正处于身心迅速成长时期，缺乏对事物正确与否的判断能力，而父母又长期不在身边，他们得不到父母及时的亲情、照顾和教育，缺乏正确的引导、适时的监督和矫正，很容易受不良信息和行为的负面影响。最后，在心理上，留守儿童因为常年缺少家庭的亲情关怀，心理上很容易出现问题，如孤僻、对父母充满怨恨、被遗弃感、盲目反抗或逆反心理等。作为抚育主体的祖代在“不过问”逻辑的指引下，即便被告知、了解和知晓了这些问题，甚至深知这些问题的严峻性，他们也无法做出正确的行为选择以阻止或矫正事态的发展，那么这些问题就会逐渐“长大”，成为留守儿童成长过程中的问题，甚至成为社会问题。

案例6-5　曾翠是00后，父母在外打工，跟爷爷奶奶一起住，五年级后在学校寄宿，每周五回家，周日去学校。13岁上初中以后便产生了厌学的情绪，经常逃课跟辍学的高年级男生混在一起，还跟这些人回校殴打、勒索同学。上初二之后经常连续几个星期不去上课，老师只好打电话让她的父母去找。父母从打工地点回来找到曾翠后，她在家待了几天又跑了，不知去向。这样折腾一两年之后，父母也失去了耐心，就不管她了，她也就从初中自动退学，彻底成为到处“混”的人。2016年下半年，不到16岁的曾翠怀孕了。曾翠的父母甚至不知自己的女儿是跟谁怀的孕。

正是在此背景下，步入小学初中的留守儿童很容易成为校园欺凌事件中的欺凌者和被欺凌者。而在欺凌者中，留守儿童的占比竟然高达 80%，这确实与家庭教育主体的缺位有较大的关系。一方面，祖代对留守儿童的价值规范包括是非对错、黑白善恶等缺少正面教导和行为指引；另一方面，祖代放任留守儿童暴戾、骄纵、蛮横、霸道、偏执、忌妒、自私等性格的生长，而不加以规训；再一方面，当留守儿童出现行为过错时，祖代不能及时更正，亦不能与学校取得良性互动、共同解决问题，更不会主动去了解孙辈在学校里的学习和生活状况；等等。

案例 6-6　案例 6-3 中提到的醉次是典型的留守儿童校园欺凌者，从小调皮捣蛋，在村里经常以大欺小和欺负女孩。读初一的时候就长得又高又壮了，经常跟四五个已辍学的高年级学长混在一起，在学校敲诈勒索、收保护费、偷自行车贩卖、调戏女生等。学校里的学生和老师都对他恨得咬牙切齿，却没有任何办法。只要是他看不顺眼的同学，他就动手打，打到自己舒服为止。有一次将一个不愿意给他保护费的同学打伤，使后者住院缝了十多针。还有一次他将前座女生的头发给点燃了。每次犯事之后学校要找家长，他就把外婆找过去（奶奶已经 70 多岁走不动了），到学校后外婆也很无奈，跟校长、班主任说，这么大的孩子我也管不住了。后来学校也就不再找他的家长了。正如案例 6-3 所说，外婆将醉次的丑事打电话告知他父母后，醉次就背刀追砍。外婆索性也就不再管醉次了。醉次初一没读完就辍学了，他对笔者说，不想在学校里浪费青春。

三、村庄教育中“不得罪”的社会交往逻辑

社会作为教育主体在中小学生的成长过程中亦扮演着重要的角色，它既可以是抽象的“社会风气”的熏陶浸染，也可以是多元社会主体直接的规训教化。在农村，社会教育主体就是村庄。农村中小学生仍有很大一部分时间是生活在村庄里，接受村庄的教化和熏陶。村庄是农村小孩社会化的重要场所，它作为一个整体对本村庄的中小学生的道德品行、文明礼仪、规矩规范等的形成起到关键作用。相对而言，当村庄风气和正面教育得当时，生活于其中的中小学生就整体表现得较为懂礼貌、有品行；当村庄的风气不正、教育不得当时，其中小学生就整体表现得较为飞扬跋扈、品行不端、不讲秩序和规范等。在村庄教育中的“不得罪”逻辑是后者的主要表现，它使得农村中小学教育中的社会主体缺位。而社会主体缺位则是支撑农村校园欺凌现象不断增长乃至极端化的很重要的一个方面。

大概在2000年以前，村庄作为一个相对封闭的功能和伦理共同体，村民之间既相互比较、相互竞争，又在生产、生活和交往上相互帮助、相互提携，同时人们还共同遵守和践行着村庄的基本道德伦理和规矩规范。正是基于村庄公共规则基础之上的村民交往，才使得村庄成为伦理性共同体和农民的心灵归属。在村庄里，村民

之间是休戚相关、荣辱与共的，一方面，当村庄风气不好的时候，个体村民会受到其他村庄人的鄙视，也会被认为缺少道德品行，不被他人信任；另一方面，个体农民的品行也会影响到其他人对村庄整体和其他村民的评价。也就是说，在村庄里，没有超越村庄和其他村民的个体，也没有不与个体发生关系的其他村民；个体的事情就是村庄的事情，任何村民的事情概与其他村民息息相关。所以，在中小学生教育中，某个小孩出现了道德品行问题，如辱骂老人、殴打同学等，并不仅是这个小孩家长、家庭的个体问题，也是村庄和其他村民的问题，那么其他村民为了村庄和自身的荣耀与声誉就会出面教育这个小孩和他的家长。而这个家庭也不能把自己小孩的问题视为与村庄、其他村民无关（不需要他人管闲事），而是要正面接受村民的指责和教育。在这里，村庄的公共规则发挥了作用，村庄舆论得到了正面的引导，每个人和家庭的言行都会得到村庄的拷问和评头论足，错的就要敦促纠正，对的就会得到赞扬。那些在村庄里敢于“黑着脸说直话”、勇于指出村庄的不正之风、善于评理论事等不怕得罪人的人，会成为村庄有权威、说话有分量的人物。而那些敢于冒犯村庄规范且不予更正的人，会遭到村庄集体的排斥，没有人（敢或愿意）跟他们交往，从而导致他们的“社区性死亡”。因此，在这个时候，村庄在中小学生教育中发挥的是正面作用，中小学生的健康成长相对会较好一些。

案例 6-7　笔者曾在湘南水村调查到这么一个案例，在 20 世纪 90 年代中后期，水村一个 20 多岁的年轻人一向游手好闲，经常因在外偷东西而进派出所，为村里人所不齿。某夜竟然偷了本村一户人家的耕牛。被查出来后，觉得没脸在村庄中生活便喝药自杀了。这是典型的冒犯了村庄规范后导致的“社区性死亡”。当时村里人并没有对他的自杀感到惋惜，而是认为他不自杀还有什么路可以走。

但是随着社会的变化和发展，农村逐渐生发出一种“不得罪”的行为逻辑，就是在村庄的社会交往中，村民放弃对交往对象的言行进行村庄伦理和规范的考究，采取“中立”和去道德化的态度与之交往，目的在于不得罪对方并从双方交往中获得收益。针对本村庄中小学生的言行亦是如此，人们采取“不得罪人”的策略，对他们违反村庄公共伦理和规则的言行视之不见、充耳不闻，既不愿意站出来当面评头论足、指出错误，也不再在背后戳人家脊梁骨，形成村庄舆论。因为只要你站出来说真话、讲道理，人家事主就会认为你在“造谣”、说人家的坏话或管人家的闲事，从而对你有意见，把你“打入另册”，这样你也就把事主给得罪了。在过去做得罪人的事情是会得到村庄的普遍同情和支持的，现在无端去做得罪人不讨好的事，则会被村庄其他人认为是“傻子”，是吃了饭没事干管闲事的人，得不到村庄舆论的支持。所以，为了不得罪人、不当“傻子”，遇到违反村庄公共规则和伦理的人和事，最佳的策略就是保持“缄默”。

在关于中小学生不当言行上，村庄的“不得罪”逻辑主要表现在以下几个方面。首先是他人小孩的不当言行不再认为与自己有关，这是一种心理上的改变。过去主要是村庄内的中小学生在外打架、斗殴、吃喝嫖赌等，村庄内部每个人都会觉得脸上无光，尤其是其他村庄的人在跟自己谈起这些事情的时候，就会觉得整个村庄的脸都被丢尽了。村庄中与犯事的小孩血缘越近的人（如同一五服、家族、房头等），越会感到羞愧与耻辱，认定自己也有一份责任在里面，觉得是自己和村庄没有教育好的结果。因此越会有教育和规训的责任感与紧迫感，从而不会怕得罪人。相反，如果村庄里出了一个有出息的年轻人，全村庄、全家族都会觉得很荣耀，所谓“鱼大塘里出”，每个人都觉得自己有份功劳在里面。但是现在人们不再将他人的事情当作自己的事情了，不再把村庄的“丑”当作自己的“丑”了。人家小孩的好坏都与自己无关。这样就使得人们不再觉得自己“有责任”把这个事情给扭转过来，以纠正犯事小孩的不当言行。这种对村庄和村庄其他人的“责任感”的丧失，亦即对村庄事务“事不关已，高高挂起”的态度的产生，是村民不得罪逻辑产生的心理基础，即“人家的事情我何必要去操闲心呢”。

案例6-8　陈归朝读小学五六年级时就长得人高马大，经常欺负其他同学，包括用力拧同学的皮肉、敲打同学的头、拉扯前座女同学的头发、强行借同学的钱不还、围殴不听他话的同学等。他在六年级时喜欢上了学校一个成绩好、长得漂亮的“校花”，经常写信骚扰、当面威胁，使得该女生产生了严重的心理阴影而不得不转学。前两年，因犯盗窃国家电网罪被判重刑。说到此人的问题，他叔叔、族人都不认为陈归朝走到这一步与自己有任何关系，只认为与他父母没有教育培养好有关。陈归朝的叔叔说，“他是他，我是我，他的事情我没有责任，我管不着人家的事，只要我自己不偷不抢就行了”。在他们的观念中，自己的事与别人的事已分得非常清楚。

其次是不去说人家的事。既然内心觉得对他人、对村庄没有了“责任”，也就不再扮演得罪人的角色，也就不会去指出犯事学生及其家庭的错误、不再敦促其回归正轨，从而使得村庄内部难以产生正面的舆论和强有力的道德感。同时，对事主家庭来说，自己家出的事情是自己的家丑，与其他人没有关系，应尽量捂住家丑不外扬，更不希望被人家“说三道四”，使自己的脸无处可搁。对待那些敢于说事、指出错误的人，事主认为是故意搬弄是非、“出风头”“管闲事”，因而会怀恨在心，甚至会伺机打击报复。这样，既然当面指出错误、背地里戳脊梁骨得不到村庄公共舆论的支持，事主家庭又不希望你说出来，那么这种得罪人不讨好的事情也就不再有人做了。“为什么要去得罪人呢”“得罪了人又得不到好处”，成了村民对待不良言行的第一反应，“三缄其口”则是他们的行为表现。据笔者调查，现在农民在一起聊天都不谈村里的、身边的事情，而是讨论与村里没关系的国际国内大事；在一起打麻将基本上不说话，专心致志的程度令人惊讶。原因就在于只要一说村里的家长里短、是非曲直、臧否人物等就会带来矛盾和纠纷，让自己处于被动。与其如此不如不说，免去了不少麻烦。

案例6-9　笔者在某乡镇中学调查到这样一个案例，一个十几岁的男中学生，不仅跟学校外边人员一起吸毒、嫖娼，还经常带人到学校欺负、勾引、性侵女中学生。此人的行为传遍了他所在的村庄，但谁都不知道他的父母是否知道。一次村庄几个妇女谈起此人的事情，另一个妇女赶紧制止说，“不要到外边去说，人家听到了会骂”。这里的“人家”就是指该中学生的父母。“会骂”说的就是该父母听到人家说自己儿子的坏话后会给予报复。为了不被骂、不被记恨，只有不去说、不去传。

再次是村民不再断绝与犯事而不纠正错误家庭的社会交往。断绝来往，致使其“社区性死亡”是对一个农民家庭最大的惩戒。但是现在无论小孩犯了多大错误、家长多么护短或者不闻不问等，即便这些行为已经严重影响了村庄的声誉，村民也不会对这样的家庭给予排斥、给脸色看，不与之交往，当着面或背地里说坏话，使之在村庄里成为“臭人”“过街老鼠”。相反，村民会当作什么事都没发生过继续与之进行正常往来，包括交谈、娱乐、互助、人情往来等。这样做的结果是，事主家庭的生活、生产和社会交往没有因小孩犯事而发生任何改变，他们因此感受不到任何来自村庄的压力，进而认识不到小孩和自己不当或错误言行的严重性，也意识不到要改正的紧迫性，也就不会去改正。

案例 6-10　还是醉次的案例。醉次的奶奶是个很护短的人，她只希望人家说自己家孙子好，不乐意人家说孙子的“坏话”，即便人家好意给她提醒、提意见，她也不高兴，甚至会数落人家，更见不得人家直接批评、教育自己的孙子。甚至自己的亲家提到这个外孙背刀追赶自己的事，醉次的奶奶仍然护着孙子，说是亲家的不是，意思是亲家不该去告孙子的状。村里其他人都怕这个老太太反咬自己一口，也就不再说她孙子的事。但是村里人并没有因此不与老太太交往，而是尽量小心不触碰她的底线，维持着“你好我好大家好”的局面。越是如此，老太太就越护短。

农村之所以会出现“不得罪”的社会交往逻辑，与以下两个方面的变化有关系。一是农村家庭的核心化和原子化程度加剧，农民的“自己人”认同圈从过去的宗族、房头和大家庭转变为核心家庭，宗族血缘观念淡化，核心家庭越来越成为农民唯一的认同与行动单位。为此，农民更加在乎自己核心家庭的事情，而不关心与之无关的事情，不愿意为了他人的事情而做得罪人的事。二是随着村庄的日益开放、人口流动和市场经济的发展，村庄共同体快速瓦解，村庄里具有公共性的规则和伦理不再为人们所遵守，而违反这些规则的人也得不到相应的惩戒。村庄里站出来说公道话、讲道理、“出风头”“管闲事”的人越来越少。这意味着，村民之间的交往不再具有公共性，而是越来越私人化。私人化交往的目的不在于强化村庄的伦理规范、是非对错和政治正确，也不具有道德感和正义性，而是构建和增进私人感情，强调不制造私人矛盾、不伤和气等。

农民“不得罪”逻辑的直接后果是导致农村小孩的社会教育主体缺位，他们在成长过程中的不当言行得不到村庄的制约与规训，使他们在村庄一环的社会化中无法得到正确价值观、人生观和规则秩序的熏陶与引领。同时，村庄对小孩的家庭也不再构成压力，使之对小孩给予符合村庄要求的规训，小孩在村庄的成长教育越来越成为家庭的私事，家长（尤其是外出务工的父母、隔代抚养的祖代）因此更容易也更可能疏于对小孩的正当管束和教化。进而，在农村校园欺凌事件中，村庄这个角色完全隐匿了起来，村民对本村庄小孩的欺凌行为无动于衷，表现为冷眼旁观，甚至是持看笑话的心态。这在另一个意义上是对农村校园欺凌行为的姑息与纵容。

四、学校教育中“不出事”的官僚主义逻辑

学校作为“次级群体”，是学生成长过程中最重要的教育主体，也是他们形成规则意识、道德品性、人格结构、思维方式等最重要的场所。同时，学校还是学生心目中裁断是非对错、善恶美丑等最权威的机构，相较于父母和家人，他们更愿意接受学校和老师的说法。对学生来说，学校除是接受教育和社会化的场所外，它还具有重要的规训和惩戒的功能。对于违反校纪校规和社会伦理规范的学生，学校有责任和义务通过教育和惩戒措施予以矫正，将学生带入正途。在农村，传统的惩戒措施包括辱骂、体罚、罚款以及开除等，用现代教育的眼光来审视，这些措施确实具有不正当性。但现在问题是，当这些惩戒措施被抛弃的同时，农村中小学走向了另一个极端，即对违反校纪校规和社会伦理规范的学生，包括严重的、经常性的校园欺凌者，已不敢给予惩戒和规训，甚至有时正常的管教行为也无法进行。在农村学校的学生管理中，普遍盛行着“不出

事”的官僚主义逻辑。农村校园欺凌现象的增多与该管理逻辑的流行关系密切。

所谓“不出事”的官僚主义逻辑，说的是在农村中小学管理中，学校管理层面对学生的调皮捣蛋、欺凌同学、违法乱纪等言行，为了不使这些学生把事态闹大或出更大的问题而被上级政府或管理部门知晓，不敢给予他们正常的管束和惩戒，而是采取和稀泥和息事宁人的办法，把大事化小、小事化了。农村学校“不出事”逻辑的出现，与当前整个基层治理中高压维稳有关系，安全和信访问题上“一票否决”给基层教育管理者和学校带来了巨大的压力，也与学校更多地注重学生智育和应试教育（合格率、升学率等），而忽视学生的德育和规则教育也有关系。农村学校管理的“不出事”逻辑是典型的消极、不作为的行政逻辑，主要表现在两个方面：一是学校管理层没有责任担当；二是一线教师担不了责任。

就第一个而言，学校管理层为了确保正常的教学秩序和维稳工作，保证学校不出影响社会稳定的事故，从而不被上级政府问责，在出现学生校园欺凌、打架斗殴、违反校纪校规等事件后，不是勇于承担责任，按照相关规定进行严肃处理；而是怕事态进一步发展到难以收拾的程度，或者出现更严重的事故，进而被上级问责，所以对相关事件和学生采取消极对待及“花钱买平安”的方式给予处理，或者是将责任推给班主任和普通老师，从而使事件得不到合情合理合法的解决，使相关责任人得不到应有的处理。“怕出事”的背后就是“怕担责任”。在校园欺凌事件中，学校管理层推卸责任的做法一般如下。一是对一般性的校园欺凌事件睁一只眼闭一只眼，当作没看见、不知道，最多口头制止；而对比较大、比较严重的欺凌事件则采取“拖延”“捂盖子”的策略，只要被欺凌者不再找到学校，或者闹得不是很激烈，就搁置不处理。二是对那些找到学校要“说法”的被欺凌者家长，则采取花钱买平安、息事宁人的方式冷处理，使事态尽早平息。三是尽量不采取切实措施处理那些校园欺凌者，因为一旦处理，一方面是害怕这些学生做出更出格的事情来，比如联络社会上的灰黑势力对学校领导和老师进行打击报复，或者是对被欺凌者更加严厉的欺凌。笔者调查的几所学校近年来都发生过本校学生集结校外势力对班主任或任课老师实施肢体报复，口头威胁的则时有发生。另一方面是唯恐欺凌者负气自杀或者威胁跳楼。欺凌者一般性格刚烈，极有可能在被处分后做出极端的行为，同时他们也敢于和惯于用自杀作为威胁，迫使学校和老师步步退却。无论哪一方面都会使事态扩大，使学校在维稳上“出事”，而出现学生的“人命案”是学校最大的安全事故。四是在学校建围墙和增设门卫，防止学生与社会上混混等势力串联进入学校欺凌滋事。但农村学校没有足够的经费请年轻保安当门卫，为了节省开支，多数是返聘退休老师当门卫，而退休老师因年老体弱或不愿多事而难以抵挡混混进校。

案例 6-11　杨慧雨的父母常年在外打工，她由爷爷奶奶带大。她是个非常蛮横的校园欺凌者，虽身材瘦小，个头不高，但性格暴戾，从小村里的小孩就不愿意跟她一起玩。在中心小学读书的时候就经常欺负其他女同学，还把男同学打得头破血流。小学毕业后转到县八中读初中，一进去便跟人搞起了团伙，不仅带人回到中心小学来打人、勒索，在八中作为“大姐大”也让其他同学闻风丧胆，成为学校和老师心中的“鬼见愁”。她既在班主任面前威胁过跳楼、拿刀割腕，也跟校长叫板，虽然有多次严重的欺凌行为，但是学校毫无办法，没有给予任何处分。直到2016年下学期，杨慧雨纠集一伙人将班上一个同学殴打至几乎致命、住了几个月的院，她自己也被拘留，在全县舆论影响很大，学校方才下决心将她开除。

就第二个而言，学校管理层级没有责任担当，就希望将管理责任下移至教师层级，让一线教师来承担管理责任。也就是说，学校管理层级为了不出事、出了事也不担责任，就把更多的责任压到教师层级，希望通过加强一线班主任和授课老师对学生的日常管理工作，来杜绝相关事件的发生，同时又不承担他们在管理中出现问题的责任。学校管理层在学生面前“做好人”、扮“红脸”，让一线老师“做坏人”、扮“黑脸”。但是农村一线教师更没有能力承担学生管理的责任，原因如下。一是当前农村中小学教师的地位和待遇都相对较低，被污名化的问题十分严重，不仅农民认为“没有本事的人才留在农村当老师”，而且连学生都瞧不起老师。农村教师在学生和家长面前树立不了权威。一位年轻的初中老师在访谈中介绍说学生经常跟她开玩笑，“老师，你一个月工资2000块钱不到，我现在出去打工也不止你这点儿工资，你这么负责干嘛？管好自己就行了”。农村老师从教师职业中获得不了尊严和成就感，职业精神弱化，师生之间感情淡薄，不愿意花过多的精力和时间在与学生的沟通上。二是农村老一辈教师正在逐步退出讲台，他们不想在退休之前出问题而导致“晚节不保”，因而不会对学生过于严厉，对学生违反校纪校规的行为也往往视而不见。而新进的年轻老师则一方面没有多少管理学生的经验，另一方面女老师比较多（占85%—90%），难以对调皮捣蛋的学生进行管教，尤其是无法对付跋扈惯了的校园欺凌者。笔者调查了解到，在农村中小学教师中，女老师是受到学生威胁和恐吓最多的群体，甚至有的女老师遭遇过初中男生的性骚扰。三是农村老师尤其是年轻老师还要照顾家里的老人和小孩，有的老师甚至要耕作农事，他们在课后没有时间和精力可以放在学生的管理上。据农村校长反映，年轻老师（女老师居多）经常一下课就不见踪影，多数是回家带小孩了，即便学校规定不到下班时间不得离开办公室，也很少有人做得到。有不少年轻女老师在上课时间把小孩带到办公室，让其他没上课的老师看护。而“家访”在农村则基本上不存在。四是为了使班上学生不出现恶性的打架斗殴、扰乱学校秩序的事件，许多班主任采取与班上高大威猛的欺凌者、拉帮结派的头头、与外边混混有关系的学生搞好关系的策略，千方百计地讨好他们，让他们不要在学校惹是生非，甚至让最厉害的欺凌者去管其他同学。讨好学生的办法包括给学生买早餐、给学生提供叫醒服务，或者把他们叫到教师食堂一起吃饭、让他们担任班干部，等等，教师们形容这一现象是“老师忍辱负重，学生有恃无恐”。五是一旦在学生管理中出现事故比如学生出走或受伤，需要承担责任，农村教师也承担不起，于是干脆不管。笔者调查到，某学校班主任在教育校园欺凌事件中的欺凌者时，因当场被欺凌者辱骂便一怒之下扇了欺凌者一个耳光，导致欺凌者脑震荡而赔偿了数万元医药等费用，学校没有给他承担一分钱。此事给该校老师的教训是“明哲保身才不会出事”。六是老师作为个体无法抵挡学生对自己的报复，包括言语、精神与肢体的报复。调查中，有的老师反映自己被学生威胁之后，整天担惊受怕，神经过度紧张，生怕在哪个山沟里、树林里、河道边、田埂上就突然被揍、被砍、被推下河了。

案例 6-12　小魏是初二的学生，跟爷爷奶奶住一起，父母在县城做水果生意，父母除每个月打电话关心他的成绩以外，其余概不询问。他从六年级开始就跟一些初中生混在一起，经常在学校附近的村落里偷鸡摸狗，读初中以后就成了学校里最大“帮派”的头儿，在学校里经常打群架、欺负老实巴交和学习成绩不好的学生。2016 年下学期，读初二的小魏在上课时间溜进集体宿舍企图盗走同学柜子里的 300 元现金，被检查宿舍卫生的老师逮了个正着。小魏不仅不认错，还威胁该老师如果敢说出去，就会在老师晚上回村子的路上把他干掉。该老师情急之中扇了小魏一个耳光，后来学校为了保护老师而没有给予小魏任何处分。但该老师仍然很长一段时间晚自习后不敢一个人回家。

农村学校管理中“不出事”的官僚主义逻辑虽然在一时给人“没有出事”的假象和幻象，保住了学校领导的“官帽子”和学校的“优秀”“先进”称号，却遮蔽了深层的问题和矛盾，主要包括如下几个方面。一是越怕出事，就越会出事。学校做好人，班主任和普通老师就不好做人，学校怕出乱子、当甩手掌柜，班主任和老师就不会真去管理。学校管理层“怕惹麻烦”“怕出事”的做法，无论哪种方式都不严肃、都丧失了原则和基本底线，既无法给予被欺凌者基本的正义和法理支持，更无法震慑欺凌者和潜在的欺凌者，甚至助长了学生欺凌者的嚣张气焰，使他们认为即便欺凌了同学也不会受到学校的处罚。受访的校园欺凌者称，能够欺负到人家才是有本事的表现。校园欺凌者从过去在学校被边缘化、被人家看不起的负面角色，转变为校园“高大全”的主流形象。学校老师和学生用“横着走路”来形容校园欺凌者的飞扬跋扈。学校和老师越是怕出事，欺凌者就会越以“出事”为威胁，使得学校更加畏首畏尾不敢管事，欺凌者就越可能制造事端，形成恶性循环。也就是说，学校在校园欺凌中不敢碰硬钉子、处理问题不讲原则，就更会增加校园欺凌的发生率，也就增加了学校“出事”的概率。

二是“不出事”的官僚主义逻辑降低了学校和老师的权威，学生遇到问题不找老师，而是自己解决。学生逐渐认为学校领导和老师是无能和无用的，自己出了问题去找他们解决是一种无能、懦弱的表现，自己能够摆平自己的问题才是能耐。学生自己解决问题的途径不外乎以下几个：辍学或转学，在农村因被欺凌而辍学的较多；把自己变得强大起来，以不受其他同学的欺凌，或者欺凌比自己更弱的同学，这个只有少数案例；比较多的是加入某个“帮派”

群体，成为他们中的一员而受到保护，代价是学习成绩变差、自己变坏、成为欺凌者，同时也使校园欺凌现象增多；还有的被欺凌者在屡受欺凌之后，不是报告老师，而是找本村同族人，尤其是在外混的年轻人进校园摆平事情，更使校园充满了暴力、血腥和学生的不安全感。

三是"不出事"的官僚主义逻辑使得农村学校教育失去了惩戒的功能。惩戒是针对学生不当言行进行批评教育的惩罚性措施，是学校全面教育和学生全面发展的基本内容。但是，在稳定安全压倒一切的压力下，绝大部分农村学校迫于无奈，不敢轻易处分一个学生，惩戒成为农村中小学的"敏感词"和不敢逾越的"高压线"，甚至"谈罚色变"。学校也似乎从农村学生成长教育中退出。

五、小结

上文从农村教育主体结构的视角，主要论述了在家庭、村庄和学校三个主体缺位的背景下，农村校园欺凌现象发生和增多的根源。家庭隔代抚育中的"不过问"逻辑导致家庭教育主体无法扮演相应的角色，村庄交往中的"不得罪"逻辑带来了社会主体在小孩成长教育中的缺位，而学校官僚行政中的"不出事"逻辑则使得学校在一定程度上退出对学生的成长教育。三者角色的缺位不仅无法实现各自的教育功能，而且使得它们无法相互作用形成有机的整体结构，最终导致农村中小学生成长教育的主体结构缺失，主要表现为家庭与学校勾连的中断、村庄对小孩及其家庭监管的缺位，以及学校对农村社会的脱嵌，它们共同构成当前农村校园欺凌现象发生和增多的结构性因素。

家庭、村庄和学校三个主体不仅各自在校园欺凌事件中表现得软弱无力和无以应对，而且三者之间两两关系的非良性发展，更给校园欺凌现象的发生留足了空间。对农村留守儿童隔代抚育的问题之一是祖代从自身晚年生活出发，对孙辈的社会成长不闻不问，更不会主动跟学校和老师联系，询问孙辈在学校的相关情况，即便知晓了相关情况也不会主动联系学校共同解决问题。而在“不出事”官僚主义逻辑的支配下，只要学生在学校不犯大事、不出大问题，学校和老师就不会主动沟通家长，不会去了解学生家庭和学生在家庭里的情况。从而使得家校之间的双向互动不畅，双方都不能综合起来考虑和解决学生的问题，一旦学生成为欺凌者或被欺凌者，也就会被认定为学生个人的性格和本性问题，进而认为是不可救药和不可教化的。在村庄里，村民不再把其他家庭的事情当作自己的事情，也不再认为自己家庭的事情与其他人有关，甚至反感他人说自家的事、指出自家的过错，从而使得村民与村庄、其他村民隔绝起来，互不隶属、互无责任。村民因而不再关心他人的闲事，对其他家庭小孩出现的成长问题包括校园欺凌，也不再会去教育、督促和监管。个体家庭缺少了村庄这样一双整天盯着的眼睛、这样一只叮咬的牛虻，在小孩的成长教育上就会更加有惰性。本来在农村，学校与村庄是相互嵌入、相互支持的，村庄需要学校给自己培养有知识、有德行的子弟，学校则需要村庄输送良好的学习苗子，需要村庄配合学校对学生进行教育，也需要村庄在人力、物力等方面的支持等。但在村庄“不得罪”逻辑、学校“不出事”逻辑的支配下，学校与村庄出现了脱嵌现象，村庄不再关心学校的事务，学校在管理上也将村庄撇开，不再考虑村庄的因素。其结果是，在校园欺凌现象中，学校缺少了村庄的约束因素，只能只身承担；相反，村庄里的混混、宗亲等势力在没有村庄制约的情况下，会成为校园欺凌的主要制造者。

2017 年 2 月 4 日

乡村学校需要有效的惩戒权

惩戒权在乡村学校依然需要。一方面，没有家庭、村社管教的配合，乡村老师的说服教育难起作用；另一方面，学校的管教工作量大、压力大，老师在教育中无法做到“因材施教”，工作不可能做精做细，只能用抓典型震慑以教育一片的方式。

一、烂校如何变名校

YW 老师是湘南某乡镇中学的教师，他说他们校长 3 年前来到他们这所初中任职。本来这是一所远近皆知的烂学校，学生是一中、二中筛选下来的最落后的学生，二中就在该镇，更显得这所学校学生素质的差距。经过新校长 3 年的整顿、发展，该初中变成了全县最好的乡镇初中。之所以能有如此翻转，与新校长狠抓学生管理有关系。

二、乡村家长欢迎学校惩戒管教

YW 老师说，老师这方面，只要公平公正、奖励到位，都能激发责任心，关键是学生怎么管起来。这所学校有学生 1000 余人，是全县乡镇初中人数最多的学校，与该镇是大镇又有矿产有关系。该初中的学生最大问题就是不服管教：上课不听讲、讲笑话、打架、旷课、辍学、穿奇装异服、不尊重老师等，应有尽有。过去有学生跟老师对着干，老师打骂后如果有家长告状，老师就可能受到批评和赔偿，后面也就听之任之了，学校就更加混乱。新校长上台后，出台了一系列教育惩戒的措施，其中最重要的一条是拨出十几万元用于惩戒学生后所出现的医院、检查、治疗等费用支出。只要老师打学生后，有肢体伤害问题由学校出钱进行医疗诊断，需要赔偿的经费也由学校出；家长告老师的状，责任由校长来承担。这些政策出台后，教学一线班主任、任课老师有了主心骨，就敢于管教、敢于惩戒乃至敢于打骂。

实事求是地讲，家长对于学校惩戒学生多数是欢迎的。有家长直接就对 YW 老师讲，只要不打死、不打脑袋，就可以狠狠地打。该初中的学生多数是留守青少年，父母都在外的占 50%，如果单方留守加起来则占百分之七八十。留守学生的最大问题是缺乏家庭父母的管教，而爷爷奶奶又不敢或不能管教，因而很多学生不遵守学校规则、破坏上课纪律、无法形成社会规范，成为吊儿郎当的人。同时，乡村社会的留守化、空心化、离散化，村庄作为社会也无法对留守学生起到管教功能，学生即便在村庄里不懂礼貌、触犯了规范共识，村庄也不能给予矫正。村庄作为规训个体的场域不再起作用。这样，也就更需要学校在青少年规训方面起到更大的作用。青少年规训就是要培养学生的规则意识、纪律意识、道德意识，使学生完成基本的社会化。但是，正是在乡村家庭、乡村社会丧失管教功能的同时，中国基础教育体制也在弱化学校的管教功能，表现为不再对学生进行惩戒，使得乡村留守学生的社会化出现了问题。

对像 YW 老师他们学校这样的学生来说，教知识考学校不是首要的事情，让其正常社会化、学会做人是摆在第一位的事情。有些家长对学校的惩戒不明就里，偏听、偏信自己的小孩，找到学校“要说法”。学校老师给他们讲明情况和道理之后，不仅不再气势汹汹，还对学校感激涕零。老师讲的道理就是规训的道理。越是留守家庭，越能明白学校惩戒管教的重要性。

调查发现，纯农村的家长非常理解和支持学校惩戒，对老师打骂自己的小孩非但不反感，反而会感激老师，而街面上的家长则对老师的打骂有更多意见，“要说法”的多，但是老师说明之后也会服气，最不能容忍学校惩戒的是城镇的家长，他们心疼自己的孩子被老师打骂。原因就是农村家长留守的多，无法自己管教，学校管教了他们才放心；街面上的家长自己有时间管教，但管教不过来，在学校管教面前底气不足；城镇家长则有时间、有知识、有方法管教，因而对学校“粗暴”的管教需求不大。

三、怎样合理有效实施教育惩戒权

有人可能会说，打骂乃至开除的惩戒过于野蛮粗暴，不符合现代教育民主化的理念，但是在乡村依然需要。首先是没有家庭、村庄管教的配合，老师的说服教育很难起作用。其次是学校的管教工作量大、压力大，老师在教育中无法做到“因材施教”，工作不可能做精做细，做到细水长流，只能用抓典型震慑、教育一片的方式。YW 老师说，在当老师之前觉得天底下没有教不好的学生，只有不会教的老师，当了老师之后才明白确实有教不好的学生。有些学生必须惩戒，屡教不改的则必须开除，否则就不能教育大多数，还会因“一颗老鼠屎坏了一锅粥”。

在一般学校，教师惩戒学生，学生家长告到教育部门，教育部门就会要校长、老师负责。校长不负责、怕被问责，就将责任推卸给一线教师；一线教师就更不负责任，学生更加没有规范规则意识，进而破坏基本教学秩序，形成恶性循环。这是官僚体制的必然逻辑：多数家长赞成学校惩戒学生，但是少数家长不赞成，学校就不敢惩戒，因为多数是沉默的，少数是会告状的，只要一告状，错误就在学校、校长、教师身上，校长不敢担责，教师就不敢惩戒。典型的是布置作业，多数家长赞同学校布置课外作业，但是只要个别家长认为布置作业占用了学生外出培训的时间而将学校告到教育局，学校就会在教育部门的压力下停止布置作业，而置多数家长的利益于不顾。

YW 老师所在学校的新校长之所以能够打破官僚体制下少数决定多数的逻辑，除个性、从教育局空降下来等原因之外，最重要的原因是新校长是本地人。本地校长对本地教育的责任心强，希望为本地教育做出贡献，因而功夫下得深。本地校长还了解本地情况，熟知本地家长的教育心态，在工作中能够运用本地规范和共识。本地校长跟本地乡村两级干部更容易建立工作和私人关系，其工作更能得到他们的支持，即便在惩戒中出了问题，也可以更好地调动这些关系化解矛盾。最重要的是，本地校长是本地势力的一部分。在学校惩戒中，只有少数家长会成为“钉子户”“上访户”，他们之所以敢到学校闹事，与其性格暴戾有关，但主要是与其背后的家族势力大有关系。但是本地校长也有家族势力，闹大了校长也可以援引自己的家族势力作为对抗力量。所以闹事的家长会考虑校长背后的这股势力。再者，本地人终究是要给本地人面子。质言之，本地人当校长可以将学校管理从官僚体制的垂直管理变成属地管理，在属地逻辑下，校长就敢于站在多数人利益的基础上担责。

2022 年 2 月 1 日

寄宿制、惩戒权与应试能力

对于乡村学生较多的学校，学校的管教应予偏严。因为他们在小学时没有规训，又缺乏家庭教育，所以学校就要承担起养成教育和知识教育的责任。学校能够做的工作有三项：一是加强寄宿制建设和管理；二是加强惩戒权建设；三是加强学生应试能力培养。

一、乡村学生的特点

DF 市铁道中学原是铁道职工子弟学校，后划归地方管理，招收所在学区学生，学生都是走读，因而学校没有寄宿制。前几年为了减少城乡教育差距，促进城乡教育均衡发展，市教育局规定每所城镇初中都按比例招收乡村小学毕业生，比例分配给各乡镇小学。这样，该校不仅初中部的规模增加到了 8 个班，而且招生分数差别大，学生质量也良莠不齐。学校为此对班级进行分类：一是快班，有 3 个班；二是慢班，有 5 个班。慢班的学生多为乡村学生。乡村学生有这么几个特点。

第一，租房自己住。由于乡村学生家庭没有在市区购买房子，学校也没有寄宿条件，学生父母就为学生在学校周边租房子住，而家长也不陪读，在家务农或在其他地方务工。铁道中学没有陪读现象，只有学生自己租读现象，与DF市农村家庭不重视子女教育有关。这里的父母对自己的子女教育上没有期待，只要他们能够学好顺利毕业就行。租读是在私房里租一个房子给数个学生，房东可以给学生做饭。每天晚上八九点钟放学之后，学生就回到租房宿舍休息，到早上七点多到校。这段时间里，学生完全没有人监管，一放学学生不是回到租房宿舍玩手机，就是成群结队到周边吃喝玩乐。租读学生玩手机是个严重问题。白天学校不让带手机进校，校卫和班主任管得严，学生也逐渐形成了不带手机进校的习惯。但是学生晚自习后回到租房宿舍就开始玩手机，比较早休息的也要到凌晨零点一点，晚的则玩通宵，白天课堂上睡觉。慢班学生有百分之五六十的学生在外租房住，快班只有几个学生。

第二，纪律观念不强。这与当地乡村学校对学生的管理和规训存在较大欠缺有关系。铁道中学的老师介绍说，许多学生不习惯于学校上课时间封闭式管理，也不习惯到点上学、按时放学，他们经常三五成群在上课时间爬围墙外出玩耍，或者出去数天、上十天不回学校。学校找到出走学生的家长，回复说在家玩。学校要劝返学生，因为考试报考率不高会影响学校评分。有的学生长时间劝不回的就让他们请长假，到时来考试就行。让他们来考试有两个策略：一个是请他们吃早餐；另一个是威胁要想拿到毕业证就必须来考试。但是贫困户的学生不能请长假，对他们要百分之百控辍保学，所以不仅要花费很大部分精力把学生劝回，还要给他们说好话，他们也经常用控辍保学威胁老师和校长。除经常不上学之外，在校和课堂纪律他们也很难遵守。家长也较难配合老师管束学生。单亲家庭的学生纪律性更差，因为没人管教，会阶段性出问题。有几个单亲家庭的学生经常一两个星期不来上学，后来又突然出现。父母闹离婚期间表现更差。

第三，缺乏集体荣誉感。由于平行班的学生成绩差，学校不认真对待他们，他们对自己也没有任何期待，因而他们对所在班级缺乏认同和热情，对班级事务没有积极性。平行班的集体活动他们较少参加，甚至连学校运动会，平行班报名的也少。老师说他们是头脑简单，四肢也不发达。其实不是真的因为他们缺乏运动天赋或身体条件较实验班的差，而是他们缺乏班级荣誉感而难以被拧成一股绳。

第四，校园欺凌和群架现象严重。乡村学生有宗族和地域观念，来校后相互之间结成紧密团体，加之缺乏校风校纪观念，结成的小团体之间相互排斥、相互竞争，容易触发群架和欺凌。

第五，家长对学生期待低。老师打电话给家长，说学生在课堂上睡觉，家长回复说不要管孩子上课睡觉，只要来上学就行。学校不让学生带手机进校园，抓到了就没收让家长来领，家长领了转身又将手机给孩子。

二、寄宿、惩戒两手抓，两手都要硬

对于乡村学生较多的学校，学校的管教应予偏严。因为他们在小学时没有规训又缺乏家庭教育，那么，学校就要承担起规训的责任。学校能够做的包括两个方面：一是加强寄宿制建设和管理；二是加强惩戒权建设。

寄宿制可以将学生的校外时间转化为校内时间，将校外自我约束转变为校内制度约束和集体生活。校内时间是规范化、格式化的时间，几点熄灯、几点起床都有严格规定，违反规定就要受到处罚。校内约束有纪律约束，也有老师身体在场约束。比如管理手机，熄灯之后不允许看手机，或者手机交归班主任管理。班级生活是集体生活，宿舍生活也是集体生活，集体生活需要遵守规范和做出贡献，以及需要学会在集体中交往和扮演角色，有利于青少年学生的社会化。在校时间增多，学生的规范意识增强、被规训得越好，学校的学生管理就越有效，反过来会强化教学管理和教学良性互动，有利于加强学生学习习惯和能力，也增加学生的应试能力。

DF 市之前有三所高中，铁道中学高中部是其中一所。2018 年该市引进西南政法大学附属中学教育集团，新成立了一所公办民管的中学，有初中部和高中部。高中部于 2019 年办学第一年因各方面都不熟悉，生源来源于农村进城读书的较多，学习和应试能力都不太强。但是随着其广告效应的扩散，以及在全市范围内奖励招生，一些初中的优质生源开始集中到该校。其中该校最重要的一个优势是学生全员寄宿，这是对城乡学生家庭都有吸引力的地方，尤其是对乡村学生家庭有吸引力。DF 市其他高中都没有寄宿条件，该校有寄宿条件，就是它的比较优势。学校寄宿制可以解决学生校外无人管、无人教的问题，解放农民家庭劳动力。

同时，该校在管理上也较一般的公立学校要严格，应试教育元素更重，这也是重要的吸引力。在招生上，该校可以通过奖励、免费游学政策在全市“掐尖”招生。从第二年开始全市的好生源就向该校集中。据铁道中学教师 YJ 介绍，2021 年全市 700 分以上的学生选择进入这所高中的占百分之七八十，而进入铁道中学的则只有该高中的 1/10，分数还是刚过 700 分。其他两所公立高中招生也差不多。近两年，该高中在全市统一考试中成绩排名也一路在前。不仅好生源到它那里去了，而且本来处在二等水平的学生在该校好学生带动、学校军事化管理之下成绩也会上去，预计除 2022 年第一届高考因生源问题而不会太好但也不会太差外，从第二届高考之后，该校就会在该市一骑绝尘无人能敌。对此，其他三所高中的领导和老师都很清楚，在考试成绩上是不可能与之匹敌竞争了，要在其他方面想办法。铁道中学的校长想到的是在文艺特长上竞争过人家。但这是下下策，上上策是赶紧实行寄宿制。对此学校领导头脑很清醒，但是铁道中学又限于场地地盘原因而无法建宿舍楼。

就惩戒权而言，乡村学校要规训学生都应该加强惩戒权。在 DF 市，凡是有较多乡村学生的城乡学校都应该加强学校的惩戒权，以加强惩戒权为抓手来加强对学生的管理和规训。如果说城镇学生因为有家庭在场，管教和惩戒的责任在家长身上的话，乡村家庭则因为流动而无法担当这方面的责任。学校将乡村学生管教住了，就能维护学校风气和班级纪律，也就能进行正常的教学教育活动。而对乡村学生的管教关键又在于惩戒权回归学校和教师，包括一定程度的打手掌、罚站、罚跪等体罚以及留级、开除等惩罚。将少数带头违规违纪的学生给管住了，其他没有规则感、纪律性的学生就不敢“出头”，就会遵守纪律，其他学生就好管了。

在DF市，思源实验学校前几年非常混乱，几任校长想管理都没有管住。后来从教育局下来一个副校长，分管政教工作。上有教育部门支持，下又是本地人，敢管敢担责，用一两年的时间就将学校治理得井井有条。他的办法就是加强对调皮捣蛋、违反校纪校规学生的惩戒。家长和教育部门的反响都很好。2021年底，该副校长半年前体罚违反校规翻墙外出学生的视频被放到网上，引发舆论危机，副校长被警方采取强制措施，后被行政拘留15天并罚款1000元。尔后，DF市组织全市教师学习师德师风文件1个月。最大的影响是各个学校的校长、班主任、老师等在惩戒学生上更加畏首畏尾，学校学生管理弱化，学校思想管理、情感管理增强。铁道中学YJ老师说，校长一开会就讲关心学生、服务学生，就差给学生“盖被子”了。但是，对家庭缺乏规训的乡村学生来说，一旦学校多情感教育、少规范惩戒，他们就会肆无忌惮。学校为了管住他们就会讨好放任他们，他们必然变本加厉，进一步破坏校风班纪。学校要想学生能够升学，就更加要分类管理，好差分类管理只能是使差者愈差。

三、乡村学生培养三驾马车：寄宿制、惩戒权、应试能力

另外，乡村学校或乡村学生较多的学校，与城镇学校相比，除

强化寄宿制、惩戒权之外，还要加强应试能力建设。城镇学校因为有家庭管教、家庭教育，学生的知识获取渠道、规范意识、应试能力相对较强，学校更多地完成正常教学任务、加强安全宣传以及综合素质教育，对寄宿制、惩戒权、应试能力几个方面的需求没有乡村学生那么强。

2022 年 2 月 4 日

第 七 章

家校关系与学校管理

县域家校关系与学校治理

当前县域学校家委会的自治性和独立性不显，单方面地成了学校和班级教育、教学、管理的重要资源和工具，而没有履行对学校的督促职责，还将学校本来承担的功能和责任都转变为家长的责任。

一、家委会的构成

我们在浙江绍兴市上虞城区几个小学和初中调研教育问题，发现“家委会”这一家长组织很有趣。学校的不少事情都有家委会的身影。家委会是家校联合的重要组织形式，通过家委会既能对家长进行组织动员，整合家长及其所掌握的资源，也能够让家长分担学校教学和管理的部分责任，强化学校与家长之间的信息即时性沟通，以及对学校和班级的合作化治理。教育部门要求学校都成立家委会，而真正能够发挥家委会功能的是城区的学校。乡村的家委会难以起到实质性作用，与学生家长是农民身份、抽不出时间参与学校学生事务有关。家委会有几个层级，与学校管理设置相关，最初层级是班级家委会，次级的是年级家委会，最后才是学校层级的家委会。不同层级的家委会负责联系该层级家长与学校的沟通，参与管理本层级学生的管理。

家委会是所有家长的自治组织，设置主任 1 名，副主任若干名，还有若干名委员。班级家委会的委员较少，年级家委会的委员由各班级家委会的主任或副主任组成，学校的家委会则由年级家委会主任或若干委员组成。从对几个学校家委会的调查来看，家委会成员的背景可以概括为有钱、有权、有闲。有钱或有权是基础，有闲则是条件，只有满足这两个条件的家长才能被推选为家委会成员。有钱有权是学校可以利用的资源，有闲才能够参与到家委会的日常工作中来。家委会的主要成员中有不少是家庭主妇，丈夫做生意当老板，不用妇女出来工作，家庭主妇就能够有时间来参与家委会的事情。还有的是政府工作人员和文教系统的人，工作也较为清闲，还有一定的管理能力。能够进家委会的人对学校学生的事情也较为热情和关心，他们有介入的冲动，至少希望通过进入家委会能够接近班主任、了解自己小孩的情况并希望班主任能够多关注自家小孩。普通家庭没有资源也没有闲暇，难以参与到家委会中来。中产家庭虽然有各种各样的资源，这正是学校在教育和管理过程中能用得上的，但是他们一般工作较忙没有闲暇，对家委会的兴趣也不大。所以家委会成员一般由当地经济、政治和文化精英家庭的成员所构成。

二、家委会参与学校治理

家委会本是家庭与学校之间的中介与桥梁，但在运转中其角色远比中介要复杂。其中一项重要任务是参与学校治理。主要包括以下几个方面。

一是班级活动管理，有些公开的班级活动由班主任与班干部组织转变为由家委会来组织。家委会是家长在学校的自治组织，由它来组织活动可以借助不同家长的不同的资源，将互动搞得更丰富多彩。学生家长组织的，学生参与的积极性就更高，在其中还能加深亲子互动。更重要的是，班级活动需要经费支持，而在现在教育管理规范化的条件下，班级和学校不能向学生收缴和摊派任何费用。但是家委会作为自治组织就可以通过家长自愿捐助的形式筹集班级活动费用。

二是调解因学生之间的摩擦带来的家长之间的矛盾。在过去，学生之间的矛盾一般不会吵到家长那里，即便到了家长那里，家长也不会将矛盾升级到学校，到学校吵闹。现在家长都把孩子看得精贵，只要自家小孩受到了身体或心理方面的点滴委屈，就会将矛盾闹大，给学校管理造成麻烦，也带来了家长之间的不和气。这种矛盾如果由学校介入处理，就可能将矛盾引向学校，从而将矛盾扩大化和复杂化。若交由家委会去处理，就可以充分利用其中立角色在家长之间进行协商，也可以利用家委会成员中的资源介入矛盾纠纷。因为家长之间的矛盾并不是不可调和的，更多的是要找台阶下、要出气，所以也较为容易解决。家委会出面处理就不会将矛盾推向代表公权力的学校。

三是协助班级和学校做出管理决策。班级或学校在一些涉及学生管理的事情上，也会让家委会出面协商，并可能由家委会来做决策乃至执行。有些涉及学生管理的事情，会因学生家长的偏好不同而给班级和学校带来麻烦。比如在实验中学某个年级购买校服，从校服的样式选择、定制、价格、收款和分发等，学校和班级都没有插手，而是放手让家委会去办理。其中出现了问题，也有家委会负责解决。在这个过程中，学校既没有出力不讨好，又将校服的事情办妥了。

四是帮助学校传递正能量。学校在人们的观念中属于政府系统，如果学校或班级在家长微信群里传递党的声音，宣传正能量，认为政府在家长中搞政宣，会引起一些观点相反或相悖的家长反感，并可能在群里找茬，传递负面情绪，从而会给学校管理带来被动。但是如果让家委会来做这个事情，则被认为是家长的普遍主张，与培养小孩的正面素质有关，从而会得到家长的响应。在宣传学校及政府的政策时也是如此，家委会的宣传更有力道。如上虞城区学校的家委会就着力宣传过“三改一拆”或“五水共治”等政策，家委会将学生也纳入进来，在家长中起到了很好的宣传作用，同时也教育了学生。

五是增加学校治理的资源。过去在学校管理中可以运用的资源，在规范化管理之后，都不能使用了，从而可能会弱化学校管理。但是家委会的运转给学校和班级管理带来了诸多崭新资源。譬如过去学校管理学生很重要的一个方式是体罚，也就是打骂、罚站等，如今不能用了，教师和班主任对学生管理就少了一个行之有效的治理工具。但是现在可以通过家委会来管理学生，学生不听话就通过家委会找家长谈话，给家长施加压力，然后通过家长来教育学生。又如财政经费不能乱用，不能用来对教师和学生进行激励。但是如果通过家委会的影响力能够拉来赞助、要来钱，就可以以家委会的名义设置诸多奖励项目。在学生的素质教育中，不同家长有不同的资源，如有的家长是医生，家委会就可以将之请来给学生做公共卫生讲座；有的家长是书画家，家委会就可以请他们来讲书法、绘画方面的知识；有的家长是美食家，就请他们来做美食分享，等等。

总之，家委会参与学校管理，承担了学校学生管理中的诸多事情，减轻了学校和班主任的负担；加强了学校班级与家长之间的沟通，加速了信息的传递，实现了学校与家长相互需求与供给的对接；在第一时间内了解情况和解决问题，使许多问题在萌芽状态下就解决了；加强了沟通，使许多本会引起家长之间、家长与学校之间误会的事情，没等发酵就沟通化解了。家委会能够为学校和班级调动和配置不同的资源，丰富了学校治理资源。

三、家委会向家长转移了学校责任

家委会在家校联合中扮演着重要角色，但也承接了许多本应该由学校承担的任务和责任，加重了家长的负担，推动了家庭教育责任的扩张，进而对校外培训有直接的促进作用。

学生学习的责任落到了家长头上。家校联合的一层解释是家庭与学校共同对学生的学习负责。学校对在校时学生的学习负责，就是上课与自习，家长则对学生校外的学习负责，包括陪小孩做作业和修改作业，辅导小孩的课外学习。家委会在这里扮演着学校传递压力给家长的角色，强化了家庭教育在小孩教育中的功能，进而在一定意义上弱化了学校教育和教师的责任。就家长批改作业而言，这本是教师应有的职责，但是这项工作逐渐转到家长头上。如果家长没有给学生批改作业，老师不仅会在家长群里通报，给家长以压力，还会通过家委会施加压力。在知识教育上，教师课堂上的传授达不到教学大纲的要求，教师要求家长在课外时间辅导学生相关的知识点。家长要给学生批改作业、辅导练习、传授知识点，家长就得自己重新学习，这对工作繁忙的家长来说着实是项难以完成的任务。如果学生在考察中表现不好，学校首先查找的是家长的责任。家庭教育的重要性和家长在教育中的角色凸显出来，家长要使自己的小孩能够获得较好的知识面、综合素质，就得到校外培训班进行培训。不仅要培训小孩，自己也要接受培训；除培训自己相关知识之外，还要培训如何教育小孩。家长被迫成为教育专家。没钱没闲的家长就只能任由小孩落后下去，学校老师也对这些家长没办法，也只能是怒其不争。逐渐地，老师觉得家长在小孩知识教育上有不可推卸的责任，他们要配合学校对学生的知识学习进行管理，而家长也认为小孩的教育不仅是学校的问题，家长自己也有责任。

学生安全的责任落到了家长头上。安全问题学校是第一责任。出了安全问题，不仅上级会问责，家长也会没完没了。安全问题成了学校教学管理工作的第一项工作，许多教学事项、文娱活动、管理办法等都可能因为会出安全问题而被取消或停用。不出事的逻辑困扰了许多学校的正常教学工作，管理者不敢管理学生，教师不敢管教学生。一旦出了事情，怕事情闹大就想第一时间私了，没有原则没有底线的政策工具层出不穷。在农村学校出现谋利型“校闹”，就与家长抓住了学校管理者的这种怕出事情的心理有关。城区学校也对安全问题十分用心。但是城区学校不是不去举办活动来避免安全问题，而是通过将这些不得不举办的活动交给家委会来组织、让家长都参与其中的方式，将很大部分学生的安全责任分担给了家委会和家长。过去许多活动如体育活动、文娱活动、班级活动是不邀请家长参与的，现在都交由家委会去组织。运动会、出游等是最难以管理学生、最容易出问题的学生活动，让家委会组织这些活动除利用家长的相关资源外，还有几重意思：一是决策不是由学校单方面作出的，而是经过了家委会和家长同意的，出了问题由多方来承担；二是家长参与其中就可以“一对一”地进行盯防式管理，把安全问题的发生率控制在最小范围；三是家长参与也容易打消家长对活动的安全问题的顾虑，使得活动更容易通过家委会决策，参与率更高。

四、家委会应如何定位

显然，家委会本来的自治性和独立性不显，它单方面地成了学校和班级教育、教学和管理的重要资源和工具，而隐匿了其对学校责任落实之督促的一面，甚至将学校本来承担的功能和责任都转变为家长的责任。家长不仅要在课外辅导和培训小孩，还要参与学校的诸多事务和活动，有许多的事情要做，极大地增加了家长的负担，使得一些中产家长不堪重负，对家委会和家校联合非常恼火。

2018 年 3 月 20 日

非教学型任务涌入与学校行政化

开会和填表是学校非教学型任务的重要形式。只要老师上课 5 分钟后没到教室，学生就知道老师是被抽去开会了，这一节课就上自习。在填表上，经常是这个月填的表，下个月还要填一样的，这个部门要的表格与另一个部门要的是一样的内容，甚至同一部门的不同科室也如此，有多少部门（科室）就要填多次表。

一、非教学型任务何以突然增多

"教学是副业，填表是主业，老师都成'表哥''表姐'了。"这是基层一线教学老师，特别是中层干部的心声。开会和填表是学校非教学型任务的重要形式。YJ 老师是某初中的年级组长，她介绍说许多会议都是临时召开的，调课都来不及。学生都知道规律了，只要老师上课 5 分钟后没到教室，就知道老师是被抽去开会了，这一节课就自习。教学任务完不成，就要赶进度，两节课的内容放到一节课去上。在填表上，经常是这个月填的表，下个月还要填一样的，这个部门要的表格内容与另一个部门要的是一样的内容，甚至同一部门不同科室也如此，不是联合下填表任务，而是分别下来，有多个部门（科室）就要填多次表。

开会、填表仅占非教学型任务的一部分。非教学型任务的形式五花八门，已成为学校管理者和教师的沉重负担，正在消耗一线教师最后的一丝热情和积极性。问题是，非教学型任务是怎么来的？学校可以拒绝吗？

二、非教学型任务的主要类型

在内容上，非教学型任务主要有三类，分别是安全类、宣传类和政治任务类。

一是安全类。校园就是一个法人单位，也是一个特殊的单位，安全非常重要。基层干部说，安全是 1，教学及其他工作是 0，没有安全其他工作再好也是 0。过去教育部门下达的文件 80% 以上是关于提高教学质量的，现在学校收到的文件最多的是关于安全问题的。管行业管安全，各个行业都有安全任务，各种安全任务都可以进校园。比如防溺水、交通安全、食品安全、消防安全、生产安全、防电诈等。这些安全项目，需要学校具体去做工作，上级进行督导检查。督导检查工作可以是到现场查看，也可以是查看资料。许多工作以查看资料为主。即便平时做了，学校也很少做资料，等到突发检查的时候就要老师集中做资料。

以防溺水为例。工作要求五花八门，教师任务负担过重。为了推动防溺水工作，上面规定学校要完成“十个一活动”，具体包括：上一堂防溺水专题教育课；节假日前集中开展一次安全教育；组织一次安全知识竞赛或展板宣传活动；召开一次家长会；开展一次家长专访活动；印发一份致家长的一封信或宣传材料；布置一篇防溺水家庭作业；每周组织一次专题教育；每日一次安全提醒；课前课后进行安全提示。针对每一项工作，班主任都要花费大量的时间和精力。比如，单是开展一次家长专访活动，就需要花费老师至少一周的休息时间。上面还要求学校师生背诵“七不两会”，不定期针对老师和学生进行抽查，如果出现背诵错误就要扣分。为了避免被扣分，老师自己要提前督查学生背诵并抽查，学校还要经常抽查，以免学生在上级来检查时出现卡壳或错漏而被扣分。班主任每周要开展专题教育，非节假日期间，每周要在群里进行安全提醒，提醒之后要确保家长们回复“收到”，班主任每次要在群里“数人头”，生怕哪位家长没回复。

每日宣传提醒打卡。“十个一活动”开展和“七不两会”工作是各所学校必须完成的工作，一些地区还不断层层加码，自我加压。比如针对“十个一活动”中要求的“每日一次安全提醒”，有些地区要求每天早晚必须进行一次安全提醒，且每次提醒时间必须讲 5 分钟；而放假期间，老师必须每天在家长群里提醒 2 次。每天不能间断，并且所有提醒家长注意学生防溺水的聊天记录都要截图留证以备检查，群里的家长们也都烦不胜烦，老师和家长之间的关系变得紧张。

各种关于防溺水的答题测试。针对“十个一活动”中要求的“上一堂防溺水专题教育课”，湖南某县教育局要求各中小学组织收看《××省预防中小学生溺水安全专题教育专题课》视频，如果只是组织学生集体收看专题课视频还好，结果通知要求全体学生和家长都需要参与学习，且学生和家长要一同观看，这就需要老师去动员家长关注公众号、登录注册页面、按照要求填写信息，看完视频之后还要参与测试答题，如果没有达到满分还要重新答题直到获得满分为止，答题完成之后要下载证书，班主任要负责收集好学生的学习图片和证书，并参与统计排名，如果观看率低，上级就会对学校和教育主管部门进行通报批评。结果，为了这一项工作，班主任要做无限多的工作，反复与家长沟通劝导，不仅增加了工作量，而且增加了家长对于老师的厌烦甚至嫌弃。

工作形式不断创新。调研组 2021 年在广西调研时，当地要求河湖塘边要放置游泳圈用于溺水者救生。2023 年湖南一些地区已变成了“一圈一绳一竿”，并要在危险水域安装感应摄像头进行提醒，一旦有人靠近，摄像头就会出现“危险区域，请勿靠近”的安全提醒声音。此外，多个省份还要求在暑假期间，教师和乡村干部要参与巡河、巡湖，拥有海域的省份还要求老师去巡海。由于上级对防溺水工作的要求过于严格，有地区提出“零溺亡人数”的政策目标。各地的“防溺水”工作“创新”内容层出不穷，彼此相互效仿，学校和政府的防溺水工作不断加码，财政压力增加，一线教师和基层干部累得喘不过气来。

学生也被卷入了工作任务之中。广西某县的一位教师吐槽，自己班上的一年级学生大字不识几个，背防溺水承诺书背了四五节课，回家背到11点。学生抄防溺水承诺书，一周抄6节课，就是为了应付上面各种各样的检查，这既折腾老师也折腾学生。

二是宣传类。防电诈宣传是比较典型的，要家长在手机上做题目，要求是每个家长都要做，且每个人都要达到100分。如果一道题做错就要重新做。许多家长不配合，或者不会用手机做题，就得班主任自己做，或者政教处主任做。有一个乡镇中学的政教处主任做防电诈宣传的试题做了一天一夜。在学习强国App做题，之前是只有学校领导干部和党员学习，现在每个教师都要学习，每天都有通报排名。宣传工作很大部分是创建工作，比如各种文明进校园，都是希望学校创建各种形式宣传该项工作。安全文明进校园，每年形式都需要不同，就需要做不同的材料。环境文明进校园，也需要创造新的环境宣传的形式，让学生知道环境卫生的重要性，养成环保的习惯和意识。许多宣传工作是在手机上完成的，比如给县域内单位、个人点赞，这个任务也不轻，一是点赞的任务多，二是还要截图。有不少工作还需要家长参与，就得班主任做家长的工作。

许多宣传工作是部门为了应付上级检查而要求学校做的。除畜牧局够不着学校外，县级部门妇联、工商、团委、城管、消防、医院、公安等部门都喜欢到学校来迎接上级检查。诸如反电诈、扫黑除恶、安全生产、消防安全、食品卫生与安全、防雷防汛等工作，通过学校工作来应付检查的好处是学校台账多、工作好做、资料好找、活动好开、人员好备（学生与老师）。对于这些宣传及检查工作，一些校长会根据实际情况来应对，能拒绝就拒绝。但是许多工作校长难以拒绝：大家都是一个乡镇和县的同事，抬头不见低头见，你今天不配合别人工作，别人就会不配合你，大家都是互相配合、共同分担形式主义。相比之下，这些检查不定期，只要来的次数不多，时间不长，问责压力不大，整理一下材料就可以。例如，河南某教学点校长为了配合当地政府和派出所的扫黑除恶检查拉了个扫黑除恶的条幅。

三是政治任务类。对学校教学产生较大压力的便是精准扶贫、乡村振兴等政治化的中心工作。在乡村振兴的战略背景下，中部某县规划在500多个乡村，每个村派驻3个人组成工作队，县直机关与单位都必须派人参加。该县2所省级示范高中被要求各出4个教师驻村2年，驻村教师从每周一到周五与村民同住同吃，完全脱离教职岗位。大部分高中老师知道，如果完全脱离教学工作一定时间，则职业生涯与教师成长就会荒废。其中一所中学的书记连续开了好几次会议，动员教师参加都没有人愿意，最后没办法便劝说一对需要农村工作经历来评职称的数学和物理老师，刚好两人是夫妻，以及1位办公室主任和1位刚入职的年轻的美术老师参加。为了让这位办公室主任愿意下村，学校先把他提拔上来，而年轻美术老师同意下村完全是基于校领导的威严。一位老师说："要求我与贫困户同吃同住3天，我一进去就给他打扫了3天卫生，也不知道有啥意义。"

三、非教学型任务涌入的原因

教学型任务增多，根源在于税费改革后县域多数学校的管理主体由乡镇变成了县级政府，学校教师工资及日常运转经费大头出自县级财政。“以县为主”的教育管理体制真正形成。由此，政校关系发生变化，学校的自主管理权受限，学校成为政府部门的一条腿，完成部门的任务是其主要职责。上级各个部门都管得到学校，学校就不得不承接这些部门的一些任务。除此之外，还有以下具体原因。

第一，县委县政府重视的工作增多，这些工作都与学校工作挂得上钩。从中央到地方重视的工作越来越多，到县级后就变成了重要或中心工作。其中许多工作在县级成立了“委员会”或“领导小组”，办公室设置主责部门，教育部门基本上都会成为这些临时机构的成员单位。主责部门经常以“委员会”或“领导小组”的名义给各部门（包括教育部门）下文布置任务，教育部门无法拒绝，只能向学校布置相应任务。如县防溺水工作领导小组下达的防溺水任务，学校就须不折不扣完成。教育部门本身就是许多“委员会”“领导小组”办公室所在地。一些重要部门的工作，在教育局还专门设有对接的科室，通过这些科室来对接学校。比如教育部门专门设置了综治办来对接县综治办的工作；设置安全办来承接各项安全工作；设置文明办来对接县文明办的工作；设置环保办来对接环保办的工作。

第二，教师是一个庞大的群体，将这个群体动员起来，可以做很多事情。G镇政府有五六十人的干部队伍，该镇中小学教师也是这个规模。在防溺水工作上，将教师群体都调动起来，就可以减轻乡村干部很大的工作压力。

第三，学生是个庞大的群体，许多宣传工作通过学生宣传下去，既可以完成部门的宣传任务，还可以达到其他宣传形式达不到的效果。许多工作都依靠“小手拉大手”的形式贯彻下去，如环保工作、安全工作、禁毒工作，小朋友意识到了环保、安全、禁毒的重要性，就会去跟家长宣传，要家长跟着做，效果比直接向家长宣传要好。

第四，校园比较特殊，容易出问题，一出问题又容易酿成大的矛盾和社会舆论，各部门都希望自己的业务工作不在校园里出问题。

第五，学校教师有知识有责任心，许多事情都较乡村干部和其他单位做得好，部门许多工作都喜欢拿到学校来完成。

2023年8月12日

乡镇初中如何实现“有教无类”

按理来说，学校就是实施教育的地方，对每个学生有规训、教化的责任。不遵守规范、违反学校和班级纪律的学生，与校外人打架、斗殴的学生，不懂礼貌、偷鸡摸狗的学生，不爱学习、调皮捣蛋的学生，都应该在学校得到教育、获得培养，成为遵守规范、有自律精神、勤奋好学的学生。但是在县域中小学教育实践中，这些学生会被老师、学校视为“不可教者”，而与“可教者”进行分班、调座位等区分管理。

一、“有教无类”是基础教育管理的神话

过去很长一段时间，管理部门要求义务教育阶段的学校秉持“有教无类”的原则，对学龄学生“应收尽收”，不能将学生排除在义务教育大门之外。在精准扶贫阶段，控辍保学政策执行最为严格，给县域各义务教育阶段学校带来了较高的管理压力和成本。脱贫攻坚结束后，该政策有所松动，学校对少数难管、管不好的学生

有了一些自主管理空间。

从调查来看，“有教无类”在县域基础教育中从来就是一个神话。童楠楠博士在江西老家县城一个新建初中以实习名义开展了3个月的调查，深度介入了一个初三班级的管理。她跟我讲了一个很典型的被“开除”学生的案例：15岁某初三男生在县城某初中做寄宿生，是家里的独子，家在距县城14千米的乡镇上，父母经营小超市，年收入10万元。该生学习成绩一直不好，初二转入学校体育特长班（学费一年1万多元），但体育天赋一般，后被劝回普通班。自觉“不是读书的料”，其理想是毕业后当游戏主播赚钱。他感觉上课是煎熬，一天到晚听不懂只能发呆。由于学校管理严格，他很难在课堂上开小差、玩手机，于是经常以打扫卫生、上厕所为由偷跑去体育场打球，是年级有名的“问题学生”。

班主任多次就他逃课问题“叫家长”，其已经有过几次短期休学在家的经历，但屡教不改。他在一次被班主任发现带香烟来学校后，家长也被折腾得不胜其烦，干脆和学校签订协议不来上课，保留学籍混个毕业证。休学在家后，他一天到晚玩游戏，在家长削减了零花钱作为惩罚的情况下，他开始利用他的游戏技术赚钱，招募了几个技术不错的游戏好友带“老板”多排上星，当代练，在游戏群、闲鱼平台招揽生意。当代练一周多赚了300元，现在在苦练技术，准备接更多单、赚更多钱。

二、区分管理才是学校管理的不二法则

按理来说，学校就是实施教育的地方，对每个学生有规训、教

化的责任。不遵守规范、违反学校、班级纪律的学生，与外校人打架、斗殴的学生，不懂礼貌、偷鸡摸狗的学生，不爱学习、调皮捣蛋的学生，都应该在学校得到教育、获得培养，成为遵守规范、有自律精神、勤奋好学的学生。但事实上并非如此。

在中小学教育实践中，总有些学生像上述初三学生那样，被老师、班主任、学校视为“不可教者”，他们要么被排除出学校，要么被边缘化。有些学生被请出学校，有学籍但不要求来学校，不上课，不参与学校活动。只有当上级教育部门来调查、清点人头时，他们才会被学校请进学校，并获得好处，配合学校“表演”。“表演”完后，他们照常逍遥校外。这些学生是被认为最恶劣，对班风校纪、其他学生影响最坏的学生。他们以保留学籍的方式被开除。

还有些学生还没到开除的地步，但其不学习已经影响到其他同学、影响到课堂纪律。因此，为了提高其他同学的学习积极性、强化班级管理，将他们分到慢班或差班，单独管理，或者将他们的座位调到后排或周边。这样，这些班级就自然会区隔出两个泾渭分明的群体，学习好、有学习积极性的学生呼朋唤友，而被“安排”的学生成群结队，相互不打搅、不交往，刻意保持距离。

这些学生中有些人是学习差、不会学习者，但不调皮捣蛋；有些人是不遵守班规班纪、课堂纪律，又屡教不改者。将他们与其他学生区分开来，是为了给学习成绩相对好、好学、有上进心的学生提供一个良好的学习环境和氛围，这些学生因为有升学的可能而会获得学校、老师更多的关注、帮助和教育。而慢班、差班、后排座的学生则属于被隔离者，他们被严格地控制在一定活动范围（班级、后排、周围），只要不影响其他班级学生、不在学校打架斗殴，这些班级的班级纪律、课堂氛围、考试成绩如何，这些学生做什么、怎么做，学校都不管。

三、不得不实施的区分管理

那么，为什么学校要在学生中区分“可教者”与“不可教者”？

第一，升学与规训的张力。初中虽然是义务教育，但是对大多数初中来说，升学是最重要的目标，为了升学，学生的学习和成绩就是最关键的。这样，学校就得集中精力推动学生学习和提升学生的成绩。其他方面，如学生管教、规训，就不能耗费他们太多精力，否则就会影响前一个目标。为了集中搞好升学目标、减少规训学生的成本，就得将一些要消耗大量规训成本的学生统一管理（开除或分班、排后座），那么就要区分可教者与不可教者。可教者，能够自我规训，学校对他们的教育目标是升学；不可教者，无法自我规训，也没有升学目标，学校对他们的管理目标是不出事、不过多消耗管理成本。

第二，师生比低与精细化管理的张力。县乡初中一个班是 40 人到 80 人不等。在孝昌县某私立中学，初一某班有 78 人，前几年还有过上百人的大班。这样的班级就一个班主任，很多农村中学根本没有专门的生活老师，政教处的老师也多是兼职的。就算一个班是 50 人的平均水平，班主任要在上班和晚自习（课后服务）时间管到每一个人是不可能的。常讲的精细化管理，就是要做到老师对每个学生都了如指掌，哪个学生出问题了，能够及时介入，做有针对性的思想及其他工作。做学生的思想工作、对学生的关心不是一次性的，而是耐性子的、持续性的。不仅要对学生个人做思想及其他工作，还要有家访、社区访等工作，这些都是耗时耗力的。精细化管理，一个老师最多能够管好 20 个人。超过这个数，班主任就无能为力。更何况是 50 人以上的班级，班主任就更不可能做精细化管理。

那么，班主任能够关注到的群体，就是少数几个成绩好的，以及少数调皮捣蛋但是还能够管教过来的。其余大部分包括中间部分和少数成绩最差的、表现最差的。中间部分是放心，不上不下，不拖后腿；成绩最差如果表现还好，也不需要管；主要是表现最差同时成绩肯定也是最差的，是班级管理的破坏分子，班主任如果有足够的时间和精力专门“对付”他们，还能管教得过来，“甚至改造好”，但是班主任没有这样的“专门时间”。调查发现，如果一个班级只有两三个表现差、成绩差的学生，班主任可以通过做细致、有针对性的思想工作、帮教活动、家校互动等，可以将这些学生“挽救过来”；如果达到和超过 5 个，班主任就无能为力了。这样，这些人最终就会被班主任视为“不可教者”而被“抛弃”。所以，可以看到对待这些不可教者的一般办法，除上面的“开除”、分班管理外，还有让他们坐教室最后面，只要他们不讲话、不影响他人就不管。

第三，大量非教学型任务挤占了教师的时间。上级各部门各类表格填不完，同样群体或事情的统计，不同部门有不同的表格；各部门许多工作都下到学校、班级来完成，只因为学校群体集中，教师、学生、家长好调动，动不动就“小手拉大手”，搞各种各样的活动；安全问题成为上级教育部门和其他部门关注的主题，学校收到最多的文件、开得最多的会议都是有关安全问题的，班主任、科任老师的许多时间和精力都耗在这方面。精准扶贫后学校的非教学型任务大幅度增多。

第四，农村学校家长无时间亦无能力管教。首先，农村家长要赚钱养家，他们大多数人都外出务工经商，而没有时间管教自己的子女。开家长会、“叫家长”、家访等对他们来说，是想做而做不好的事情。班主任让屡教不改的学生“叫家长”，家长也很希望返乡与老师共同教育子女，但是一次返乡还可以，多次返乡则难以承担成本。其次，农村家长没有足够的管教意识、知识和能力，不知道怎么管教。比如学习，他们的知识够不上对子女的指导；到了青春期、叛逆的子女，除打、骂、给钱之外，他们不知道用什么方式跟他们沟通，不知道用什么话语做思想工作。许多家长因为学校多叫了几次家长，要求家长配合管教，还会厌烦，反说教育是学校的事情，孩子交给学校了就是学校的事情，不要总来劳烦家长。外出务工的家长更是难以返乡参与家长会、“叫家长”事宜。因此，多数农村家长基本上无法配合学校、班主任对子女进行管教。

四、单中心目标下的区分管理

基于以上原因，无论是学校，还是班主任，都不得不对学生进行区分对待，有些学生就必然要被定义为“不可教者”，成为学校或班级的“另类”。只有如此，学校、班主任才能将有限的资源用于升学上，用于“可教者”的教育上。前提是初中教育是以升学为单一中心目标的。在该目标下，学校资源、班主任的注意力、老师的关注点主要集中在教学和最可能升学的学生身上，而对于其他的目标则无暇顾及。

像童楠楠博士所谈到的案例中的学生，因为要耗费过多的用于单中心目标的资源，最终只能将他们边缘化、污名化、问题化，进行区分管理，这样才最节约成本，将好钢用在刀刃上。根据童楠楠的介绍，这个初三学生并非天性就坏，更非十恶不赦，甚至“开除”后对社会也没有见得着的危害，他只是不适应学校的课堂纪律、对学习不感兴趣。终因逃课多、影响教学管理而被列为“不可教者”，实则是因为他打游戏、打球的目标与学校升学的单中心目标有冲突，二者的张力不可缓和。

2023 年 2 月 13 日

第 八 章

教师流动与学生成长

县域中小学年轻女老师婚配困难问题

与农村“光棍”成因不同，县域中小学中大龄未婚女老师不是因为遭遇婚姻市场上女多男少的性别“挤压”而出现婚配困难问题，而是在狭窄的县域社会空间内和“男高女低”婚配规则支配下，由于她们的学历相对较好、地位相对较高，县域婚姻市场内能跟她们条件相匹配的适婚男性数量少，从而导致她们中有些人会被“挤出”社会正常婚姻轨道。

一、问题

这几年县域体制内年轻女性婚配困难问题受到关注。县域体制内的人主要有三类群体，分别是公务员（含事业编制）、教师和医生，有的地方还包括国有企业正式员工。我们在县域体制内也调查到，上述几类群体中年轻女性的婚配确实存在较大问题，公务员队伍中有大量过了 30 岁还未婚的女性干部，有些正要提乡镇副职的女性干部也辞职了或遴选到市县单位，很大原因就是长期在乡镇待着而找不到对象。2023 年 5 月中旬我们在湖南隆回县调查，据当地教工委统计，全县共有 2000 名适婚年轻女老师，25 岁以上的未婚年轻女老师有 400 多个，占 25%。不仅年轻女老师所在单位领导、同事在为她们想办法，县教育局也关注到了该问题，进行了相关统计，后续可能会有相关活动、措施出台。

相对于体制内年轻女性婚配困难，体制内男性则有较强的婚姻优势。拥有体制编制的未婚男性不仅可以跟长相漂亮、工作稳定、单位较好的年轻女性谈对象，甚至 50 岁的离异中年男性也能够轻松找到 30 多岁的年轻女老师做配偶。为什么会出现这种情况？

据我们调查，当前中国婚配困难群体有四类群体：一是中西部年轻男性，他们因为农村男多女少而婚配困难；二是东部农村大量未婚女性，她们因为当地适婚男性迎娶外地年轻女性而被剩下来；三是大城市大龄知识女性，她们只要降低一下条件、改变一下认知就可以婚配成功；四是县域体制内年轻女性。不同婚配困难群体之所以困难的逻辑有较大差异。

二、要素

县域中小学年轻女教师婚配困难的原因相对比较复杂，与以下几个要素有关系。

性别。在中国婚恋习惯中，男女同质或男高女低是基本的婚配秩序，一般不会出现女高男低的现象。一个是单位性质相同，如男女双方同是体制内的人，或是男方在体制内、女方在体制外。同是在体制内，则男方在党政机关，女方在医院或学校。或者，同是在党政体制内，男方地位单位高于女方，或男方级别、前途高于女方。体制内年轻女性一般不会找体制外男性结婚，这被认为是“下嫁”。

体制。县域体制有不同的层次，党政部门层次要高于学校和医院。当然，在党政部门、学校、医院内部也还有更细致的分层。比如在有权力、有资源的党政部门工作地位高，而在偏远乡镇工作地位就要低一些。体制是一个比较大的框，框住了县域主要的资源。党政部门掌握政治、行政、项目等各项权力，而学校则掌握了家庭下一代接受教育的权力和资源，医院则掌握了医疗和公共卫生服务的权利和资源。这些权力和资源在质和量上都不同，相互之间可以交换和积累。体制内通婚就可以使家庭拥有两种不同质和量的权力或资源，实现权力或资源的总体性增长和累积。相对于体制内婚配，体制内人员与体制外人员婚配则缺少了至少一种性质的权力或资源的加持，对家庭发展及对外竞争不利。在县域生活中，体制内本身是一个社会交往圈子，相亲会及介绍认识，都是在本圈子中展开，很少跳出圈子之外。

县域。中西部大部分县域缺乏经济发展条件和基础，工商业不发达，没有大型企业或企业集群，劳动力就业容纳空间狭小，不仅大量农村青壮年劳动力流到东南沿海和大城市，而且大学生返乡也很难在县域找到合适工作。县域最贴合大学生的工作岗位在体制内，所以，大学生返乡就是要考编进入县域体制内。省会或地市大城市各类工作岗位的竞争非常激烈，只有非常优秀的大学生才能获得这些岗位。这些大学生多数为“985”“211”大学的毕业生，少部分是普通一本和一般本科的优秀毕业生。他们要么在激烈的竞争中脱颖而出占据优质岗位，要么在为留在大城市而不懈努力。而返乡回到县城考编的大学生，则一般是在大城市拼搏一阵而没有找到好工作、站稳脚跟的普通一本、二本学生，且以地市所在高校为主，也有少部分是“985”“211”高校毕业生。选调进县域体制内的包括少数硕士研究生。近年来，随着省会城市竞争越发激烈，一些单位用人卷得厉害，一些名牌高校的本科毕业生也开始考县城单位的编制。我们刚从永新县调研回来，该县发改委就来了一位北大的本科生。但是总体来说，进入县域体制的人属于大学生中的中等生。而既没有留在大城市、又没有返回县域的大学生则多流向东部沿海经济带，在私营企业里务工，或者自己创业经商，他们属于大学生中的普通学生。他们中的许多人是因为多次考不上县域的编制，才不得不“向东流”的。

由于中西部县域经济不发达，尤其是没有大型私营企业，因此，属于社会普遍认可的上层工作岗位都在体制内，即党政部门、学校、医院及较少的银行岗位。体制内的工作岗位工资不一定高，但是工作相对稳定、社会地位较高、可以建构高质量的人脉关系。那么，体制内的年轻人找对象最好也是在体制内找。更何况，这些中等生，比上不足，比下有余，相对于多数留在县域的大中专生、普通农民、市民，无论这些人从事什么职业，是煤老板还是私营企业主，他们都是有优越感，一般不会跟这些人“搭伙过日子”。再加上县域是半熟人社会和人情社会，体制内的人跟没有体制身份的人结婚，在县域社会是没有面子的，从而会给当事人很大压力。反观，在大城市，社会宽容度就高多了，一个大学教授找的对象是社区工作人员或自由职业者，也没有人觉得奇怪。另外，县域其他的机会较少，年轻人要想在体制外获得事业成功或他人认可非常困难。县域还有个特点是工资待遇比较低，一个家庭要想在当地过上稳定的中等偏上的生活，必须是双职工家庭。这些都决定了在县域，体制内的女性找对象的范围较窄。

教师。学校教师在县域体制内的地位要低于党政机关，乡下学校教师的地位要低于城区学校教师、城区医院医生。在县域学校教师中，地位最低的是偏远乡镇的小学老师。

三、女老师

从上述要素中可知，县域中小学年轻女老师，一是可以找体制内的人；二是可以找同为中小学教师的年轻男老师；三是还可以找党政部门或医院的年轻干部或医生。看似机会非常多，但实际机会很少。主要原因是能够考进体制的男大学生很少。根据调查，10个考进体制内的人中，有3个是男生、7个是女生。这3个男生都找体制内的女生，那至少还有4个女生会被剩下来。由于体制内适婚男性资源是稀缺资源，体制内的男性就会挑选体制内的优质女性结婚：首先是挑单位好的年轻未婚女性，比如在党政部门的年轻未婚女性，那么中小学老师就会是他们的次优选择；其次是选择在县城单位的年轻未婚女性，这对在乡村教书的体制内的女性是不利的；最后是挑年轻漂亮的未婚女性，这对于大龄未婚女性是不利的。这些条件卡下来，适婚女性婚配难度系数由低到高排列的单位是：县域党政部门、县城中小学、乡镇政府、乡村中小学。

案例 8-1：隆回二中的 L 老师，1993 年生人，2015 年毕业于湖南城市学院，先是在一所私立高中教书，1 年后回到隆回的私立高中 DF 中学教书 1 年，在此期间她考到了初中学校的编制，就在羊古坳（乡镇）中学教书，该中学位于隆回县的北部，距离县城较远。去年因为疫情，全县没有对外进行社招，而是面向全县内部对有教师资格证的老师进行选调考试，L 老师得以考进隆回二中。同一批考进来的 24 个人，其中仅有 4 个是男性。全校共 400 多个老师，大概有 100 个的女老师还没有对象。L 老师谈到，自己在乡镇的时候因为婚恋的问题非常焦虑，直到去年到隆回二中工作后，年底就找到了对象。该人在一个乡镇银行做支行行长，在早些年已经经人介绍认识了，但一直没有联系。而当 L 老师的工作确定在隆回二中后，该人就对 L 老师热情起来了，开始主动约 L 老师吃饭。L 老师看到，当下更多的女老师是不愿意结婚的，主要是些年轻的 00 后。但生活在小县城里，人言可畏，不婚大龄女性头上顶着非常大的舆论压力，还有身边的家长和亲戚朋友给的压力。我们问 L 老师，如果这次没能有幸选调考上二中的话会怎么办？L 老师说，那只能继续考，往外考，考到长沙或大一点的地方。

因为在乡村中小学很难找到合适的对象，许多中小学女老师在服务期满后就要想方设法考到县城学校。有的特岗教师没一两年就辞职考公务员或外出务工了。每个乡村中小学都有那么几个25岁以上没有结婚、没有对象、没有谈恋爱的女老师，为了留住这些女老师，中小学校长的很大一部分任务是给这些女老师介绍相亲对象。

隆回某中心小学校长介绍说，他年轻的时候（20年前），想在中小学内部找对象非常难，只有长得帅气、能说会道的中小学男老师才有机会找到女老师。而他个子矮、长相也一般，按理来说，只能找农村女孩做对象，成为典型的“半边户”。当年他从中专毕业后，在众多男性竞争对手前，为了找到一个体制内的妻子，不仅努力提升自身的教学能力，争取从小学老师变为中学教师，而且换到熟人所在的乡镇学校，以便增强自身的婚姻竞争力。正如他所言，“为了找到一个体制内的老婆，我可是想尽了千方百计，跨过了千山万水，用尽了千言万语”。

现在刚好反过来了，体制内的年轻女性多于男性，年轻女性结婚困难了。在隆回农村中小学，开始出现因为结婚难而嫁给村干部、私营企业主、店面老板等非体制内年轻男性的现象。我在孝昌调研时也发现有乡镇事业编的年轻女性与农村鱼塘经营主结婚的现象。这会形成新型的“半边户”，会导致年轻女性的社会地位被拉低。如果说大城市大龄未婚女性是降低条件而容易婚配，县域乡村中小学年轻女老师则是通过降低阶层地位才获得婚配权利的。

四、原因

为什么县域体制内缺少年轻男性？中国年轻女性已经解放，但是年轻男性尚未觉醒。在中国传统文化中，女性不受家族、家庭、父母庇护，等到妇女解放之后，年轻女性就容易从家族、家庭中独立出来，成为独立的个体，她们要在没有庇护条件下参与劳动力市场竞争。因而她们会更早地谋划自己的成长。而年轻男性则一直有家族、家庭和父母的庇护，特别是对父母的支持认为理所应当，因而在学习上、工作上就表现得慵懒、不那么主动。回县域考编的中等生中的男生，因为积累不够，重视不够，甚至还有二代心理，认为县城的生活（如房子、车子、工作等）父母会给他们打理好，就对考编不那么上心。而中等生中的女生，则认为一切都需要自己去奋斗，因为对考编很重视，又有基础，因而在竞争中，男生就胜不过女生。这样大量年轻女生进入体制内，而将大量中等男生排斥在体制外。结果就是，进入体制内的女生要面临巨大的婚配困难问题，甚至要降低阶层地位才可能婚配，而到东南沿海务工经商的中等男生则娶了初高中或大专毕业后外出务工的女生。

2023 年 6 月 13 日

招考进城与县域城乡教师有序流动

要对乡村教师进行有效激励，除了要在政策和待遇上向乡村教师倾斜，关键还要主动回应乡村教师的流动进城需求。县级教育部门应通过制定规章制度，规范乡村教师向城区学校流动的方向、规模、速度、条件、规则和程序，形成乡村教师流动的制度预期。

一、什么样的流动才是有序的

从村小向中心校流动，从乡下向县城流动，从普通学校向重点学校流动，县域义务教育阶段教师流动属于常态现象，关键看是有序还是无序。无序流动会造成乡村学校优质教师流失和不公平现象，破坏城乡义务教育均衡；有序流动则可以促进公平和教师成长，推动城乡义务教育均衡发展。

从调查来看，有这么几种典型的教师流动。一是关系运作进城。关系在教师流动中扮演主导角色，乡村学校教师通过关系运作流向城区学校，没有关系的教师则难以流动。该种流动形式比较普遍，结果是造成县域教育领域的普遍不公平，乡村学校教师不是努力提高业务能力而是钻研关系向上流动，大部分没有关系的乡村教师积极性受挫，同时也会造成有些乡村学校教师流失严重问题。二是批量调动进城。县级政府为了发展地产获取土地增值收益，通过在县城建教育新城的形式吸引农民进城购房。教育新城建成后需要从乡村学校引进教师填补教师空缺。于是大量优秀的、年富力强的乡村教师在短时期内被抽调进城，不仅带来乡村学校出现教师严重空缺问题，还破坏了乡村学校教师的年龄结构和经验结构，加剧城乡教育质量和发展潜力上的不均衡。三是招考有序进城。这是湖南的教育政策，在实践中取得了较好的效果。

满足以下条件才是有序教师流动：一是承认流动，接受流动的事实，流动是教师激励的重要措施；二是规范流动，通过制度规范流动，使流动不因人情、关系而带来不公平现象；三是控制流动，通过相关措施控制流动速度和规模，使流动不至于破坏乡村学校的基本教学秩序及年龄、经验结构；四是配套流动，有补给、培育乡村教师、补偿乡村学校、推动返乡流动的相关配套措施。

二、流动为什么是常态

乡村教师进城是最基本的流动，构成了乡村教师流动的常态现象。教育部门对该类流动现象宜疏不宜堵，应该有序开放流动空间，规范流动秩序。县域教师流动之所以是常态现象，主要原因如下。

一是年轻教师婚配和正常家庭生活的需要。在乡村学校，年轻教师面临着找对象难、谈恋爱难的困境，乡村学校内部未婚男老师少、未婚女老师多，后者的选择面窄。而县城单位多、年轻人集中，即便是在乡下政府、学校、医院工作的年轻人也多在县城居住，为年轻人找对象提供了对象和空间。许多乡村年轻女老师过了25岁以后，找对象就开始着急了，也就想着进城区学校了。而结了婚的乡村教师多在县城买房定居，通过驱车到乡村学校上班，这不仅增加了家庭的经济负担，而且会造成两地分居和家庭生活不完整。结婚、有了小孩后的乡村教师就要想着调进县城学校，即便是进到城郊学校也较乡村学校方便。

二是中年教师事业发展和照顾家庭的需要。一些乡村骨干教师在乡村学校的发展已经到了天花板，发展的空间很狭窄了，于是想到城区优质学校寻找发展机会和空间，包括进一步提升自己的教育教学能力，以及获取更高的荣誉，如特级教师、各类名师等。另外，中年教师的子女在县城初中或高中就读，学业正是吃紧的时候，需要家长陪读和照顾，这也构成他们进城的动力。如果没有正规的流动渠道，就会驱使这些中年人钻研关系进城。

三是向上流动是乡村教师的重要激励措施。县城的生活是城市生活的一部分，乡村教师进城意味着向上流动，进城预期构成对他们的重要激励。县城学校的软硬件资源更丰富，能够给予乡村教师更大的成长平台和更多的实现自我的机会。受访的已进城的教师反映，打破乡村教师内卷的最好方式是进城，进城之后见到的东西、要学的东西更多，面对的竞争对象的层次更高，想卷都卷不起来。

四是城区学位扩张对乡村教师的需求加大。无论农民家庭是主动进城，还是被动进城，他们的子女都需要在城区学校就读，这导致了城区学位的快速扩张。学位扩张要求城区学校扩建班级或政府扩建学校，这都需要大量引进教师。城区学校本身不能在短期内培养大量有经验的教师，也就不得不从乡村引进有经验的教师。所以，乡村教师向城区流动也是农民城镇化的必然结果。政府有意推动“教育新城”的地方，短期内对乡村教育的需求量大增，教师流动速度也就加快。

三、县域教师流动如何有序

在湖南，县域教师有序流动的主要措施如下。

第一，新招聘教师优先分配到乡村学校。按照湖南的规定，除通过岗位招聘模式招聘的少数优质本硕人才直接安排在县城学校外，新招聘教师均统一分配至乡村各中小学。分配原则是依据考试分数进行自主选择，分数最高者最先选择，分数最末者最后选择。一般来说，首先选的是县城周边的学校，而最后选择的人只剩下偏远乡村学校。这种分配原则，既照顾到了考试成绩优异者从而吸引优秀考生报考，又不至于因分配不合理而产生不公平现象。

第二，新分配教师都有 5 年服务期计划。县里主持招聘的年轻老师分配到乡村学校后，皆有 5 年的服务期，特岗教师则有 3 年服务期。在服务期内，年轻教师除非辞职，否则不允许调动和招考进城。这一规定使得年轻教师不会有一进来就想着考走或调走的功利心态，而是立足长远预期。这样，在服务期内他们就会安心工作，努力提高自己的教育教学水平，熟悉乡村、学校情况，并同时搞好同事关系，增进与学生的感情。有了5年时间的沉淀，一个年轻教师就足以成长为一个相对成熟、经验丰富的合格教师。

第三，严格执行逢招必考招考进城政策。城区学校一般不招收新进老师，它们如果缺老师就得向教育部门报计划，每年由教育、编办、人社等部门联合组织乡村教师进城考试。年轻教师或中年教师要想进城，只有通过参加招考一个途径。因为这个规定卡得很死，没有开过任何口子，保障了每个教师的公平机会，使得乡村年轻教师、优秀教师有稳定的预期。

第四，教师职称晋级指标倾斜乡村学校。职称是事业编人员最重要的追求。县域教师一辈子追求的是二级、一级、高级职称以及一些学校的特级教师荣誉。为了激励乡村学校教师，县级教育部门在职称指标上向乡村学校倾斜。县城学校教师多，竞争力强，但是给的指标少；而农村学校教师相对少，竞争力弱，但是给的指标多，这就使得乡村学校教师评上职称的概率要比县城学校大。许多中年骨干教师为了评上一级而选择继续留在乡村学校。许多县还规定县城学校教师要想评高级职称，须有2年乡村学校的服务经历。这些规定强化了乡村学校的吸引力，拉长了乡村优秀教师服务乡村学校的年限。

第五，非招考性调动只能安排城郊学校。有些特殊原因需要调动的情况，如生病要有人照顾，可申请调动到离城区近的学校。还有些不得不照顾好关系户也只能调动到城郊学校。

四、为什么是有序的

第一，招考进城政策倒逼乡村年轻教师成长。在隆回县调查发现这个悖论现象：越是偏远的学校，学生的成绩越好，反而是城郊农村的学校学生成绩最差。按理来说，教师分配时选择城郊的是招考成绩排前面的优秀老师，而偏远地区的则是成绩靠后的，为什么教学成绩会相反？

分配到偏远地区的年轻教师为了能在服务期满后成功招考进城，就会不断地提高和展示自己，使自己成为一个有经验的优秀教师，吸引教育部门、城区学校的注意力。为此，他们不仅要多向经验老到的教师学习，而且要不断钻研教育教学方法，参加学校、乡镇、县里组织的教学竞赛、培训，还要更加关注学生的学习、心理、家庭情况，花更多的时间跟学生沟通、做好家访等。这样他们自身的成长相对较快，学生的成绩也会相对较好。而城郊学校多“关系户”，他们从乡下学校通过关系调到城郊学校，不再需要进城，因此提高自己的动力不足，而更多的是将时间、精力放在家庭或经营其他社会关系上。这些学校的年轻老师也因为没有进城的压力，因而自我成长和向外展示的动力不足，躺平的思想比较重。

第二，招考进城政策没有破坏乡村学校教师老、中、青结构的完整性。由于招考是有计划性的，教育部门既要考虑城区学校的需求情况，又要考虑乡村学校的供给情况，从中找到平衡点。而 5 年的服务期也完全可以让年轻老师成为有经验的老师，第五年的时候他们开始准备招考进城，但是多数并不一定第一次考就考中，而需要 3—4 年乃至 5 年或更长时间才能进城。这样他们服务乡村学校的年限就会拉长到 6—10 年。其间他们因为还有较强的进城的预期，所以仍会有较强的动力提升和展示自己。他们也为此成为有经验的年轻老师或中年老师。等到更年轻的一批老师进校，他们与经验更丰富的老教师一道可以对他们进行“传帮带”。另外，职称指标偏斜政策也会留住一部分中年骨干教师。所以，即便乡村学校每年都有老师考进城，也并不会破坏学校教师的老、中、青年龄结构和经验结构。

2023 年 6 月 14 日

县城中学抑郁学生何以增多

班级竞争的压力直接传导至学生，社会竞争的压力通过家庭的教育投入和期待传导至学生，学生在竞争中又自我加压，这样各个方面的压力集中起来就会使得当前县中学生的压力剧增。

一、中学抑郁学生增多

在上虞几个中学调研，年级组长和班主任都说每个班都有两三个长期抑郁的同学，患轻度和短期抑郁症的同学更不止这个数。长期和中重度抑郁的同学是班级重点的关注对象，就怕他们发展到自杀的地步。也有数个班级的重度抑郁同学有过自杀行为。我回想起2000年左右我读高中的时候，似乎没有出现过同学抑郁的情况，不同层次的同学虽然各有压力，但是大家到了高三后就会各安其位，知道自己能考个什么档次的大学，多努力点就考好点的大学，没考好的同学还可以复读一年再考。所以大家都没有出现过心理和精神问题。

上虞春晖高中患抑郁症的同学，一般有以下几个特点：一是女生比较多；二是成绩相对较好；三是家庭出现变故的多。患抑郁症的女生较为含蓄，不太跟大家交流，上课不太积极发言和回答问题，下课后一个人窝在角落里。她们的成绩一般在中上水平，有的学生甚至可以进入班级前十名，可能是她们自己或家长的要求比较高，但是又怎样努力都无法达到预期，还有的是因为在初中时成绩很好，到高中后排名落后，反差太大而无法适应。家庭变故的多是离异家庭或组合家庭，家庭环境造成她们的精神或心理压力很大。有一个女生成绩还不错，她家是离异父母组合的家庭，每个家长领了一个女孩，她的成绩没有后母领的那个姐姐的成绩好，在家里父母和亲朋都喜欢拿她俩来作对比，这给她带来了很大的精神负担。有过一次自杀未遂行为，现在是班级和学校重点监护的对象。

对中学生抑郁或自杀行为的解释有很多，包括内在的个性、性别和机体因素，也有外在的，如家庭、学校、社会等因素。对其研究多为精神病学，对各种因素的相关逻辑关系把握得不准确，而社会学方面的解释较少，亦未能构建较长的解释链。在调查中发现，当前初中生（包括初三学生）的压力普遍增大，但是他们又无法达到预期目标，在预期目标和现实手段之间就会存在巨大张力，当张力无法调适，乃至继续加压时，就可能导致他们患抑郁症，甚至是自杀。

二、来自班级熟人社会性质的压力

学生的压力来自多个方面，主要包括班级压力、家庭压力和自我施压。当下小学取消考试或考试不排名，初中也是考试不排名，因而小学生和初中一、二年级的同学一般感受不到学校带给他们的压力。到了初三要升高中了，初中生才会感觉到升学的压力。在上虞，初中升高中有几种情况，其中有约一半的学生要进职教中心，就读职业中学，另一半的学生进普高。普高还分为重点高中、较好的高中和一般的高中。只有进入了两所重点高中才算是一只脚踏进了较好的大学。在相对较好的高中多数学生只能进普通大学。一般高中的学生只有少数能够考上本科，多数进入专科学校。因而到了初三之后，学生的压力就会加大。家长、学校都会从各方面进行施压。高中生一开始就要面对高考，他们的压力从进入高中开始就有。高中与初中和小学不同，它依然保留各个阶段、各个门类的考试，考试有排名和竞争。虽然排名没有过去那么明显，但是学生和家长都能够知道。

班级对学生来说就是一个熟人社会。他们进入一个班级后不到一个月就会相互熟知，他们在一起学习、生活、考试和交往，就像农民生活在村庄里一样相互知根知底。他们之间的比较和竞争也是发生在班级内部。成绩较好的同学可能会跟其他班级进行比较，但是大部分同学是在班级内部相互比较和竞争。班级较村庄熟人社会更具有紧密性，至少在村庄里农民的生产和消费是以家庭为单位的，单个家庭对外具有一定的独立性和私密性，而班级里学生学习和考试都在一起，完全暴露在其他同学眼皮底下。农民的家庭生产和安排劳动力有自己的主动性和主体性，而学生的学习时间是相对一致。也就是说，学生大部分时间是一起上课、一起自习、一起做作业，乃至一起住宿、一起起床，学习的时间是一样的。非住校生的时间可能要充裕些，晚上放学回家之后还有学习时间。再一个是周末和寒暑假的时间是自由支配的，这部分时间的利用也会不同。所以，高中生的大部分时间具有共性，少部分时间可以个体支配。高中生竞争的是在共性的时间内提高知识学习和接受的效率，在个性时间内进行查漏补缺和优势强化。也就是说，对高中生来说，由共同的组织来组织生产，共同下地干活，但是产品是个性化的，相互之间的比较与竞争也是个体化的。

班级强化了村庄熟人社会的诸多特性，具体如下。一是竞争对象是面对面的，学生之间只要是在校生，就得面对自己的竞争对象。在同一个学校和教室学习上课，基本上无法避开与竞争对象面对面的交往。也就是说，无法将自己躲藏起来。对成绩落后的学生来说，不能将自己藏起来，不与成绩领先的学生面对面交往。对成绩好的学生来说，他们也不能将自己的锋芒收敛起来，他们是班级的中心，他们的形象要在全班展示，这本身对其他学生来说是一种压力。二是相互之间的信息是完全对称和透明的。班级基本上是零距离和长时段接触，同学之间没有秘密，在学习及成绩方面更没有可以保密的。谁学习努力，谁吊儿郎当，在班里是公认的事实。每次考试的成绩都贴在墙上，谁排在第几名，进步了多少名次，也一目了然。即便是现在高中不搞公开的排名，学生也都会有各种方式知晓自己和其他同学处在班级的哪个层次。即便是学生的家庭情况，其他学生也知道个八九不离十。尤其是有的学生家庭有变故，同学甚至较班主任还先获知消息。三是高中班级较小学和初中的价值目标要单一些，后者可能还有各种素质的培养，高中阶段的主要乃至唯一的目标就是考大学。成绩是第一位的，没有成绩就无所谓考（好）大学。所有的学生都奔着这个目标而努力。当然也有个别同学仅仅是为了毕业，那么这样的同学早早地就被班级边缘化，只要他不捣蛋、不影响班级维稳，老师和同学都不会在意他们。在很多学校，这样的学生要么会被劝退，要么会转到普通班上去。

就村庄而言，在竞争对象方面现在由于人口流动，相互之间见面的机会减少，只有年底回家才能见得到。对落后者来说眼不见心不烦，即便落后于他人也会因为远距离而缓解压力。但是在班级中，见面是每时每刻的，住校的同学甚至晚上也住同一宿舍。在信息方面，村庄的信息也可以说是对称和透明的，但是单个家庭的经济收入大家一般都只是从职业或农业收成上作大概的判断，而不能完全搞清楚，尤其是对于做生意的盈亏不能在第一时间掌握。许多信息只是大概估摸，且有时滞性。但是在班级中的信息是即时的和准确的，尤其是关于考试成绩及排名的信息，量化程度比较高，信息传递得比较准确和及时。在价值目标上，随着村庄的开放，虽然村庄还有主导性的价值目标，但是不同位置和层级的农民开始有自己的多元化的价值目标。不同经济条件的家庭可以通过不同层次的消费而获得自我实现和他人的尊重。但是高中学生的价值目标只有分数一项，考试分数越高者，在班上就越能获得他人认可，越受到大家的追捧。有的学生尽管网络游戏玩得很好，乃至获得了全国性的大奖，也不能在班级中受到推崇。

高中班级的上述特点，使得班级中学生之间的竞争非常激烈，中下及以上学生之间的竞争尤为激烈。班级是一个小而紧密的共同体，同学之间知己知彼，每个人一个微小的进步或者变化，都会在第一时间内被其他人感知，成为他人比较和竞争的方面。同时每个人都不甘落后，都希望能够与其他同学不相上下。尤其是基础相同的学生之间相互比较和较劲就更强烈。对中等偏上的学生来讲，他们有希望在班级中获得更好的名次，一步步地推进自己的班级排名，以获得同学的尊重和老师的表扬与关注，最后考上更好的大学。于是大家都争先恐后地往上赶。而对中下及中等的同学来说，他们对自己并没有失去信心，期待每次都能够进步，进入班级中上水平的行列，以不被同学和老师鄙视，最终也能考上好的大学。处在垫底的同学，如果是在“快班”，他们进步的要求也很大，如果是在“慢班”，这些同学大部分已经放弃了进步，只等着毕业。

同时，班级的上述特点还使得班级内部同学之间的竞争既不可避免，也不可逃避。不可避免是因为同学之间有着共同的明确的目标，而他们又在共同的狭小空间里接触，必定会产生相互之间的攀比和较劲的心理。再加上班级管理本身就将促进他们之间的竞争，作为管理的一个重要策略，通过竞争来调动各方面的资源，提高老师教学的质量和学生学习的质量。不可逃避是指只要是在高中班级里就要参与学习成绩的排名，参与班级竞争。这既是因为成绩排名是对学习的定位，推动学生进步，关乎后面能够考上什么样的大学，也是关乎学生在班级的名誉与地位。所以，只要还有追求，在乎面子与荣耀的学生就得参与竞争、在乎竞争。只有退出班集体或退学，才可以完全逃避班级竞争。

高中班级不可避免和不可逃避的激烈竞争给每个学生都带来了巨大的压力和焦虑。不同的学生的压力和焦虑的程度不同。班级竞争压力大小与以下几个方面有关：一是班级学生的层次越是相差无几（如快班），其竞争就越激烈，给学生的压力也就越大；二是班主任对竞争的调动越大，如考试排名公布、对先进学生和进步学生的奖励力度大等；三是越是封闭式管理，学生对竞争越是无法逃避，竞争的压力也就越大。

三、家庭参与竞争的压力

学生的另一个压力的来源是家庭，包括家长期待、家庭教育情况及家庭情况。其中家庭压力最大的是家庭参与社会竞争的压力。社会竞争压力越大，家长对子女的期待就越大，他们就越会给子女加压，从而形成学生学习的压力。

家庭参与社会竞争的方式包括两个方面。一方面是村庄、社区内及亲朋的竞争，也就是与家庭在社会关系上较近的家庭之间在小孩培养上的竞争。作为家长，除了要在单位跟同事竞争职位、工资和地位，还有就是在其社区内及亲朋之间比较子女的情况，包括子女学习成绩、综合素质及考上什么档次的学校、找到什么样的工作、工资状况如何等。在小孩的高中阶段，则是比较小孩在学校的表现、成绩及预期考上什么样的大学。子女越有出息，父母在社区邻里和亲朋面前就越有面子。小薇就记得她小时候，她同村一个小学同学成绩在班上数一数二，其父亲甚是骄傲，经常把他小孩的成绩拿出来嘚瑟。碰到村里其他小孩就会问这次考了多少，使得村里的小孩对这位父亲十分讨厌，因为一碰到这个人压力就大。我的父亲也一样，小时候他教我做数学思考题，也教其他同龄人做题，但是人家做不出来，每次路过我家门口都怕被我父亲叫进去做题，压力很大，久而久之就绕道走。

另一方面，整个社会的阶层竞争的压力传导到了家庭内部。中国社会还没有完全固化，各个领域都还有巨大的上升空间。在竞争上层或中层的岗位中，有两条渠道：一条是父代自己通过努力去占据，另一条是通过教育渠道培养子女去占据。社会上层制订教育的制度和标准，中层要向上层靠拢，下层也不甘示弱，也要向他们接近。

上层在社会上站稳脚跟，他们制定的教育标准有利于他们的子女进一步稳固在上层社会。中层的位置并不稳固，他们最担心自己及子女一代掉入下层，他们的焦虑感在各阶层中最大，因而他们希望子女能够接受上层子女所接受的教育从而能够跃升为上层，或者至少在中层站稳脚跟。于是他们拼命地紧跟上层的教育方式，包括素质教育以及通过考入好的大学以确保以后能够有个好的前程。于是他们在教育上就进行了大量的投入，从小学到高中各种培训一个不落。家庭在子女教育上的投入占据了家庭开支的大头。下层家庭在激烈的竞争中亦未认命或自甘落伍，他们认为社会还有上升的空间，通过自己的努力、通过考学的渠道将子女送入较高的社会层级。他们在子女的教育投入上也不惜成本。这就使得社会的高度竞争转变为家庭之间在子女教育投入上的高度竞争。投入越多意味着父母对子女的期待越大，子女要满足父母的期待就得加倍地努力，在成绩上有所体现，这会给他们造成压力和焦虑。父母对他们的期待越大，他们的压力也就越大。父母越是中下层，而对子女的投入越大，子女感受的压力也就越大。

另外，家庭是子女在学校缓解负性压力的重要方面。如果家庭出现变故，家庭不但不能缓解负性压力，而且它本身就成了子女在学校的负性压力，使得家庭不能成为学生参与班级竞争的支撑性力量。

四、自我加压

还有一重压力是学生的自我加压。自我加压最大的不是排名靠前的那些学生，他们的成绩和排名较为稳定，他们的压力在于能够考更高的分数和更好的学校，他们更多的是跟其他班级或学校的学生进行比较和竞争。压力最大的是那些之前有好的成绩后来成绩滑落了的学生，还有那些成绩在中下水平而拼命地努力往上赶却怎样都力不从心的学生，以及那些成绩在中等偏上却对自己有着更高期待的学生。

五、小结

班级竞争的压力直接传至学生，社会竞争的压力通过家庭的教育投入和期待传至学生，学生在竞争中又自我加压，这样各个方面的压力集中起来就会使得当前高中学生的压力剧增。在过去，社会竞争的压力不是很大，家庭教育的投入较少，家庭对子女的压力就较小，学生只有班级竞争的压力和自我加压两个方面的压力，整体压力较现在小。当压力加大之后，如果学生的考试成绩达不到预期目标和各方期待，那么其压力就难以化解，就很容易导致其抑郁，在某些负性事件和情绪的影响下甚至可能出现极端行为。

2018 年 3 月 16 日

如何让乡村孩子远离手机游戏

在家庭和学校防范失控、村庄自给娱乐功能丧失的情况下，游戏填补了乡村孩子的娱乐真空，成为他们空白时间中的最佳陪伴。

曾经，乡村一到暑假就是孩子们的天堂，放暑假回家的孩子们会欢呼雀跃、三五成群地到处玩耍，摸鱼钓虾、游泳偷瓜、打球下棋，好不热闹。现在村庄却变得异常安静，孩子们不是独自躲在床头，就是三三两两窝在墙角打手机游戏。当前，乡村孩子们陷在游戏中不可自拔，游戏所构筑的虚拟世界成了他们的精神世界，而他们却在不知不觉中被“废掉”。

一、乡村孩子深陷游戏的原因分析

对于乡村孩子深陷手机游戏的原因，多停留在留守的视角进行解读，认为留守儿童是主要的受害主体，他们由于缺乏父母在场管教而获得大量自由时间，由此深陷游戏不可自拔。也有人将罪过归咎于游戏公司，认为游戏开发吸引了缺乏自制力的孩子。尽管务工父母的缺位和游戏公司的开发影响了孩童进入游戏世界，但二者的行为都是合理的家庭选择和企业选择。游戏是儿童娱乐世界的一部分，如果将视野纵向拓宽进行历史的比较，就会发现，游戏向乡村孩童的深度渗入，是乡村家庭缺乏娱乐教育能力、乡村教育丧失娱乐引导能力与乡村社会弱化娱乐自给能力综合作用的结果。

第一，乡村家庭缺乏娱乐教育能力。对乡村父母来说，当前教育孩子的压力越来越大，这一压力不仅体现在知识教育上，也体现在娱乐教育上。在打工经济兴起之前，家庭在承担孩童娱乐教育责任上压力不大，或者说根本就不存在压力。原因在于，在相对封闭的村庄环境中，游戏的玩法都是经验的传递，上一辈人玩的游戏下一辈人还在玩，游戏经验一代代地自然传递，60 后、70 后小时候玩的踢毽子、跳皮筋、跳房子等游戏，到了 80 后、90 后还在玩。由于孩子的游戏空间都在村庄中，父母能够在场监督，孩子即使离开了父母的视线，在熟人社会中也不会有安全风险，父母会放心大胆地让孩子与其他玩伴任意玩耍。因此，70 后及其之前的父母在孩子娱乐教育上基本上不用承担什么责任。

当打工经济兴起以后，村庄社会被打破，年轻人离开村庄外出打工，外界的信息流开始流入村庄，孩子们的游戏形式也开始丰富起来。尤其是电脑和智能手机被普及以后，来自全国乃至全世界的信息都汇聚在一个平台上，无论是城市还是乡村的孩子都能够迅速捕捉到新形式的游戏。在面对外界信息流时，农村父母因缺乏甄别能力、防控能力和教育能力；在他们的孩子与新世界进行接触以至于出现问题时，他们完全无能为力。大多数父母对游戏的判断，就是基于游戏对孩子学习的影响，只有老师在孩子违规违纪严重并通知父母后，父母才会意识到问题的严重性。在面对因玩游戏而犯错的孩子时，他们要么通过暴力方式打骂，要么苦口婆心地劝说，但是由于他们自身没有接触过游戏，也没有学过心理学，因此在打骂或劝说时都不能把握到孩子的需求和游戏的本质，最终难以触动孩子“改邪归正”，反而恶化代际关系，父母最终也不得不放纵他们继续游戏人生。

从历史的比较来看，由于娱乐环境的变化，当代父母开始需要承担孩童娱乐教育的责任。问题在于，这些父母在面对来势汹汹的手机游戏时，他们因知识匮乏而缺乏教育能力，即使父母们不外出打工，留在家中陪读和监督，效果也不会好到哪里去，因为他们在家也不知如何说服孩子从游戏世界中脱离出来。

第二，乡村教育丧失娱乐引导能力。当出生和成长于乡村的 80 后、90 后回忆起自己的校园生活时，嘴角应该都会泛起笑意。尽管当时学校校舍破败、设施陈旧，但不影响校园中孩子们的欢声笑语。学生们一到下课，便蜂拥着涌向操场，抢占乒乓球台或空地，希望能够在短暂的 10 分钟内打打球、跳跳皮筋，抢占不到空间的孩子们也会拉在一起疯玩，跑跑闹闹，尽享游戏之乐。五音不全的兼课老师会在音乐课上教学生唱歌，从未学过美术的老师也会勉强教学生画画简笔画。放学后，体育老师会邀着几个爱打篮球的学生在学校里打球。

反观今天的校园，孩子们的欢声笑语少了，沉默的孩子变多了。原因在于，学校丧失了娱乐引导能力。娱乐引导能力包括两个方面：一是教育孩子如何娱乐，教会他们健康的娱乐方式；二是对孩子不健康的娱乐进行纠偏。

在健康娱乐教育方面，乡村学校由于师生比出现结构性失衡，即学校教师人数配备齐全，但由于学科结构不合理，主课老师多，副科老师少，尤其缺乏专业性的体音美教师，因此乡村学校虽开齐课程但上不了。这些非专业的体音美老师在当前的考核体系下也无心去上课。此外，学生要开展户外活动，学校出于学生安全考虑，不倡导甚至禁止学生在学校玩游戏，许多学校连运动会都取消了，学生一放学就将学生赶出校园。2018 年，笔者的一位师妹在中部省份某乡村小学调研时发现，一堆小学生下课后就整齐地蹲坐在教学楼墙角，两眼无神地望着远方，他们既不追赶玩闹，也不去打球，完全丧失了小学生应有的活力。

在不健康娱乐纠偏方面，乡村教师缺乏纠偏能力和纠偏动力。由于国家政策对教师行为进行了严格限定，要求教师不能打骂体罚学生。由于对“打骂”“体罚”等字眼并未进行概念界定，老师发现学生沉迷游戏要进行管制时，会发现缺乏管制手段，好声劝说学生不听，大声斥责则有违规被举报的风险，所以老师们在面对学生沉迷游戏不可自拔时，他们不能也不敢管。此外，在实行免费义务教育和提倡快乐教育后，学校对学生的学习考核弱化，学生不再有考试压力，升学毫无压力，学生在课堂上无心学习，老师们也不再想方设法去改造学生戒除游戏瘾，只是按照学校要求管控学生不带手机。

学校本身具有培养学生健康娱乐活动的功能，他们如果在学校中接受了健康的娱乐活动，就会将之变成一种习惯。然而，当前乡村学校不仅不能提供健康的娱乐方式，而且无法为学生拒绝不健康的娱乐方式提供屏障，因此，当学生以游戏为乐后，就会将游戏变作一种习惯，在学校中念念不忘，一到放假回家失去控制之后就忘乎所以地沉迷在游戏中。

第三，乡村社会弱化娱乐自给能力。乡村社会的娱乐供给源于空间的公共化与互动的低成本。笔者孩提时代可以到任何一处空间中玩耍，甚至“侵犯”他人的私人财产，比如三五成群地到池塘里钓鱼摸虾，到水稻田里捉泥鳅，到别人家的菜地里偷瓜果，玩游戏可以随便到哪家的门口，即使是捉迷藏也可以钻到任一家的谷仓或房间里。不管是谁家的小孩都可以一起玩，完全没有沟通成本，孩子多，玩得更热闹更开心。玩到太阳下山时各家的家长们大喊着“某某某，回家吃饭咯”，随处上演“你妈喊你吃饭了”的场景，要是喊了多遍还是不见人影，妈妈们就会提着棍子到处找人，欢乐而温馨。

乡村社会在娱乐方面的供给能力随着空间的私人化和互动的高成本而下降。土地流转、池塘承包，都使得村庄中农业生产的公共空间逐步演化为私人的占用物，土地上的物品的市场价值凸显，一旦被侵占或被破坏就要受到呵斥和责罚，无论是大人还是孩子。在居住空间中，随着房屋新建，各家各户都将大门紧闭，生怕不注意卫生的孩子到处跑弄脏了自家的地板，甚至对屋外的空间也倍加珍惜，如果有孩子弄脏了家门口也会被责骂，孩子们相互交往的可能性受到影响，可娱乐的公共空间在不断缩小。

此外，由于计划生育和人口外流的影响，村庄中的孩童数量越来越少，孩子们的玩伴也越来越少，可互动的主体越来越少。当缺乏同龄人的陪伴时，这些孩子就会逐渐转向游戏世界，与虚拟世界中的人打交道。当他们习惯了这种娱乐方式时，又会进一步拒绝现实世界的交往。小恒今年 10 岁，所在的村民小组有 30 多户人家，只有一个男孩小宇与他年龄相仿，两个人从小一起玩耍，只要小宇去外婆家，小恒就只能独自玩耍，家中一堆玩具也无心玩，而是默默地蹲在路边玩沙。他的父母为了陪伴他，放弃外地打工的高收入，在家开了一家商店，商店中购置了电脑，习惯了孤独的他就经常一个人玩电脑。

乡村公共空间与同辈群体是孩子们自给娱乐的基础，但是随着公共空间的私人化，同辈群体的减少与分离，孩子们在村庄中获得外在娱乐的可能性下降，此时乡村社会又未出现相应的娱乐供给以满足他们的娱乐需求，因此他们就会逐渐转向孤独的自我，沉浸在娱乐世界中寻找新的精神寄托。

二、乡村孩子深陷游戏漩涡的影响与危害

在家庭和学校防范失控、村庄自给娱乐功能丧失的情况下，游

戏填补了乡村孩子的娱乐真空，成为他们空白时间中的最佳陪伴。游戏为他们建构了新的空间，游戏设计仿造现实世界的运作机制，通过合作与激励来勾连个体与个体、个体与游戏的关系，在游戏空间中，他们有朋友、有伙伴、有目标、有责任、有动力，游戏再造了公共价值和评价体系，他们游戏打得越好，收获的赞美和奖赏越多，他们通过游戏中的互动实现个人价值，他们在现实中遭遇挫折后可以在游戏中寻找到安慰与成就。游戏是孩子们现实世界中孤苦奋斗的避难所，由于游戏中的成就主要依靠时间和金钱，虽然乡村孩子在经济上并不富足，但他们因缺乏家校的双重管控，自主支配时间充沛，因此可支配时间充沛的优势使得他们在打游戏时更易获得成就感。

问题在于，虚拟世界中的能力、价值与意义不能移转到现实世界，尽管少数人通过游戏获得了荣誉与财富，但对大多数孩子来说，他们只是游戏世界中的陪衬。当回归到现实世界时，他们显得与现实世界格格不入。从现实的角度来讲，游戏的负面影响要远远大于游戏对于孩子的正面意义。具体来讲有以下几点。

一是影响身体健康，阻碍正常发育。学生打游戏在学校有老师管制，相对能够保障正常饮食和正常作息。一到放假，家人不管或管不了，孩子们就沉浸在游戏世界中昏天黑地，晚睡晚起，打乱正常的饮食和习惯，饿了就吃，饱了就打，影响身体正常发育。此外，长时间盯着屏幕，增加了眼睛近视的概率和度数。身体瘦弱、眼睛近视、弯腰驼背的“游戏孩子”不在少数。

二是抑制知识教育，强化厌学情绪。如果能够控制游戏时间，游戏就只是作为学习之余的调味剂，也能够促进学业进步，游戏和学习便可兼得。问题在于，大量的乡村孩子缺乏自控能力，他们一旦陷入游戏就不可自拔，沾上游戏之后就忘记了学习，游戏如同毒品，“一入游戏深似海，从此学习是路人”，游戏使得他们厌恶学习，他们进入教室就如同进入牢笼一般，希望早早离开学校。他们无视老师的教诲和学校的规矩，在学校无法安心学习，就通过各种破坏性活动影响学校正常的教学秩序，通过惩罚回家反省获得自由时间。

三是破坏家庭关系，淡化家庭责任。孩子作为家庭中不可分割的一分子，既是家庭的责任承担者，也是家庭的希望。游戏则将孩子从家庭中分离出去，成为与家庭似乎无关联的个体。对孩子来说，他们一旦沉浸于游戏中就忘乎所以，不知自身置于何处，然而，家长对他们充满期待，希望与他们多多交流，希望他们能够努力奋斗早日成才。孩子的游戏快感与家长的生活期待存在巨大的张力，因此会经常爆发冲突，家长对孩子失望，孩子也对家长感到厌烦，孩子的游戏世界将家庭责任消磨殆尽。

四是消磨奋斗意志，产生厌世情绪。游戏世界将孩子与现实世界割裂开来，建构了一套新的价值体系与评价体系，勤奋向上、刻苦学习被游戏装备、“吃鸡打怪”取代，孩子们搁置现实世界中的一切努力，个体现实的奋斗不再有意义。虚拟世界的价值充斥在他们的头脑中，一旦他们回到现实世界时，就会发现一切都不一样，必然会与现实世界的规则和价值发生冲突，而他们由于搁置努力缺乏适应能力与调节能力，遭遇到的挫折会更多，由此消解他们人生在世的意义，产生厌世情绪。

三、多元主体合力建构健康娱乐网络力克游戏瘾

儿童沉迷于游戏成为当前我国乡村社会所面临的共性问题，游戏瘾影响的不只是孩子的童年，还有孩子的命运、家庭的希望，乃至国家的未来。要解决游戏所带来的问题，需要多元主体通力合作，共同发力，所涉及的主体包括游戏公司、乡村学校、学生家长和村庄社会。

一是游戏公司要加强技术控制。通过对未成年人设置技术门槛，限制游戏时间，禁止未成年人进入某些不适宜的游戏，来降低未成年人沉迷游戏的可能性和程度。游戏公司还可以改变游戏中的规则设定，正向鼓励未成年人与现实社会多接触，传输现实中的正向能量和积极价值。

二是乡村学校要加强娱乐教育。一方面引导学生开展健康的游戏活动，提高体音美教育的质量，为学生提供基本的娱乐场所，增加学生在校娱乐的时间，培养孩子们健康娱乐的观念与能力。另一方面要建立有效的激励机制，塑造学生积极向上的学习心态和奋斗观念，纠正他们不良的娱乐偏好，提升他们对学校的认同感和参与度。学校还要针对家长进行教育，教会家长如何与学生沟通，如何引导、监督和教育孩子分配闲暇时间，如何开展健康有意义的娱乐

活动。

三是孩子家长要合理引导教育。娱乐时间不是垃圾时间，善于利用可以将娱乐时间变作积极的休息时间和发展时间，家长要学会引导孩子玩耍，一方面教会他们规划娱乐时间，另一方面教会他们提高娱乐的质量。家长要加强对孩子的关注度，在面对孩子沉迷于游戏时，家长要理性客观分析，耐心疏导，不可通过简单粗暴的打骂方式解决，否则只会恶化关系，将孩子推向游戏深渊。

四是村集体要积极发挥娱乐供给的功能。乡村孩子有大量的时间在村庄中度过，村庄场域是重要的教育场所，村集体要主动回应孩子们的娱乐诉求，通过娱乐空间的再造和娱乐活动的开展，引导孩子们将娱乐时间变得更有价值。村庄中可以建设一些可供青少年活动的娱乐场所，比如篮球场、乒乓球台等，给予他们玩耍的空间。有条件的村庄也可以组织一些针对青少年和儿童的游戏活动，比如暑期组织拔河比赛、歌唱大赛、特长培训等，通过丰富多彩的活动吸引他们的注意力，以此分散他们的游戏时间。

村民闲暇时间的支配是乡村精神文明建设的一部分，随着大多数村庄基础设施的完善，政策研究者和决策者开始关注成年人的闲暇时间的支配，一些村庄通过政策引导和自发行动孕育出健康的娱乐方式，比如妇女跳广场舞、老人集体散步等，但儿童的闲暇时间被忽略，游戏在不知不觉中侵入他们的世界就成了理所当然，因此，孩子们在放学后、寒暑假的闲暇如何健康度过，同样应该纳入到政策研究者和决策者的考虑视野中来。

第 九 章

职业教育发展与产教融合

“普职分流”政策不能“一刀切”[1]

各地在执行普职分流政策中，机械地按照 1∶1 的比例对高中阶段入学学生分流，不仅是对中央关于推进职业教育改革精神的曲解，而且脱离当前我国基础教育、职业教育发展实际。

最近，武汉大学组织专业调研队伍在多个省市调查职业教育发展，发现不少地方机械地执行“普职分流”政策，影响地方教育均衡发展，加重了家庭教育焦虑，引发了人民群众的不满，削弱了教育政策的社会适应性，需要及时进行政策纠偏。

一、“普职分流”政策执行“一刀切”的表现

普职合理分流是优化我国高中阶段教育结构，促进职业教育现代化发展的重要举措。早在 2002 年《国务院关于大力推进职业教育改革与发展的决定》文件中，就提出“要以中等职业教育为重

[1] 本部分的调查和写作由易卓与笔者共同完成。

点，保持中等职业教育与普通高中教育的比例大体相当，扩大高等职业教育的规模”。此后，关于普通教育与职业教育的结构规模比例问题，相关的政策文件都进行了强调，总的要求是要普通高中与中等职业教育“结构更加合理”“招生规模大体相当”。通过政策引导，在尊重家长和学生的自主意愿的基础上，达到合理的区间范围内的普职分流，对于职业教育的健康发展以及教育结构的合理布局有着重要意义。

然而，当前我国部分省市在执行“普职分流”政策时却存在“一刀切”的问题，主要表现为地方政府将“保持中等职业教育与普通高中教育规模大体相当”的政策要求，作为严格的 1∶1 比例对初中毕业生进行入学分流。这样，只有 50% 初中毕业生能够升入高中就学，而剩下的 50% 被分入中等职业学校，无法进入高中学习。

有地方教育主管部门还将本地普职比分流的 1∶1 比例作为考核指标。不少省市如湖北、广西、江苏、浙江等地，都在按照 1∶1 的比例严格执行“普职分流”。按照 1∶1 比例分流，越来越成为各地对“普职分流”政策的核心理解与执行标准，“普职分流”政策执行的“一刀切”问题在地方教育治理实践中已有普遍推开的趋势。

二、“普职分流”政策执行“一刀切”所存在的问题

各地在执行普职分流政策中，机械地按照 1∶1 的比例对高中

阶段入学学生分流，不仅是对中央关于推进职业教育改革精神的曲解，而且脱离了当前我国基础教育、职业教育发展实际，带来了严重的社会问题，主要有以下三个方面。

一是“普职分流一刀切”违背职业教育发展规律。职业教育发展是与产业聚集和经济发展相匹配的，增强职业教育的前提是“教育—产业”双布局重合。然而，我国目前经济发展和产业聚集还存在明显的东西差异，由此带来职业教育发展的东西差距，这种差距只能缩小，很难完全消除。因此，各地在执行“普职分流”政策时需要因地制宜地考虑本区域职业教育的发展质量和发展前景，只能在职业教育有一定基础的前提下逐步提高职普比。

对中西部地区来说，“一刀切”地执行“普职分流”，政策执行缺乏弹性空间；同时本地职业教育发展程度不足，社会家庭接受度不高，最终导致当地职业教育没有实质性发展，职业技能人才培养目标也难以实现。

二是“普职分流一刀切”加剧社会教育焦虑，引发群众不满，扰乱地方教育生态。由于目前社会整体对职业教育的接受程度不高，职业教育的学历体系和培养体制也还不够完备，进入职校后的继续升学渠道较窄，因此，让自己的子女读高中继续升学，成为社会上绝大多数家长的朴素愿望。

一旦将普职比严格限定在1∶1，就会极大地加剧家庭的教育压力，必将导致教育竞争提前至初中、小学阶段，激化社会教育矛盾。在浙江、湖北、江苏等地调研发现，在“普职分流一刀切”

下，家长都非常焦虑子女读不了高中，纷纷寻求校外培训机构补课，投入大量精力和金钱，极大地增加了家庭教育负担和子女学习压力，也扰乱了地方正常的教育生态。

在计划生育政策的影响下，目前正处于基础教育阶段的家庭还有相当一部分是独生子女家庭，父母对自己子女的期待很高，希望在受教育机会上能够有更多的选择，这是很多家庭和家长的真实需求。机械地按照 1∶1 比例“普职分流”，会增加家长与学生对教育预期的不确定性，剥夺了家长与学生在教育选择和方向上的自主权。

三是“普职分流一刀切”拉大城乡教育差距，打破城乡教育均衡发展。以武汉市为例，武汉市城区家庭的经济资本、家长的社会文化资本相对丰富，对子女的教育投资和未来发展很上心，再加上城里的各种培训机构和学校教学实力都比较强，当“普职分流”的压力传导给家长后，城市家庭会通过加大教育投资来争取更多的子女上高中的机会，因此武汉城区中学生上高中的比例大约在 60%。与之相反，武汉市周边区镇的上高中率则只有 30%，原因在于与武汉市城区相比，周边区镇的教育资源比较稀薄，农村家庭的父母对子女教育难以辅导，也没有多余的经济资源让子女去上补习班。

“普职分流”政策执行“一刀切”剥夺了学生与家长的自主选择空间，加剧地区教育焦虑和家庭教育压力。机械、简单地按照 1∶1 的普职比分流，会加剧地方教育竞争，在城乡教育资源分配不均的现实状况下，会进一步拉大城乡教育差距，不利于教育公平。

三、对普职合理分流的政策建议

“普职分流一刀切”不符合“办好人民满意的教育”的理念，不契合人民群众的教育需求，应及时进行调整，具体如下。

一是坚决避免机械地按照 1∶1 比例执行“普职分流”政策。应当保持“普职分流”政策的灵活性，了解和回应家长和学生的合理需求，尊重家长和学生的教育选择权和自主权，提升教育政策制定和实施的社会适应性，将普职比保持在良性合理的区间，逐步实现普通教育与职业教育结构的优化平衡。

二是回应社会绝大多数家长的需求，增加普通高中学位，把“普职分流”放在高考后。当前中职中专和职业高中教育，既不能满足产业升级对职业技术教育的需求，也不符合社会上家长对子女教育的期待和选择，应该进行改革，一部分转制为普通高中，另一部分升格或并入高职高专。这样既能满足绝大多数家长、学生追求更高学校深造的需求，又能提升职业教育学生的文化层次和发展潜能。

三是要继续推动城乡教育均衡发展，为普职合理分流打好基础。推动普职合理分流不能牺牲城乡教育公平和教育均衡，要继续坚持城乡义务教育均衡发展，在城乡学生有相对公平教育机会和教育资源的前提下，再促进普职合理分流，办好人民满意的教育。

县级职校多中心目标教育如何可能

当前县级中职教育因无法回应市场需求、推动产业升级而陷入合法性危机。为了走出危机，县级中职学校通过构建多中心目标，回应差不多一半以上乡镇初中毕业生的“养成教育”缺失问题，为他们继续接受教育、获得成长、升学深造兜底。教育目标从回应市场转向回应社会，为县级中职学校的发展提供了新的合法性，开拓了新的发展空间。

一、县域职业教育要重新定位

前几年我在做产教融合调研时，发现中职中专存在理论落后、专业不精、规训不严等问题，因而并不能承担起培养合格产业工人的责任，更无法支撑国家产业升级和参与国际竞争战略。当时我主张中职中专包括县级职教中心应走转型之路，包括改制普通高中和并转高职高专。这两年对县域初中教育、职教中心的调研，除了保留上述基本判断，还深化了对县域职业教育的认识。县域职教中心虽然在职业教育上不能有所贡献，但也不一定要转制或并转，它在急剧变革的县域社会，对于初中阶段未形成“好习惯”的农村学生的“养成教育”至关重要。经过职教中心的3年“养成教育”，学生不一定有良好的专业和职业素养，但至少可以是一个有相对健全人格的成年人，能够适应社会而不是走向社会的反面。

县域职教中心的“养成教育”实质上是初中本应该做而没有做的学生“社会化”的教育，也就是让农村青少年学会“如何做人”的教育，它属于“初中后”教育，而非完全的职业教育。该定位既与乡村社会的实际情况有关，也与初中升学单中心目标有关，还有县域职教中心自我认知的基础。

二、破碎的乡村社会无法承担规训任务

初中教育是基础教育的重要阶段，主要功能不外乎两个：一是知识教育；二是养成教育。知识教育是传授人类生活、生产、社会交往各领域沉淀下来的带有共识性、规律性的经验，在初中主要表现为提升各学科应试能力的升学教育。养成教育，是指培养学生良好的行为习惯、语言习惯和思维习惯的教育，是对学生习得社会规范、适应社会能力的规训，俗称“如何做人”的教育。知识教育与养成教育相辅相成、相互嵌套，在实践中并不截然区分，知识教育中也有养成教育，养成教育中也有知识教育，施教主体也不仅是学校，家庭、社会及学生自己都可以是教育主体。但在县域社会，知识教育和养成教育的施教主体主要是学校。

县域社会具有浓厚的乡土色彩，农民占据社会的主体。当前农民总体上缺席子女的教育。从知识教育来讲，当前小学、初中学生的家长以 80 后为主，他们多持的是初中毕业证，他们的知识储备和应用能力只能应付初小学生的课业，对高小和初中的知识教育则无能为力。更重要的是，他们多数外出务工经商，一般将小孩丢给祖辈看护，而祖辈在孙辈的知识教育和辅导上更是一筹莫展。因此，当前乡村初中学生的知识教育主要依托于学校，当然在过去则更是如此。

在养成教育上，过去乡村社会、家庭、学校都是重要的教育主体。在 20 世纪八九十年代及 21 世纪的前 10 年，一方面，村庄社会是一个整体，能够对家庭、个体有约束力，子女教育问题不仅是家庭的私事，而且是村庄社会的公事。村庄社会可以通过公共规范、公共舆论及直接教育等方式对村里的青少年进行规训。另一方面，家庭结构和功能是完整的，家庭主要劳动力要么以务农为主，年轻夫妇双方都在农村，要么家庭分工以夫妻分工为主，年轻男子外出务工、年轻妇女在家照看小孩和老人。在这样的家庭结构下，家庭养成、规训的功能还能够正常发挥。因此，乡村社会、家庭就能够积极配合学校共同完成子女的养成教育，使他们的人格成长相对健全。

但是 2010 年以后，乡村社会快速解体，血缘地缘关系弱化，农民个体户意识增强，村庄共同体意识减弱，未成年子女教育问题完全成为农民家庭私事，与他人无关。农民家庭对其他人家的子女既管不着也不愿管，管了要生嫌隙。因而村庄在青少年规训这一块退场。同时，家庭夫妻双方外出务工，未成年子女由爷爷奶奶照看。但是爷爷奶奶只能照顾未成年子女的吃喝拉撒，而无法对他们进行养成教育。因为农村祖辈的家庭权威丧失，他们管护孙辈的权力是子代转移的，因而他们在管护上无法完全行使自己的意志，只管住孙辈不出事即可。为了不造成祖孙两代人的矛盾，祖辈在孙辈的不良行为上往往采取睁一只眼闭一只眼，而难以给予规训。而外出务工的父母不仅平时对子女的养成教育鞭长莫及，而且可能因为对子女有亏欠意识而容易溺爱子女，从而对子女的某些不良行为采取宽容态度。这样，乡村社会、家庭都无法承担农村青少年群体养成教育的责任，也不能很好地配合学校对未成年子女进行管教，农村这部分群体的养成教育也就完全依赖于学校教育。

三、升学教育：乡镇初中的单中心目标

那么，乡镇初中能否履行好农村学生养成教育的责任？也就是说，乡镇初中不仅要在没有乡村社会、农民家庭配合的情况下，独立完成知识教育的任务，还要履行养成教育的职责。

乡镇初中要完成上述两个目标有较高的难度，具体原因如下。

第一，乡镇初中资源有限。无论是教学还是学校、班级管理，都需要资源投入，包括人力资源和物质资源的投入。在物质投入方面，精准扶贫以来，乡镇初中的基础设施都得到了较大的改善，甚至在许多地方乡村小规模学校的现代化教学设备也不亚于县城完

小。所以，物质方面虽然有加大投入的空间，但乡镇初中主要缺的是人力资源，包括教职工数量和优质教师资源。教职工是学校、班级、宿舍、后勤等方面管理工作的重要保障，人数多保障就充分。但是乡镇初中，不仅在班主任、优秀科任老师上非常欠缺，生活老师、后保人员、行政干部等都严重缺人。班主任一般要身兼多岗多职。县级各行政部门非教学型任务大量下沉到学校教学一线，由于学校没有配备行政人员，一些科任老师被抽调到年级、学校兼行政，经常与教学任务相冲突，顾此失彼。后保部或政教处是管理学生违纪的学校工作部门，除一两个聘用保安人员外，包括主任、副主任、成员在内的岗位都由科任教师兼任。乡镇初中基本上没有配备生活老师专门管理寄宿学生的生活和住宿，班主任每天要兼做查寝工作。在这种情况下，乡镇初中在学校、班级、学生管理方面根本无法做到精细管理，甚至难以兼顾知识教育与养成教育。

第二，单中心目标导向。大多数乡镇初中都担负着本乡镇初中学生考取高中的重任，背负着全乡镇学龄家庭的教育期待，同时，县域内各初中之间还要在中考升学上开展竞争，初中校长有较大的升学政绩压力。因此，虽然初中是教育部门强调的素质教育的重要学段，但是应试教育依然是主导的教育模式，从学校管理层到一线教师都默认升学是学校唯一重要的目标，学校其他管理目标，乃至养成教育目标，都要服从或服务于这个目标。在单中心目标指导下，学校的主要经费、物质、人力等资源都向知识教育目标倾斜，而留给养成教育的资源则相对较少，特别是班主任、科任老师等的注意力是特别稀缺的资源，主要用于知识教育，也就是少数能够考上高中的学生身上。因此，他们的时间、精力要用于教学内容展开、教学秩序维护上，他们的关注重点要放在少数有升高中希望的学生身上。这样必然会偏废养成教育，也就是学校和一线老师不会将主要资源和注意力放到学生的社会化教育、做人教育及其他素质教育上。甚至，当少数差生、违纪生影响到学校单中心目标，而纠正他们的行为、教导他们养成所消耗的资源过多时，学校、班级就会对这些学生进行区分管理，即区分出“可教者”和“不可教者”，将他们与有望升学的学生区隔开来，以节省管理成本。这些被区隔出来的“不可教者”，学校对他们的态度是不仅不教授知识，而且不给予养成教育，主要措施包括开除、分班、调座位等。对待未开除者，区隔实质上是无形的牢笼。在牢笼里有没有收获学校不管，只要不影响学校的单中心目标就好。在单中心目标下，只要与该目标不协调、有冲突和张力的其他目标或行为，都会被污名化，有这些目标或行为的学生则被认为是有问题的人从而被边缘化，使他们在学校没有一席之地。学校教育对这些学生来说具有“不可及性”，他们与学校教育规训绝缘。

第三，初中生心智不成熟。初中阶段的学生，处在青春期发育之中，身心都较为活跃，甚至有些叛逆，这些都属于正常现象。这样就会带来一些问题，一方面他们会调皮捣蛋，另一方面他们的心智又不成熟，无法为自己的行为负责和规划未来。所以，有些学生表现得不爱学习、不受约束、违反校级班规，甚至有欺凌行为，但都只是这一阶段的特别表现，不代表他们生性如此。如果给予他们时间，或者同时给予他们更多的思想教育工作，他们也可以转变为"可教者"，或者至少不是违法乱纪者。调查中有这样的案例，某中学分出来的某"慢班"（或平行班）开始是由一体育老师担任班主任，该老师有时间有责任心，每天带领班级晨跑、经常开班会，乃至到男生宿舍与学生同住，找每个学生谈心，几乎对每个学生都做过家访，了解每个学生的历史和近况，做学生思想工作不仅有耐心而且有针对性。一个学期下来，该老师在学生中拥有较高威望，与学生相处融洽，甚至最调皮捣蛋、最不爱学习的学生，在他的带动下也能学习进步，班风班纪为之一新。但是后来该班主任调走，调来一个教化学的中年女老师，该老师家庭私事繁忙，并跟其他班主任一样对学生进行区分对待，很快学生又出现分化，过去"转变好"的学生又恢复原样，他们对新班主任厌恶至极，使得班级班风又差了起来。同一个班级，不同的老师带班，时间、精力投入的方式方法和数量不同，结果就有差异。这说明养成教育在初中也是可行的，只是多数学校、班主任没有给予学生机会。

综上，初中生在他们这个阶段，处在资源匮乏的乡镇初中，还面临着以升学为目标的校园氛围，他们中的一些人因为与单中心目标有冲突，或者仅仅是因为他们还小不懂事，就被学校予以区分对待，不仅无法获得初中阶段应该获得的知识，也无法在该阶段进行应有的社会化、学会一些做人之道。如果他们就这样走出社会，就必然无法适应社会，更无法适应现代企业、工厂高度科层化的工作岗位。

四、养成教育：职教中心的多中心目标

县域职教中心本来是做职业教育的，但是近年各地职教进行改革，管理层开始认识到职业教育、培养产业工人不是他们唯一的目标，让这批在初中阶段没有学会约束自己、没有学会做人的学生“学会做人”才是最重要的。那么，养成教育也就成为县域职业教育的重要目标。根据调查，某县职教中心的养成教育主要有以下这些有效措施。

第一，加强多中心目标管理。养成教育本身有诸多的渠道，可以通过各种多元的其他目标来实现。可以说与初中单中心目标模式不同，县域职教中心秉持的是多中心目标的理念进行学生管理和培养。多中心目标其实就是没有主导的目标，而是以不同学生的特性、禀赋、爱好、问题为准，因地制宜、因材施教、因人而异达成不同的培养目标。比如，在管理上，职校为达到相对有效的管理，会采取问题导向的管教方式，对每个学生的问题进行新的分门别类，比如心理问题、违纪问题、学业上进者、混日子者等，针对性地解决问题。在学生培养上，如对有技术天赋又肯努力的少部分学生，可以成立专业系、学校的技能大赛团队，专门培训他们参加各个层次的技能大赛；有高考意愿的学生则加入高考班；有想晋升高职高专的学生则给予相关方面的教育；有其他兴趣爱好者则成立不同的兴趣小组、学生社团等。这些教育归根结底都可以归为养成

教育。

多中心目标的教育理念和管理实践有诸多的正向功能，最主要的是有教无类。多中心目标管理不以单中心目标为分类或区隔标准，不对学生进行排斥和污名化、边缘化，使不同特点、爱好的学生都能够获得相应的教育，学生与学校可沟通，使得学校教育有较强的“可及性”。在多中心目标下，学生本身就是目标、就是中心，每个学生都可以在学校找到自己的位置，在这里不存在中心与边缘、好学生与差学生之别。在职教中心，不是不存在违反校规班纪的学生，也不是不存在所谓“问题学生”，但是它的解决方式不像初中那样“问题化”和解决出问题的“人”，而是针对具体的人解决问题。

由于不是单中心目标，不是以升学或专业学习为唯一重要目标，学校资源的分配就可以不那么集中，可以分散到各个目标上。同时，校长、班主任也没有单一目标下的竞争压力，因而可以将更多的时间和精力用于各个目标和解决问题上。这样各个目标、问题和学生群体相对而言都可以顾及。

第二，加强后保力量建设。随着国家对职业教育的重视，各层级政府对县域职业教育的投入也在不断增加。县域职教中心有钱了，学校各方面建设都加强了，其中后保部门的强化在学校管理中起着至关重要的作用。后保部相当于初中的政教处，是纪律维系和处分的部门。目前，中西部县职教中心后保部的人员在六七人到十二三人不等，与学校规模有关系。某县职教中心后保部前几年从退伍军人中招募了6人组建巡逻队伍。该队伍有特定的制服和装备，每天在固定的时间和特定的路线对学校进行巡逻，看是否有违纪学生，重点关注打架斗殴、翻门越墙、抽烟喝酒等现象，并对有违纪现象的学生进行教育和惩戒。学校要求巡逻队不能私下跟学生发生联系，以免在巡逻执纪中有徇私成分；尤其是不能跟女同学有往来或私下关系，这样容易被学生抓住把柄。由于巡逻队平时都是着正装露面，又是退伍军人，不苟言笑，透露着一股昂扬正气，对学生有较强的震慑作用。同时，由于人员较多，校园巡逻、问题处置、学生教育都能顾得过来，甚至可以做得较精较细，所以许多问题都能得到发现和很好地解决而可以不留后遗症。

第三，加强学生社团建设。在某乡镇初中调查时，有班主任将班上那些个子高、不爱学习、喜欢运动以及调皮捣蛋的学生组织起来组建篮球队，他们在下午其他同学自习的时候就可以到篮球场上训练，并经常组织与其他班级尤其是“快班”进行篮球比赛。通过组建篮球队，在班级管理上达到了以下结果：一是耗散了这些精力充沛学生的体力和精力，使他们在打完篮球后捣蛋不起来，从而可以成为班级的不捣蛋者；二是这些学生在篮球队里找到了成就感和获得感，上课、看书他们会打瞌睡，但是打篮球他们就最起劲，甚至还能获得班主任和其他同学特别是女生的关注，班主任还会跟他们一起打球，使得他们愿意留在学校而不是逃学外出；三是篮球队是班级的篮球队，能够激发他们与其他同学的班级荣誉感，使班级凝聚力增强，相互排斥、相互分化的氛围减弱；四是这些学生在打篮球过程中增强了组织、管理、交往的能力，也在篮球队增强了规则意识和合作意识；五是班主任可以通过篮球队对队员进行动员、做队员的思想工作；六是篮球队员对篮球队有归属感和荣誉感，愿意为篮球队更好地维系和发展而贡献力量，甚至作出一些妥协和牺牲。总之，班主任通过组织和支持班级篮球队，达到对班上“问题学生”的养成教育。事实上，职教中心组建的各种兴趣组织、学生社团，实质上是依据学生兴趣爱好或问题偏好等对学生的再组织化，也可以达到对学生养成教育的目的。

上述措施在作用职教学生的同时，职教学生也随着年龄的增长，见识在拓展，理解能力在提高，心智在成熟，即“在长大”。那么，他们对自我的角色和任务定位会逐渐清晰、准确，也就会越来越认同学校的知识和养成教育措施，认可老师对自己的苦口婆心和良苦用心，进而就可能越发自觉地遵守学校、班级纪律。如此，一方面学校在主动规训，另一方面学生在长大，两方面发生碰撞和化学反应，待到 3 年他们毕业走出职教校门，就得到了一定的社会化锻炼，有了一定的社会适应能力。

五、基础教育研究要深嵌中国县域社会

从以上描述和分析可知，在 20 世纪八九十年代，乡村社会、农民家庭都还能够对未成年子女进行规训，学校即便只关注升学教育，也可以做好养成教育、学会做人，使农民子弟即便只读了小学、初中也可以人格健全、适应社会。但是 2010 年以后，乡村社

会解体，农民家庭越发不完整，已经无法对未成年子女进行规训了，甚至无法配合学校进行养成教育，养成教育就完全仰赖于学校了。这个时候，小学、初中如果还是只重视升学教育、实施单中心目标，就会荒废养成教育，就会为了少部分学生的升学教育，而牺牲大部分学生的养成教育，使他们在没有形成健全人格的情况下走向社会，这是非常残忍和对社会极其有害的。

从上面描述和分析也可知，基础教育研究不仅要就学校管理、班级管理、教育体制运行讨论基础教育，而且要深深嵌入到县域社会中，只有在对县域社会性质及其变迁认识的基础上讨论基础教育问题，才能真切地把脉基础教育。

某县职业教育对养成教育的新经验和新定位，这本身意味着县域职业教育设计者们对县域社会和县域职业教育本身的清醒认识。这一经验对当前农村初中毕业生的健康成长是非常有必要的，是对初中养成教育不足的必要补充。事实上，随着乡村社会、农民家庭的变迁，初中教育就应该放弃升学这一单中心目标，采纳职教中心多中心目标的经验和定位，让更多的学生得到多元的、健康的成长。在该体制没法在短期内变革的情况下，县域职业教育可以率先转向多中心目标模式，做好“初中后”教育。

2023 年 2 月 15 日

职业教育中“产教融合”的实践模式[1]

在国家大力推进产教融合的时代背景下，职业教育选择何种实践模式加强校企合作，推动产教深度融合是重大实践问题。实践经验表明，未来我国职业教育应以综合平台模式为主导方向，重点推动产业学院、职教联盟、实训中心建设，继续发挥委培、工作室和学习型工厂等传统模式作用，稳妥推进校企一体化模式。

一、引言

2017 年《国务院办公厅关于深化产教融合的若干意见》提出：“深化产教融合，促进教育链、人才链与产业链、创新链有机衔接，是当前推进人力资源供给侧结构性改革的迫切要求，对新形势下全面提高教育质量、扩大就业创业、推进经济转型升级、培育经济发展新动能具有重要意义。”2019 年《加快推进教育现代化实施方案

[1] 本部分的调查和写作由尹秋玲与笔者共同完成。

（2018—2020）》明确提出完善职业教育和培训体系，深化产教融合与校企合作。同年 9 月，国家发展改革委、教育部等六部联合出台《国家产教融合建设试点实施方案》。

在此背景下，笔者及所在团队于 2020 年 10—12 月，走访了广西职业技术学院、柳州职业技术学院、宁波职业技术学院、浙江工商职业技术学院、湖南三一工业职业技术学院等职业类院校以及广西汽车集团、　集团等企业，重点考察了我国职业教育在加强校企　融合上的实践探索。

二、　融合的实践模式

（一）

委培即委托培养，按照主体角色不同，可分为企业委托学校和学校委托企业两种形式。这是从订单班、现代学徒制和教育服务外包三种校企合作形式的委培共性总结得出的。结合实地调研，重点介绍以下两种类型。

1. 企业委托学校：订单班或现代学徒制

订单班和现代学徒制都是学校按照针对性、精益化要求为企业某一个岗位培养定制的人才，人数不多。两者差异在于订单班限于人力输送，人才培养环节依然以学校为主，企业整体参与不多，而现代学徒制是企业深度参与人才培养整个过程。以广西汽车集团和柳州职业技术学院的现代学徒制为例，企业深度参与表现为三点：第一，企业制订企业文化、精益生产、现场工艺等 21 门课程，让学生结合岗位和企业需要针对性学习；第二，开展“学校课堂+企业课堂+导师互聘”模式，盘活校企资源，在校期间提升学生技能和企业归属感；第三，在生产淡季选派培训师对现代学徒制班级学生进行培训，邀请老师驻点企业共同开展实习生“回炉教育”，提高实习生稳定性。两种形式在发展中有两点问题。其一，中小企业积极性不高。大企业因在就业市场中处于高地，学生毕业后留在企业较多，企业培育成本能够获得人力回报，由此积极性较高。而中小企业在就业市场上处于劣势，易面临人才流失的困境，如柳州采埃孚机械有限公司与柳州职业技术学院合开了两届现代学徒制，共培养25个学生，但只有1个学生留在该企业，由此企业不再愿意与学校继续合作。其二，市场岗位发展适应问题。针对某一岗位需求是具体而又局限的，但整个市场用人需求是多元普遍的，一旦产业更新太快或者学生不留在原企业，订单班或现代学徒制学员就易面临技能过窄的就业困境。

2. 学校委托企业：教育服务外包

传统的服务外包作为一种校企合作方式，是指学校依托自身专业办学水平和资源承接企业外包业务，以生产促教学。但教育服务外包则是学校以项目制购买教育培训公司服务，以此来提升学生专业技能。这种模式在软件和数媒等现代信息产业中比较流行，现代信息产业发展迅速，企业对人才需求旺盛，校企合作以人力培养为主，不需要投入大量昂贵的生产设备，这为教育培训公司进入学校提供了宽松的条件。如广西职业技术学院与北京火星时代科技有限公司共建数字艺术产业学院，该公司是一家专业的教育培训公司，双方合作方式是学校提供场地、设备并向企业支付一定的服务和管理费，此外学生向公司每年交纳4000元培训费，火星时代则负责学生的专业课教学。从最后结果来看，参与火星时代公司培训的学生就业率比普通班高近5个百分点，专业招生人数也从原来9人增加到200多人。然而，教育服务外包方式在发展中也存在三点问题。第一，学生教育成本上升，几千元培训费会增加学生和家庭负担。第二，教育公平风险。分班教学制度下，参与企业培训的学生专业能力提升快，其他学生依然面临专业技能低的问题，一旦二者差异越来越大，学生和家长会怀疑学校的公信力。第三，学校教育职能弱化，教育服务外包本质是学校将一部分专业化教学职能让渡给企业，长此以往会影响公立学校的教育职能。

（二）工作室模式：技能大师工作室和教师双创工作室

工作室模式，是指学校或企业依托优秀老师或技能大师来成立工作室，以促进技术研发攻关、人才培养和社会服务，此模式是从企业大师工作室和学校教师工作室经验总结而来的。另外，还有教师双创工作室，即学校教师与企业大师联合创办工作室来进行校企合作与产教融合。结合实地调研，重点介绍技能大师工作室和教师双创工作室。其一，技能大师工作室。在2010年，广西汽车集团为解决自动化和智能化生产线研发而召集郑志明等10多个专家成立了工作室。郑志明大师是广西汽车集团首席专家，荣获第八届全国技能能手，在日常工作室运作中，他不仅要带领企业内部优秀员工主攻生产技术攻关，还要承担订单班学生的技能培训课以及联合学校参加全国技能竞赛。从结果来看，郑志明大师工作室带领团队成员共同完成工艺装备自主研制项目 18 项，交付使用工艺、工程装备 24 套，为公司直接创造几百万元的经济效益。其二，教师双创工作室。浙江工商职业技术学院建筑与艺术学院院长徐建民在 2002 年为解决学校动漫专业发展问题，带领学院老师和学生创建了工作室，通过承担商业项目来提升专业办学水平，这极大地调动了年轻教师从事科研和教学的工作积极性，学生技能也得到极大提升，其中有 10 多个优秀学生毕业后自主创业成为老板。总之，工作室模式在生产技术研发和人才培养上成效显著，但运作中可能存在学生权益保护和校企知识产权收益分割难题。

（三）学习型工厂模式

学习型工厂是总结“厂中校”和“校中厂”在人才培养上的共性而得，即以小规模的生产车间作为实训基地或者教学场地，让学生参与实际生产来提升学生专业技能。学习型工厂兼具生产经营和学生实践实训双重功能，企业的主要目的是借用学校的场地、设备和人力，减少生产成本。按照校企合作关系不同，主要有三种形式。其一，校办工厂。学校是工厂主管单位，如柳州职业技术学院校办工厂承担小规模的零部件加工，虽然收益不多，但在学生实习和实训上的教学效果明显。其二，校中厂，即引企入校。2011 年，浙江工商业职业技术学院与宁波华宝百顺模具制造有限公司共建教学工厂。学校投资 5000 万元为企业提供厂房、办公场所和一定的生产设备，企业协助学校每年培养 600 个左右的学生，承担实习实训、教学指导和管理工作，现已累计接收 3457 个学生，同时校企共建协同创新中心和研发团队，目前已获得发明专利 15 项，共完成了 14 项课题，共计投入研发经费 668 万元。其三，园中校厂，即“园区+企业+学校”。2019 年，广西商贸科技高级技工学校与广西智拓科技公司合作，以企业在大航科技园区内的一个车间为依托共建工业机器人产教融合基地。同时，该校与广西大航科技、广西东翔科技以及广西奥翔科技有限公司在校内共建无人机产教融合基地，承办无人机社会化服务与生产。最后，学习型工厂在运行中主要有三个问题。其一，企业生产与学校教学的矛盾，双方在学生实习实训时间安排上难以协调。其二，校企合作不稳定，在引企入校模式中，校企合作受双方领导人态度的影响大。一旦学校领导不重视或者不支持，校企合作就面临破裂风险。其三，国有资产流失风险，把国家设备借与企业生产，仍然存在一定合法性问题。

（四）综合平台模式

综合平台最初是指整合教育界和产业界资源，即高校与科研机构、行业企业共建的校内产学研合作项目，但随着产教融合深度发展，综合平台则指校企以契约或者资本为纽带而搭建的经济模式的创新载体，受此启发，从产业学院、实训中心、职教联盟等多种实践形式提炼出综合平台实践模式类型，即通过搭建校企资源整合与机制体制创新平台，来推动校企在协同育人、技术服务、创新创业的系统性合作。它的优势是资源整合更加全面，校企合作机制更健全，合作方式更加多元，产教融合程度更深。结合实地调研，重点介绍产业学院和实训中心两种平台形式。其一，产业学院。如柳州职业技术学院依托机电学院与广西汽车集团共建智能制造产业学院，学校负责出场地、设备、教师，而企业出一定的技术和设备，双方共建人才培养基地、智能制造运维中心、智能制造赋能中心，其中运维中心盘活高校老师、厂商维修人员以及企业内部的高级工程师的人力资源，共同开展运维技术攻关，为行业企业提供技术支持服务。其二，实训中心。其主要职能是企业员工培训、学生教学、职业技能鉴定等。如柳州职业技术学院与广西柳州工程机械股份有限公司共建的柳工全球客服体验中心和广西汽车集团的工匠大学，二者的职能定位是为企业职员提供培训服务。但综合平台模式运行中的问题有：第一，校企合作机制体制不健全，特别是校企在共同投资和收益分享的机制不健全；第二，建设成本高，如广西汽车集团需要政府财税投入和资金进一步支持；第三，利益分割难题，培训作为人力资源提升的途径有巨大的市场利益，牵涉政府部门和学校的创收，企业是否有参与培训和颁发证书的资格，在制度层面上依然不够清晰。

（五）校企一体化模式

校企一体化模式，即校企高度融合，学校和企业在利益、组织和管理上高度一体，双方在人才培养、人才使用、社会化生产与服务上紧密合作。此类型是从校办工厂和企业大学两种实践形式中提炼而得。结合实地调研，重点介绍校办工厂和企业办大学两种形式。其一，校办工厂。如柳州职业技术学院校办工厂，学校依托工厂发展生产，创造集体收入和激励教师教育教学积极性，同时也借实体化生产提升专业教师和学生技能。工厂也借学校师资和学生作为劳动力，以获得生产收益。其二，企业办大学。湖南三一工业职业技术学院是由三一集团投资创办的高职院校，学校定位是为三一集团培养高技能、高素质的人才，学校在专业设置和人才培养上以企业需求为主，毕业生优先服务三一集团及其上下游公司。企业除了经济投入，也派驻一部分工程师进驻学校做兼职教师，而且按照市场生产发展需求与学校共同制订人才培养方案。学校作为人力基地服务于企业发展，属于企业的一个独立的职能部门。校企一体化模式因校企利益高度共融而合作方便，能充分发挥学校和企业的优势，集聚校企资源，产教融合效果好。但这种模式运行受以下几点因素影响：第一，国家政策现在整体方向是倡导校企剥离，校办工厂和企业办大学的空间缩小；第二，校企合作边界难题，在实际合作中，企业偏向生产而学校重视教学，生产和教学实践中难平衡；第三，企业大学市场适应性，企业大学的发展受企业本身发展影响较大，一旦企业遇到产业动荡，学校就会面临生存困境。

三、成本—收益维度下的五大实践模式对比

传统的校企合作是在教育立场上寻求校企关系的利益协调，因企业作为微观的经济主体，在校企合作决策上遵循成本收益相匹配行动逻辑，因大部分企业处于低收益、低成本状态，所以积极性不高。而新时期产教融合更偏向经济立场，讲究教育模式与产业经济

模式的内生性关联，它是产业和教育发展的系统安排与规划，表现为学校教育链与产业链的融合，如高校专业群与产业链协同创新。从校企合作到产教融合的变迁，不仅是校企合作的升级，而且是产教关系的结构性变迁，这意味着对产教融合实践模式的分析要综合考虑传统教育立场与新时期的经济偏向，既要从人才培养和校企利益共赢程度对不同实践模式展开对比分析，也要以产业链和教育链融合样态来观测不同实践模式深度，就推广的角度而言，还需要考虑不同产教融合实践模式的成本。基于此，本文便按照成本—收益维度建构产教融合的五种实践模式对比分析框架。其中，产教成本主要从产教融合的组织成本、经济成本和制度成本三个方面来阐述。而产教融合收益则从校企共赢程度、产业链—专业链—人才链—创新链的对接深度两方面来分析。

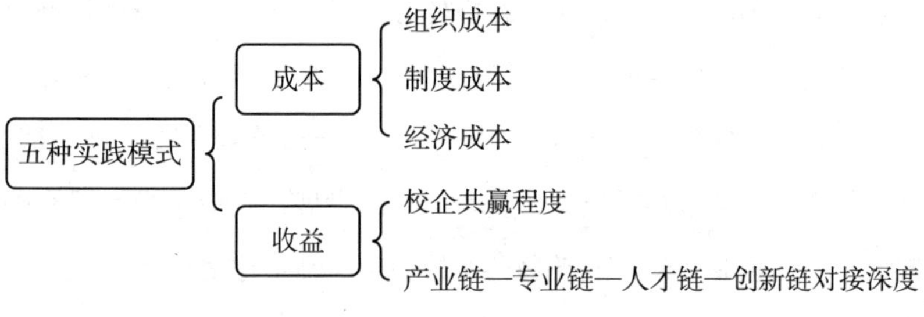

图 9-1 成本—收益维度下五种实践模式对比分析框架

（一）产教融合五种实践模式成本对比

1. 组织成本

衡量组织成本的一个简单途径是观测校企合作主体的层次与牵涉的人数多少，一般情况下，涉及的主体层次越高，牵涉的人数越多，组织动员的成本越高，反之越低。委培模式是针对学校某一专业学生进行精益化培养，涉及学校师生和企业部门不多。工作室模式主要是部分学校教师、学生和企业员工，两种模式牵涉主体层次不高，且涉及人员范围不广，组织成本较低。学习型工厂需要校一级和整个工厂对接，组织层次相对较高，范围也比较广，有一定的组织对接成本。综合平台模式一般是校级牵头，二级学院和企业人力资源部对接，同时还需要政府出台相关政策予以引导，涉及整个二级学院师生、学校领导以及企业相关部门，主体层次高，牵涉范围广，组织成本高。而校企一体化模式是整个企业和学校的系统对接，虽然不牵涉政府参与，但学校和企业的全方面对接，由此组织成本最高。可见，五种实践模式在组织成本上是一种依次递进关系，逐渐增高。

2. 经济成本

经济成本既包括实际投入的资金，也包括校企共同投入的资产，如场地和设备。企业的经济投入主要在信息收集与决策、学生培养、场地设施设备以及研发等方面。而学校作为公共教育组织，除了以上几种经济投入，还包括项目资金。五种模式中，委培模式和工作室模式所需的校企经济投入较少，教育服务外包虽然产生了一定的成本，但主要是以学费或培训费方式由学生及其家庭承担，学校成本相对不高，由此这两种实践模式的经济成本都不高。学习型工厂模式中，学校和企业都要投入一定的生产设备、场地，学校和企业经济成本相对较高。综合平台模式的校企实际经济投入要求都比较高，以柳州市公共实训中心为例，政府预算投资 5.5 亿元。而校企一体化模式中，学校和企业都要进行整体建设与投资，投入大。总体来看，五种模式在经济投入上也大致呈依次递进关系，经济成本依次增高。

3. 制度成本

制度成本主要是指学校和企业在制度突破与机制创新上需要耗费的精力及所需承担的风险。委培模式和工作室模式中因校企相互独立，校企只需要在师资共享、课程开发和技能实训上共建育人机制，不涉及产权和投资收益分配，不需要进行大幅度制度改革，也不需要突破已有政策底线，由此制度风险和成本较低。而学习型工厂模式需要对既有校企制度进行一定改革，如学校需要在用地、设备、项目上为企业寻找一定的政策空间，容易产生国有资产流失风险，易被相关政府职能部门追责，由此制度成本相对较高。综合平台模式需要将学校和企业两种组织和资源进行整合，需要在资源共享、信息沟通、组织对接以及人才培养方案上展开多方协调与创新，相应的制度成本较高。校企一体化模式则是从企业产业链到学校教育链的层层对接，学校作为教育组织要时刻保持对企业生产的灵敏性，而企业作为生产组织要时刻注意将生产经验传输到学校，对制度和机制创新灵活性要求高，一旦企业运转不周，学校跟不上企业发展，学校和企业就要共同承担市场失败和教育失败的最大风险，所以制度成本高。最后，从制度成本来看，五种模式也呈现递进关系，制度成本依次增高。

（二）产教融合五种实践模式的收益对比

1. 校企共赢程度

校企共赢程度，是指学校和企业在校企合作中利益相互实现程度，它包含人才培养、生产研发和社会培训三大块合作收益。具体来讲，学校收益包括学生技能提升与就业保障、师资训练与激励、专业办学能力提升与学院创收。其中，学生技能提升与就业保障是基本目标和收益。而企业收益包括高素质劳动力输送与员工技能提升，应用型生产技术研发以及培训创收，其中高素质劳动力输送是校企合作的基础目标和收益。从五种实践模式的实际效果来看，校企在委培模式中获得人才培养收益；而在学习型工厂模式中，学校主要获得了学生培养收益，而企业主要是借助学校资源降低了生产成本。工作室模式中学校和企业都获得了学生培养、教师激励与企业生产研发收益，但辐射范围相对有限。而校企在综合平台模式和校企一体化模式在人才培养、生产研发与社会化服务上能够实现校企整体、全面、深度共赢。概言之，委培、工作室和学习型工厂模式对于校企利益的实现程度相对有限，而综合平台模式和产学研一体化模式能够实现更高层次的校企共赢。

2. 产业链—专业链—人才链—创新链对接深度

产教融合的基本目标是实现企业产业链与学校人才链、专业链的深度对接。企业组织中与产业链相关的有独立的工作岗位、生产工艺、技术专利，也有集群的生产线、生产车间、工厂与研发中心。学校组织中与人才链、专业链和创新链相关的要素包括独立分散的学生、教师、专业以及集群的学院和专业群。在五种产教融合实践模式中，委培模式是学校某一专业与企业某一生产岗位的对接，由此是一种分散的点式对接。工作室模式则是少量教师或学生与企业大师对接，虽然合作内容更多元，层次也更深，但也是一种分散的点式对接。学习型工厂则是学校专业链与企业生产链的直对线式对接，虽然产教融合的效果限于人力培养和企业生产收益，但因企业生产与学生技能培训高度连接，所以产教融合效果好。最后，综合平台模式以学院和企业部门为单位，企业产业链集群对接学校人才链集群和专业链集群，是一种深度面式对接，产教融合程度深、效果好。而校企一体化模式则是整个学校组织和企业组织的对接，是产业链—专业链—人才链—创新链的系统性对接，产教融合程度最深。

（三）总结

表 9-1 成本—收益维度下五大实践模式对比

		委培模式	工作室模式	学习型工厂模式	综合平台模式	校企一体化模式
成本	组织成本	低	低	较高	高	高
	经济成本	低	低	较高	高	高
	制度成本	低	低	较高	高	高
收益	校企共赢程度	低度	低度	深度	深度	深度
	产业链—专业链—人才链—创新链对接深度	点式	点式	直线式	面式	系统

由表 9-1 可得，从成本—收益的综合视角来看，产教融合的五大实践模式各有优势和特色。委培模式和工作室模式产教融合的成本较低，范围小，能够获得一定的校企合作收益和产教融合效果。而学习型工厂模式中，学校和企业都要投入较高成本，也能实现较深的校企合作和产教融合。而综合平台模式和校企一体化模式成本高，但可实现全面而有深度的校企合作和产教融合。五种实践模式基本上遵循成本与收益相匹配的规律，成本越低，校企合作的收益越低，产教融合层次和深度也越低，反之，则越高，这五种模式在产教融合上逐渐升级。

四、职业教育产教融合路径选择与优化

在国家高位推动职业教育产教融合的背景下，职业教育产教融合共有委培、工作室、学习型工厂、综合平台和校企一体化五种实践模式。按照成本—收益的维度，五种实践模式遵循成本与收益相匹配的规律，并有逐渐深化的趋向。未来要进一步推进职业教育的产教融合，深化校企之间的合作，关键还是要继续将企业更广泛、深入地纳入到职业教育的过程中来，以体制调整、机制变通和政策完善解决企业参与人才培养的积极性难题，同时以职校的自我改革来提升职校的技能教育。在此基础上，职业教育产教融合实践模式的选择和优化方向主要如下。

第一，大力推进综合平台模式。各地政府要重点扶持有条件的高职院校和龙头企业以产业学院、实训中心、职教联盟各种形式搭

建校企合作的综合平台，二级学院应该成为基本的合作单元，因为二级学院作为专业群的集聚单元能够实现产业链集群和专业链集群的系统对接。但要注意地方产业与二级学院专业群的匹配性，唯有匹配度较高的产教集群和校企合作才能有较好的产教融合的效果；地方政府还要强化对合作的龙头企业的筛选与管理，尤其是要设置对校企产教融合效果的目标考核制度，校企产教融合要突破传统简单的人力输送，要有实质性的教育效果，其核心是激励企业协助学校提升人才培养的水平。

第二，保持委培、工作室和学习型工厂等传统模式，这些传统模式的优势是成本相对较低，校企合作比较方便，也有明显产教融合效果，具有普遍推广的意义。其优化方向是健全校企合作的产权保护与管理制度，解决校企在生产设备、知识产权、场地租金和收益共享上的利益协调、保障难题，适当放松学校和企业的合作约束，并保障好学生的基本权益。同时，传统合作模式一般针对的是小规模企业以及小规模生源，如此，优化的另一个重点也是突破合作企业数量和学生人数过少的问题。

第三，稳妥推进校企一体化模式。它的优势是人才培养效率比较高，但在校企剥离政策背景下其空间逐渐缩小。其发展的方向是混合所有制办学，适当鼓励有条件的学校和企业以混合所有制方式联合办学，以推动“产学研用”一体化对接，如山东省 2020 年 9 月出台了《关于推进职业院校混合所有制办学的指导意见》，鼓励校企以各种方式联合办学，但要完善校企联合办学在产权、组织关系和法律权益上的顶层制度设计。另外，除了国企改革转化而来的企业大学，混合所有制办学多盛行于对生产实体需求不高的第三产业的相关专业，比如编程、动漫设计等，这种模式与教育服务外包的差异在于企业和学校都为合法的办学主体，如此，混合所有制办学也需要防止专业化的市场培训机构完全替代学校成为技能教育的主体，而学校成为市场性培训公司的客户对象，校企合作的定位是教育目标，而非经济效益。

2021 年 1 月 20 日

第十章

县域义务教育均衡发展的问题与出路

调查发现，在改善农村学校办学条件和教育质量的同时，义务教育均衡政策在推进中也存在显著问题。不少地区不合时宜地机械执行政策，造成供需错位和资源浪费，还有地区不切实际地抬高均衡标准，加重财政负担，突出表现为重形式均衡而轻实质均衡、重硬件均衡而轻软件均衡、重指标均衡而轻质量均衡的不良工作倾向。

2021年九十月份，武汉大学中国乡村治理研究中心组织团队对华中三省九县[1]义务教育均衡问题进行了深入调研，根据田野调查，就华中三省九县义务教育均衡问题可以得出以下基本判断：

第一，县域内义务教育均衡发展能够降低城乡家庭普遍的择校焦虑、校外培训焦虑，减少农村家庭教育进城的压力，但华中多数区县义务教育发展呈现严重失衡局面。

---

[1] 三省是河南省、湖北省、湖南省；九县包括河南的淮阳区、伊川县、光山县，湖北的恩施市、沙洋县、阳新县，湖南的武陵区、长沙县、衡南县。

第二，发展完备的县乡村公立教育体系，有利于减轻农民教育城镇化压力、陪读压力，解放家庭劳动力，减少城乡居民家庭负担，但许多区县已“民强公弱”、乡镇教育衰弱。

第三，在城乡教育发展失衡情况下，陪读是最不经济但不得不做出的家庭劳动力配置，它束缚农村青壮年劳动力，增加家庭教育、养育成本，加剧教育竞争和教育焦虑，导致亲子冲突，凡有陪读经历的母亲皆不愿意生二胎或三胎。

第四，寄宿制是乡镇义务教育均衡发展的有效实现形式，与农村家庭的劳动力分工模式、家长文化水平、隔代抚育、教育期待等相匹配，应该给予全面加强和完善。

第五，僵化的一比一“普职分流”，与70后、80后、90后对子女教育的较高期待不相契合，增加城乡居民教育焦虑，使基础教育竞争提前到小学阶段。

第六，中小学学生心理健康问题主要源于县域社会、家庭普遍的教育期待和教育焦虑，中小学教育竞争压力越大，学生越容易出现精神压力、心理健康等问题。相比于城镇中产家庭，城乡普通家庭的教育期待要低、教育焦虑要小。

第七，在华中农村地区，“双减”政策的重点是解决学生尤其是留守儿童的课后托管问题，可以通过课后托管服务延长留守儿童的在校时间，丰富他们的文娱体活动，解放农村家庭劳动力。

第八，当前以乡村小规模学校过度投入、打造政绩亮点学校、学生“营养餐”为典型的教育资源供给，与乡村教育发展需求出现结构性错位，既造成了大量资源浪费和无效利用，也不利于县域教育均衡发展。

一、基本情况："民强公弱""城挤乡空"与"楼起人去"

华中三省九县在义务教育上只有伊川、恩施、长沙三区县相对均衡，其他六县都严重失衡。这种严重失衡局面给城乡家庭带来了较大的教育焦虑和经济负担，是抑制城乡家庭生育意愿的重要因素。县域内义务教育发展严重失衡，主要表现为"民强公弱""城挤乡空"和"楼起人去"三个方面。

（一）"民强公弱"

从调查来看，华中九县普遍存在义务教育阶段民办教育发展迅猛的总体趋势，其中淮阳、光山、衡南三区县民办教育占主导优势，县域公办教育趋于沦陷，其他区县公办教育体系尚保持完整。淮阳、光山、衡南三区县"民强公弱"的主要表现如下。

（1）民办学校在校生占全县义务教育阶段学生总数的1/4—1/2。90%的民办学校集中在县城，10%的分布在乡镇。2021年初数据显示，淮阳区下辖18个乡镇、2个场、1个产业区，共有各级各类公民办学校498所，其中公办学校424所，民办学校74所（其中高中2所，独立初中2所，九年一贯制学校14所，小学56所）。全区在校学生163046人（其中小学生111501人，初中生51545人），民办学校小学生50100人，占比44.93%，民办学校初中生 37102 人，占比 71.98%，民办学校在校生综合占比 53.48%。其中，城关回族镇辖区内 18 所民办学校共有小学生 25659 人、初中生 35253 人。

不仅乡村学校的学生集中流向城镇民办学校，县城公立学校的学生也流向民办学校，民办学校集中了县域 80% 以上的优质生源。比如，淮阳区初中阶段 75% 以上的优质生源就集中在羲城中学、濮阳外国语中学、淮阳一所高三民办学校。这与民办学校现代化基础设施、生活服务周到（配备专门的生活老师）、教学质量显著、提供寄宿托管服务等有关，它契合了城乡家庭教育发展需求、外出务工、双职工家庭劳动力刚性配置等状况。

（2）县域优秀中小学教师向民办学校集中。一方面，县级教育部门为了扩大县城教育、增加学位供给，引进、鼓励民办学校发展，通过“民办公助”的方式将县域内，尤其是乡村优秀教师配置到民办学校；另一方面，民办学校教师待遇一般要比公办学校教师待遇高 1.3 倍到 2 倍，且民办学校教师培养能力较强、教师职业发展前景可观，也吸引了大量公办学校教师流入。如此，公立学校尤其是乡村公立学校的优秀教师被民办学校抽走，只留下老弱和没有经验的教师，破坏了公立学校的师资结构。

（3）民办学校教学质量好于公立学校。民办学校集中了全县优质教师、生源，而且通过全县“掐尖”招揽最优秀的学生，加之其军事化管理、应试教育彻底，学生应试、升学成绩要好于公立学校。例如，光山县民办学校光山县某高级中学 2020 年考出了清北学生6名；衡南县小学和初中教育质量综合排名中，位居第一的均是民办学校，在小学教育质量排名前6名的学校中，民办学校占了5所。民办学校的好业绩会对全县教师和学生有强虹吸效应，使越来越多的优秀教师和生源向民办学校集中。

“民强公弱”使得县域公立学校教育体系日趋瓦解，如村小凋零、乡校衰弱、县中衰弱，城乡家长尤其是乡村家长的教育投入加重，同时也促进了县域教育竞争，使得城乡家长教育焦虑加重。城乡家长教育焦虑越重，就越要将小孩送进民办学校，公立学校的优秀生源流失就越严重，教育质量就越低，生源就进一步流失，形成恶性循环。

（二）“城挤乡空”

因为子女教育而进城的城镇化被称为“教育城镇化”。教育城镇化是近十年华中地区县城镇化的主要推动力。在九县中，除长沙县外，其他八县都属于人口流出地，这些县城的快速城镇化主要是教育城镇化的结果。教育城镇化对教育本身的一个重要影响是城乡教育的失衡，除伊川、恩施、长沙三区县外，其他六区县都出现了“城挤乡空”的失衡局面，主要表现如下。

（1）学生向县城集中。光山、淮阳、衡南、沙洋、武陵等区县乡村学校学生流向城区的流失率分别是50%、50%、42%、25%、40%。伊川、恩施、长沙三区县乡村学校学生的流失率在10%—20%之间，乡镇中学、乡镇中心小学、“片小”等还保持完整；长沙县各乡镇学校的总流失率在10%左右，一些乡镇中学、中心小学还出现学生回流和净增现象。乡村学校学生进城有这几种方式。一是农民家庭在县城买房或租房，便可在片区中小学就读。衡南县80%—90%的农村学生家庭在县城买了房子。二是进城区民办学校，没有买房或租房的农村家庭一般会选择这种方式。三是教育新城，即在县城新区集中新建学校及其他公共设施，吸收乡村和老城区学校学生。这种方式也需要买房或租房。

在光山县，乡村学生大量流入城区已经成普遍趋势。以北向店（乡）中学为例，八年级实有学生103人，但该届学生在乡村学校六年级毕业的总人数为200余人，流失50%左右。而在徐斗塘小学，一年级学生连续三年减少（2019年25人，2018年17人，2021年8人），全校学生总数连续四年减少（2018年冬190人，2019年春173人，2019年秋141人，2020年春137人，2021年秋115人）。仅2021年该小学就转走学生10人。据校长反映，该小学高峰时一年能转走20人，一学期能转走15人。

（2）教师向县城流动。乡村学校教师向城区的流动率在15%—20%，流动方式有三种：一是调动，主要是城区新建学校缺教师，由县教育主管部门在全县抽调有经验的教师；二是挖走，乡村优秀教师被城区公立、民办学校挖走；三是招考，依据不同地方不同政策，分配到乡村学校满5年或3年的教师可以通过招考进城。乡村特岗教师服务期满3年、考核合格后获得正式教师编制，便可考试进城。

表 10–1 伊川县城区学校 5 年内学生数、教师数变化情况

单位：人

	2017 年	2018 年	2019 年	2020 年	2021 年
城区学校学生数	27768	31232	33571	35934	43937
城区学校教师数	2095	2343	2608	2706	2675

注：伊川县城乡教育相对均衡，但学生教师向城区流动依然是趋势。

表 10–2 淮阳区鲁台镇近 10 年教师流动情况

单位：人

年份	流出	退休	遴选	转校	流入	特岗	全科	差额
2012	13	8	—	5	10	10	—	−3
2013	13	9	—	4	8	8	—	−5
2014	17	12	—	5	9	9	—	−8
2015	16	10	—	6	11	11	—	−5
2016	16	11	—	5	12	12	—	−4
2017	10	6	—	4	8	8	—	−2
2018	18	10	5	3	11	9	2	−7
2019	13	4	5	4	13	10	3	0
2020	22	8	11	3	12	10	2	−10
2021	26	2	24	0	3	0	3	−23

（3）“教育新城”或“教育地产”模式流行。近年来，在地方经济发展政绩驱动和旧城区基本公共服务资源紧缺压力的双重作用下，许多县域推动了“教育新城”或“教育地产”开发等教育驱

动型城镇化模式。该模式把大量优质教育资源和公共财政资源集中到新城，打造县域内教育供给高地，吸引农民进城买房、供子女上学。同时借用土地财政和新城投融资平台，引入房地产企业合作销售楼盘，进而为教育新城的建设继续扩大资金源。调查发现，县域教育新城开发模式就是通过人为打破城乡教育质量均衡，在新城区集中财政和教育资源打造明星学校，拉大城乡教育差距，刺激农民教育焦虑，既严重破坏了城乡教育均衡，又极大地加重了农民的教育负担，同时也未实质性解决旧城区的公共服务资源紧缺问题。华中三省九县中有5县正在轰轰烈烈地搞“教育新城”或“教育地产”。具体如下。

（4）农村母亲返乡陪读兴起。农村家长陪读是县域教育不均衡的产物，近十年农村义务教育阶段陪读兴起，陪读成为县域教育常态现象，大量母亲返乡陪读。陪读主要有两个直接原因：一是乡村学生进城读书，需要有人照看和料理生活，也就需要家庭亲代或祖辈中有一个人进城陪读；二是乡村小学阶段“寄宿”和“校车”服务匮乏，需要有人在乡镇租房陪读。除义务教育发展较为均衡的长沙、恩施、伊川三区县外，其他六县义务教育阶段陪读现象都非常突出。在衡阳县农村，小学阶段的陪读率高达83.33%。母亲陪读对家庭来说有较大经济损失，也给母亲和孩子带来巨大的精神压力（“孩子没考好就是陪读没陪好”），甚至会导致严重的亲子冲突。

（三）“楼起人去”

九区县中八区县存在数量庞大的小规模学校，一些区县100人以下小规模学校占小学总数的六七成。某县小规模学校校均 29.2 个学生、7.6 个老师，其中有 16 所学校不满 10 个学生，只有 1 个学生的学校有 7 所。当前乡村小规模学校发展陷入如下误区，一方面大规模基础设施投入，另一方面大量学生不断流失。县级政府机械执行“就近上学”和“严格撤并”要求，对乡村学校学生流动缺乏前瞻性研判，跟不上乡村教育发展的需求，造成教育资源的严重浪费和无效利用。

调查发现，县域内义务教育发展失衡，公立教育体系瓦解，乡村学校衰败，给城乡家庭造成了负面影响。

首先，增加了城乡家庭经济负担。无论是乡村学生进城，还是城乡学生选择民办学校，都极大地提高了家庭的教育支出。乡村学生进城读书，较之在乡村学校就读增加的费用包括租房费（购房费）、生活费、培训费等，城乡学生选择民办学校，较之在公立学校就读增加的费用包括学费、住宿费等。

表 10-3 衡南县民办学校收费情况

学校名称	学生类型	学期学费	年度学费	备注
北斗星小学	周托生	7350 元	14700 元	周托生居多
	日托生	5830 元	11660 元	—
雅文学校	—	6900 元	14000 元	—
大同学校	—	7000 元	14000 元	—
衡云学校	—	8000 元	16000 元	民办学校中学费最高
文华学校	—	7350 元	14700 元	该校为北斗星小学附属二小

其次，束缚了农村家庭青壮年劳动力。义务教育阶段的陪读家长主要是母亲，母亲作为壮劳动力被“陪读”束缚，使得农村家庭缺少了一个壮劳动力务工的收入，极大地降低了家庭的支出能力。

再次，加剧了县域教育竞争和教育焦虑。进城和选择民办学校，追求的主要是应试升学，公立学校和乡村学校越衰弱，城乡家庭对城区学校、民办学校的需求就大，家庭教育竞争的压力就越大，进而使得那些无法进城和选择民办学校的家庭的焦虑加重。农村家庭教育竞争和教育焦虑加剧，是年轻母亲返乡陪读的根本原因，年轻母亲纷纷返乡陪读反过来又进一步加剧农村教育竞争和焦虑。

最后，抑制了城乡年轻夫妇的生育意愿。县域教育失衡加重了城乡家庭的经济负担和教育焦虑，最终会导致城乡年轻夫妇因教育负担重、压力大、焦虑深，而对生育二胎、三胎望而却步。

这两年，各地开始重视县域义务教育均衡发展，相关政策、措施以及机制创新陆续推出。

二、典型做法：均衡发展、做强公立与健全服务体系

华中三省九县近年就减轻城乡家庭教育负担、降低家庭教育焦虑、满足家庭教育需求等做了很多工作，涌现了一些典型做法，主要体现在城乡教育均衡发展、做强县域公立教育和健全完善教育服务三个方面。

（一）城乡教育均衡发展

沙洋县教育局局长说，“只有均衡才能带来公平，老百姓才不

会舍近求远”。从各县在城乡教育均衡发展上所做的工作来看，城乡教育均衡发展主要是要实现四个方面的均衡。

（1）师资均衡。师资均衡配置是一个系统工程。在当前城镇化是县域城镇化的背景下，农村教师向城市流动成为大趋势，造成乡村学校难以吸引教师、留不住优秀教师的失衡局面。各地通过特殊政策、政策倾斜、轮岗制度等方式引导和规范教师向乡村有序流动，为乡村学校培养、吸引和留住教师，实现城乡师资均衡。

第一，在特殊政策方面，全国实行的“特岗教师”政策，为乡村输入了大量教师，取得了较好的效果。湖南省实行的“乡村教师公费定向培养计划”也属于特殊政策范畴。该计划从 2000 年开始招收优秀的初中毕业生和高中毕业生到指定的省内师范院校学习，毕业后到乡村学校工作。参加该计划的学生，在上学期间的学习费用由地方财政补贴，毕业后在乡村工作满 5 年或者 6 年服务期。长沙县每年都会有 20 多个名额，该制度实施 21 年来，已经累计招收了三四百名定向公费师范生。据教育局反映，该制度实施以来，教师的稳定性非常高，目前只有 2 个教师在服务期内解约。

沙洋县的“新机制教师”。2012 年，沙洋县开始招收新机制教师，共有 287 个编制名额，编制全省统一管理。由省财政拨款，一般聘期为 3 年，3 年之后可以在省内调动。依靠国家相关文件要求，中小学教师的学历要求一般在大学本科及以上。2019 年招录新机制教师 11 人，2020 年招录新机制教师 29 人，均为空岗补齐。新机制教师的招聘是为了实现教育资源的公平与均衡，因此，新招考的新机制老师一般会被直接下派到乡村学校担任老师，以解决乡村学校教学质量差、师资力量不足等问题。

第二，在政策倾斜方面，一是教师配置倾斜，长沙县为加强农村学校和薄弱学校的教师队伍建设，规定县内新公开招聘到农村学校、薄弱学校岗位工作的教师比例不低于当年招聘义务教育阶段教师总数的 50%。伊川县也坚持每年将新增教师资源有限补充到乡村学校。武陵区现有乡村学校 13 所，其中 7 所为 200 人以下乡村小规模学校。武陵区对学生人数 200 人以下的村小和教学点，按照班师比 1∶1.7 单独核编，并适当倾斜；2015 年以来，陆续为乡村学校补充教师 120 名，其中配齐音乐、美术、体育等学科专任教师 44 名；乡村教师本科以上学历占比超过 90%，平均年龄从 50 岁下降至 30 岁。武陵区整个师资力量都在向农村学校倾斜，“十三五”期间至今共招收了 600 多名老师，30% 都安排到了农村学校。其中，2020 年引进名优骨干老师 15 名，也全部放到了农村学校。

二是待遇倾斜，长沙县政府对在乡村工作的教师实行乡镇工作补贴。长沙县根据距离城区的远近，将乡镇分为中部乡镇和北部乡镇，分别实行 500 元/月、900 元/月的乡镇工作补贴，校长可以在此基础上再提高 100—300 元/月的补贴。武陵区在福利待遇上优先向乡村老师倾斜，乡村教师住房公积金以 3 倍基数缴存；乡村学校班主任津贴提标至每月 500 元；乡村教师教龄工作津贴，按照乡镇工作津贴 2 倍标准发放；人才津贴以 1 万元/年的标准，发放给在乡村任教 3 年以上的城区骨干教师；乡村学校老师每年平均收入达到17万元，比城区老师高1万元左右。这些措施都有效促进了城市优质师资力量向农村学校倾斜，能够将城区先进教育理念和教学方式带到农村学校。恩施市农村教师工资要比城市教师工资高2万—3万元。在全国教师工资都低于公务员的情况下，恩施市的教师工资是与公务员持平甚至是高于公务员的。如初中学校校长总收入都在20万元，而教育局局长才20万元。

三是职称晋升倾斜，长沙县还对在乡村工作的教师在职称晋升的指标上进行倾斜，在中级、高级职称指标上增加3%—5%的名额，通过增加职称晋升机会进而提高工资的机会，来吸引和留住乡村教师。恩施市通过职称向农村倾斜，让乡村教师在农村“待得安心”“待得舒心”，如农村教师职称要比城市教师高3—5级，农村教师职称基本上是空缺的，而城市教师则很难评上职称。农村教师向城市流动要签署放弃职称同意书，由于教师很在乎职称，因而大多数会留在农村学校。

四是制度倾斜，通过制度规范城乡、校际教师流动，保证乡村学校合理的师资结构。比如，恩施市就出台多项政策限制教师岗位调动，并且不以教学能力为标准遴选农村教师。恩施市规定，“本辖区内调配必须在同一所学校工作满3年；跨辖区调动必须满5年”。恩施市严禁城区学校向农村学校调动老师，城区学校的教师调动由教育局组织考试，考试主要看“德能勤技廉”的综合标准，而不是只看教学能力，防止城市学校“掐尖”。在这样的情况下，去城市学校的老师都只是那些需要成家的“大龄女青年教师”或者孩子特别小、需要父母照顾的年轻老师，他们教学经验既不是最丰富的也不是最优秀的。以上制度规定保证了优秀的、经验丰富的教师留在农村。

第三，在轮岗制度方面，主要是实行教师支教和轮岗制度。长沙县为了促进优秀师资在城乡之间的分布均衡，从 2016 年开始施行教师支教制度，每年选派一定数量的优秀教师到乡村学校支教 1 年，并将支教经历纳入职称评定的要求之中。除此之外，长沙县还从 2013 年开始实施校长、教师的交流轮岗制度。教师交流对象为义务教育阶段公办学校在编在岗教师。凡男 50 周岁、女 45 周岁以下，且在同一所学校连续任教 9 年以上的教师原则上均为交流对象。每学年教师交流的比例应不低于符合交流条件教师总数的 10%，其中骨干教师交流应不低于交流总数的 20%。教师每次交流的期限至少为 3 年，城区教师交流到农村学校任教，交流期满经考核合格者，由县教育局根据实际情况，统筹安排回城区学校任教。校长交流轮岗对象为义务教育阶段公办学校正、副校长。凡男 55 周岁、女 50 周岁以下的正、副校长在同一所学校连续任职满两届后，原则上均应交流轮岗。如有特殊情况不能交流轮岗，需报县教育局核准，且不得超过三届，校长每次交流轮岗的期限不得少于 5 年。长沙县还对教师交流轮岗制度建立配套政策，如给予乡镇工作补贴、边远地区工作补贴、提供教师公寓等。

武陵区为了解决乡村学校师资不足的问题，推动城乡学校校长教师轮岗政策，推动城镇学校的优秀教师向农村学校流动，从而带动农村学校师资水平的提高，促进城乡教育均衡发展。2016 年，率先出台了《武陵区乡村教师支持计划（2016—2020 年）实施办法》，提出了“新招聘乡村教师到城区学校跟班学习制度”、优秀后备干部到农村学校挂职锻炼以及名师团队乡村援教制度等创新举措，并下发了《常德市武陵区义务教育学校校长教师轮岗交流工作实施方案》。该方案明确：农村新聘教师工作 2 年以后，可以申请在城区学校跟班学习，学习期满后再回原单位任教，直至 5 年服务期满，校长在同一所学校连续任职两届后必须轮岗，副校长晋升前要有轮岗经历，凡男 50 周岁、女 45 周岁以下，且在同一所学校连续任教 10 年的教师原则上必须轮岗，除此以外，所有教师晋升中级职称、高级职称，必须要求有 1 年及以上的农村学校从教经历。全区通过各种形式的轮岗交流校长、教师共 333 人，14 所城区小学与 19 所郊区小学“一对一”结成帮扶对子，全方位、多层面进行城乡结对交流。

恩施市将交流轮岗作为校长教师聘用合同、年度考核、绩效考核的重要内容，并与绩效工资分配、职称评审、岗位聘用、职务晋升、培养培训、评先评优挂钩，对交流轮岗校长教师给予倾斜。在职称评审工作中，将教师到农村学校、薄弱学校任教 1 年以上的工作经历作为申报评审高级教师职称的必备条件。在乡村学校任教 3 年以上（含城镇学校交流、支教教师）、聘期考核合格以上的教师，岗位空缺时，同等条件下被优先聘用。聘用到中级以上岗位、推荐为县级以上评选表彰对象的教师，必须有 2 所以上学校或农村学校

3年以上任教经历。申报特级教师、各级名师的教师，必须有农村学校、薄弱学校任教3年以上的工作经历。加大教师周转房建设力度，优先保证交流轮岗校长教师的住房需求。“三区”人才计划等方式进行交流轮岗，“一对一”互派支教跟岗。“市管校聘”加强了教师流动的体制化保障。

伊川县为构建科学有序的校长教师流动机制，稳步推进教师和校长在城乡之间、学校之间轮岗工作，建立起区域内教师定期流动、城镇中小学教师到农村学校任教服务等制度。

（2）生源均衡。一个学校、班级需要合理的生源规模和生源结构，这样才能形成正常的教学班级，在教学班级内才能有竞争梯度，进而才能形成学生之间良性的“比学赶帮超”氛围，学生的学习和教师的教学才有积极性、获得感。学校和班级规模太小、生源结构不合理，形成不了竞争梯度，学生没有学习的动力、教师没有教学的动力，学校就只能是维持型的，会进一步推动学生向外流动。保持县域内生源均衡，本质上是要保证乡村学校的生源规模和生源结构，让在乡村学校就读的学生有学习的动力和期望，让老师也有获得感和成就感，让家长不需要付出额外的成本进城择校，也能满足他们的教育期待。

华中三省九县在城乡生源均衡上有以下典型做法。

第一，义务教育划片入学制度。划片入学，是指县级教育部门根据适龄学生人数、学校分布、所在学区、学校规模、交通状况等因素，按照就近入学原则依街道、路段、门牌号、村组等，为每一所幼儿园划定对口的小学、每所小学划定对口的初中。划片入学分单校对口和多校对口，单校对口是每所幼儿园、小学对应一所小学、初中，多校对口则是一对多，需要微机派位。

长沙县不仅在城区实施划片入学政策，而且在乡村也实施了划片招生政策。在城区实施划片入学政策是为了保证不同学校的生源之间能够保持一定的均衡，这对于新建学校形成一定的生源规模和生源结构非常重要。乡村学校实行类似的做法，是由中心校这一乡镇教育管理机构进行统筹，乡镇中心小学和村小都是固定划片招生，这一做法的结果在于使得中心小学和村小实际上都具有了“片小”的功能，“片小”的生源规模和生源质量能够有一定的保证。

第二，中考招生指标分配制度。每个区县都有 1—2 所教学质量、高考升学率较好的优质高中，以及 10 所以内其他高中。在过去，优质高中在全县范围内统招，按照中考排名、志愿填报从高分到低分录取，这样招生的好处是这一两所学校能够招揽全县的优秀初中生源，进而保证高考的升学率、名校率。负面效果是城区初中、私立初中教学质量好，学生升入前一两所优质高中的比例高，而乡村初中学生升入优质高中的比例低，农村学生为了升入优质高中，从小学、初中开始就会选择进城就读，造成乡村义务教育生源进一步流失，生源规模减小、生源结构进一步被破坏，进而学生更难升入优质高中，形成恶性循环。为了遏制该局面，华中三省九县近年都出台了“指标到校”制度，即优质高中从招生名额中拿出一部分指标，按照全县各初中报考高中数量按比例给每个初中分配一定的名额，剩下的名额则全县统考。中考“指标到校”制度对于鼓励乡村学校提高教育质量，留住生源具有十分重要的意义。

长沙县有两所省级示范高中，这两所高中共拿出65%的招生指标分配到各个初中学校。分配的依据是学校的中考报名人数。在“指标生”之内，学校内部按照成绩由高到低进行竞争。通过这种方式，乡村初中就有了很强的动力去提升教育质量，乡村初中的优秀学生也增加了进入县城重点高中学习的机会。长沙县“指标生”的比例在未来五年将逐步增加到85%。

伊川县将“指标生”称为“分配生”。为进一步保障农村学生接受更好教育的权利，伊川县从2020年开始实施分配生政策，即将高中招生指标拿出一部分按照学生人数平均分配到各个初中。2021年中招，伊川县分配生的比例已经占到了60%。高中招生指标在城乡之间的平均分配是城乡教育资源均衡配置的重要举措。

恩施市从2020年开始施行“指标到校”政策。根据《恩施市2021年初中学业水平考试和高中阶段学校招生工作方案》，2021年指标到校招生计划为恩施高中和八县市一中招生总计划的80%，比2020年提高10%。录取最低控制分数线为该校统招计划录取分数线下60分。指标到校政策实践2年，在城乡之间营造出了有希望、有弹性空间的教育环境，使家长有了更大的选择空间。对部分农村初中来说，形成了生源尤其是优质生源回流现象，改变了农村家庭的心理期待，有利于增强农村家庭教育希望，降低部分家庭教育成本支出。

调查发现，对乡村学校来说，实施中考招生指标分配制度，有以下正面效果。

首先，明显改善了生源质量，优质生源流失减少，出现生源回流现象。比如，恩施芭蕉初中以前一个年级招 4 个班，今年招到 5 个班，片区生源尤其是优质生源基本能够保留下来。以前芭蕉初中大约每年会流失 60 个生源到城区，其中有 40 个是优质生源，指标到校政策使一部分学生的家长看到了在该初中考上重点高中的希望。就初中教育而言，生源质量的重要性大于教学管理，当生源质量不断提高，教师也会有压力和动力不断提高教学质量，不能降低教学水平。最终目的是能顺利完成重点高中指标，指标的完成使更多学生家庭看到农村初中的升学希望，生源质量会稳定提升，从而在学校、家长、学生之间形成正态循环。

其次，减轻了农村家庭负担。指标到校是根据每个学校的学生规模来分配的，无论城乡，每所初中都有指标机会，学生规模越大，指标越多。因此从指标角度来看，城市和农村的学校获得指标的机会都是公平的，甚至城市因为好学生更多，校内指标竞争更强，在农村学校内竞争反而弱一些。于是一些家长就不必要在城市购买公立学区房或者上更高成本的私立学校。据了解，在恩施市上私立学校，一年成本大约为 3 万元，指标到校以后，部分学生选择回到公立学校，有利于大大减轻这部分学生家庭的经济负担。

再次，强化了城乡教育机会均衡化，增强老师的教学信心。城乡教育均衡化不仅是教育基础设施的均衡化，也包括教育机会的均衡化，指标到校使城乡初中有了相对均衡的机会。在恩施市，指标名额给农村初中带来了降 60 分录取的优惠政策。指标政策将会大大增加学校学生考进重点高中的机会，大大增加了老师的教学信心。此外，指标到校也有利于平衡高中阶段的学校竞争。重点高中指标到校以后，不再是“掐尖”的简单路线，学生来源更加多元化，一些没有指标机会的优质生最终相对均衡地分布在了各个普通高中，这反而增加了其他普高获取优质生源的机会，平衡了学校竞争。比如，恩施市三中前年生源最后一名是市排名 3800 名，今年最后一名是 3400 名。

最后，增强了家长对农村学校的信心，增加了教育选择的机会。对家长来说，评定学校优劣的重要标准是每年考上重点高中的数量，以此来衡量自己孩子的升学机会。指标到校根本上改变了家长对学校和子女的期待，兼顾了教育资源投入的相对公平和效率问题。

第三，限制高中招考“掐尖”制度。各地有名的高中、初中跨区域招生现象被称为“掐尖”，使得优质生源被吸走，瓦解本地生源结构。高中跨市、跨县“掐尖”招生，会掏空县一级的优质生源，导致县中衰弱；初中跨乡镇“掐尖”招生，则会吸走乡镇优质生源，导致乡镇学校瓦解。乡村教育体系被破坏，就会导致城乡普通家庭子女失去努力的教育机会，也使城镇中产家庭要付出更大成本送子女到地市、省会城市就读。近年各地意识到了该问题的严重性，纷纷出台限制异地招生政策。

2020 年 4 月，湖南省教育厅印发《关于进一步规范普通中小学招生入学工作的实施意见》，明确规定公办普通高中由主管的教育行政部门在所辖区域内划定招生范围。未经省教育厅批准，公办普通高中严禁以任何名目跨市州招生。未经市州教育行政部门批准，公办普通高中严禁以任何名目跨县市区招生。自 2021 年起，取消长沙市一中、湖南师大附中、长沙市长郡中学、长沙市雅礼中学面向全省招生的资格。长沙县还于 2021 年起将私立学校纳入“划片招生”行列，不再允许其在全县范围内自主招生。

阳新县针对之前出现的县域内“掐尖”的现象，教育局规定不允许初三年级学生转学，同时其他年级学生转学需要经过双方学校的签字同意，以保证学校生源的稳定性。

恩施市为了遏制城区民办学校到农村“圈学生”，自 2015 年以来，政府加大对公立学校的投入、禁止民办学校“掐尖”，农村学生又有回流趋势。公立学校开展课后服务也弥补了私立学校的优势，以前公立学校都是下午 3：40 放学，很多家长没法接孩子，就把孩子送到私立学校，现在也开始回流到公立学校。

伊川县为了进一步保障教育公平，通过实施统招和分配相结合的方式，为乡镇学校留下生源，即在初升高时，40% 统一按成绩录取，60% 则按分配方式进行录取，在升高中时，若按分配方式，可以比统招的分数线低 50 分考入高中，这是对农村学生的优惠政策。自去年实施分配生政策后，乡镇的优质学生减少，并有一定的学生回流。

（3）硬件均衡。硬件均衡，主要是指对农村基础教育设施的投入和有效使用。从对华中三省九县的实地考察来看，最近若干年各区县在教育资源投入上对乡村学校进行了较大规模的倾斜，对乡村中小学进行了大规模改造、升级、扩容，乡村中小学的基础设施建设已与县城公立中小学相差无几，有的甚至还要好于新城区学校。

武陵区自 2015 年以来累计投入超过 6000 万元，大力改善城乡薄弱学校的办学条件，开展城区薄弱学校及乡村学校提质改造，实施了合格学校、农村寄宿制学校、校舍安全工程、改薄工程等建设项目，先后投入 1.1 亿元不断推进农村学校教育信息化建设。现代化的教学设备、配备齐全的功能室、标准化食堂、干净柔软的塑胶跑道已经成为武陵区乡村学校的标配。智慧黑板、千兆光纤入校，“班班通”、智慧用电系统、安全直饮水等实现了全覆盖。

例如，武陵区芦荻山乡的黄爱小学是一所村小，拥有 13 名教师、130 名学生，也拥有全新的塑胶跑道、食堂、功能室、实验室和网络联校远程教室等，武陵区还准备再投入 1000 万元，把红色教育作为黄爱小学德育工作的重中之重，把黄爱小学建成全区的红色教育基地。武陵区还加大投入改善乡村学校老师的住房条件，为乡村学校建设教师周转房，35 平方米的厅室房子，配有厨卫灶具、抽油烟机，浴室内装有电热水器，床桌椅一应俱全，教师可拎包入住。又如，在芦荻山乡李白溪小学新建了 4 套周转房，每个房间都配备了热水器、油烟机和厨具，一室一厅一厨一卫的设计让教师们入住舒适。武陵区所有的乡村学校基本配齐了标准化的学生食堂和教师周转房，解决了学生就餐和老师住宿的问题。

恩施市的教育资金主要都投入了农村学校。2014—2018 年恩施市实行“全面改薄”规划，投入了大量资金改善农村小学教学点、集镇薄弱学校、乡村寄宿制学校建设。围绕“保基本、补短板、促公平”，确立了“四先四后”的原则：先改善村小教学点、后改善集镇薄弱学校；先消危房保安全，后建配套功能房；先配齐教学基本装备，后兼顾教育信息化；先实施条件成熟的学校，后实施规划土地办理有一定难度的学校。成立了以市长为组长，常务副市长和分管教育副市长为副组长，市政府相关部门为成员的“全面改薄”领导小组，领导小组办公室设在市教育局，教育局局长兼任办公室主任。领导小组的职责为加强“全面改薄”工作的领导，积极协调解决“全面改薄”实施过程中的困难和问题，确保改薄规划的顺利实施。通过 5 年“改薄”规划实施，全市农村中小学的办学条件得到根本改善，一大批农村学校校园面貌焕然一新，部分农村中小学的办学条件优于中心城区、城郊学校，全体师生及家长的幸福感、获得感明显增强。“全面改薄”工程的实施，为乡村全面振兴注入了新的活力。直到 2020 年开始，恩施市教育资金投放才开始向城市侧重。恩施市群众普遍认为，“农村学校硬件不比城市差，农村学校比城市学校还漂亮”。本级财政负担的部分全部按顶格进行配置，政府表示：“到农村走走你就发现，建设得最漂亮的就是学校。”

伊川县从 2014 年实施创建义务教育发展基本均衡工作，在县域内义务教育学校在师资、教学设备、体育场地、校舍等方面基本均衡。在县域范围内，对101所主体小学、37所主体初中进行创建和优化整合，实现县域内义务教育学校达到《河南省义务教育学校办学基本标准》：学校规模适中，小学班额45人以下，中学班额50人以下，不存在66人以上超大班额；小学生人均可使用建筑面积达到5.2平方米、用地面积达到22平方米，初中生人均可使用建筑面积达到6.4平方米、用地面积达到26平方米；小学有200米环形跑道且有60米直跑道，初中有300米环形跑道且有100米直跑道。辅助用房（小学6室，初中9室）齐备，设施设备配套。建立和完善县、乡（镇）、校三级教育信息化网络，为成建制学校及教学点配备计算机教室和电子白板，基本实现“班班通”；为寄宿制学校建设符合标准的学生宿舍、符合标准的学生食堂，使全县中小学基本达到义务教育学校建设标准。

（4）软件均衡。此处软件均衡是指各学校之间在教学经验、教学管理、教学水平、教学质量等方面的均衡。各区县在推动软件均衡方面，主要有“送教下乡”和“集团化办学”两类典型经验。

第一，送教下乡。2016年，沙洋县推出公办学校老师到乡村学校“送教下乡”的活动，县城的实验小学、实验初中通过为有需求的乡村学校提供老师来实现教育资源的均衡分配。一般每学期开展4—5门学科的“送教下乡”活动，同一学科送培4次、每门学科研训不少于20天。而挑选的老师都是资历比较深，且年龄在40岁以下的优秀学科教师。

伊川县定期开展“送教下乡”活动，推动特级教师、各级名师、教坛新秀、骨干教师到农村学校讲学；大力开展教师结对帮扶行动，帮助农村学校教师提高教学业务水平，鼓励县直属优质学校与乡（镇）薄弱学校结对帮扶。

第二，集团化办学。县域内集团化办学是指通过教育部门行政指令，将一所学校（名校或城镇学校）与若干学校（普通学校或乡村学校）组成学校共同体的办学体制。以名校为龙头，在教学理念、学校管理、教育科研、信息技术、教育评价、校产管理等方面进行统一管理，实现管理、师资、设备、先进理念、教学产品等优质教育资源的共享。

一是多元教育集团模式。恩施市在乡镇实行集团化办学，由中心小学校长负总责，统筹中心小学、各村小的办学理念、校园文化、教研活动等，甚至实现作业一致、教学进度一致、统一备课和统一研讨，以实现乡镇内各学校的平衡发展。实践中，全市有以下几种类型的集团化办学模式：第一种是同体式教育集团，在乡镇范围内，以乡镇优质中心校（初中、小学）为核心，带动辐射辖区内学校，甚至形成城—乡—村一体化集团，由总校长负责，统一教学进度，统一作业，统一备课，统一研讨等；第二种是协作式教育集团，由2—3所规模相当，地域相邻，水平相近的学校组成互助型集团化办学，开展多种形式的互助活动，实现优势互补、资源共享；第三种是支教式教育集团，龙头学校与薄弱学校结对子，形成帮扶，支教与跟岗，支教教师的选派难度较大，一般是有教育情怀且负担不重的老师愿意去，还有一部分是为了评职称的愿意去。

二是校际帮扶联盟模式。武陵区 14 所城区小学与 19 所郊区小学“一对一”结成帮扶对子，全方位、多层面进行城乡结对交流；组建北正街小学、育英小学教育集团，以名校带分校，开展集团化办学，在全区范围内选配教师，实现分校办学水平迅速提升。组建校际联盟，选取育英小学、育才小学、三岔路小学、东江实验学校等 4 所学校试点校际联盟教学教研，搭建研训平台、共享课堂资源，实现了联盟学校的快速发展。以北正街小学、东升小学、工农小学为主组建“悦教联盟”，让优质教育资源辐射得更广。组建以姚红梅等区内名师为主的名师团队，和乡村教师“一对一”结对子进行帮扶，实现教师的快速成长。阳新县为缩小城乡教育的差距，于 2019 年由教育局制定了第二个“三年行动计划”。以均衡城乡教育为抓手，推进集团化办学模式。全县分为东南西北中五大“联盟”，联盟内有领头学校，教学教研、考试、教师考核、师资调配都以联盟为单位进行。同时以乡镇为单位形成小集团，利用乡镇中心学校带动其他学校，以城乡之间、学校之间的均衡促进教育的公平。

三是校际携手共进模式。伊川县通过集团化办学的方式加强校际交流合作，通过成立各种形式的携手共进发展共同体，落实互助帮扶项目，推进学校间师资共享、学生共育、资源共建、责任共担、合作共赢、协同发展，实现中小学教育均衡优质发展。如“帮扶式”携手共进模式，是按照以强带弱原则，实行优质学校按照

“1+1”或“1+N”的形式与同学段或跨学段学校缔结帮扶共同体。突出要帮扶解决的实际困难和问题，制订帮扶协议，建立组织架构，明确运行机制、工作目标、工作任务和督导评估办法。通过构建共同体内部课题引领、网络教研、空中课堂、校干教师交流、特色共享等工作机制，实施“名师乡村工作室”引领，支持优秀名师下乡开展教育教学课题研究、组织青年教师培养培训、加强学术研讨交流等教育帮扶工作，实现城乡优质教育资源共享，全面提升农村薄弱学校教育教学管理水平，切实提升农村学校办学质量。

四是“集团式”携手共进模式，是按照地理位置相对就近原则，按照“1+N”模式同学段组建全方位、紧密型学校发展共同体，即名校教育集团。名校教育集团以名校校长为领衔校长，由专家顾问、各校区校长组成决策机构负责学校共同体的整体规划，并形成相应的执行系统、监督反馈系统，探索建立扁平化、网络化和全面质量管理等符合集团化发展的内部管理制度。充分发挥核心学校的辐射引领功能，落实学区制建设“六个统筹”，即统筹招生培养、统筹教师资源、统筹课程建设、统筹教学研究、统筹教育资源、统筹家长资源，逐步探索构建小学与初中纵向衔接、横向协作的办学模式，实现共同体优质教育资源的共建共享。

（二）做强县域公立教育体系

县域公办教育与民办教育之间的均衡表现在两个方面，一方面表现为二者在教学设备、师资、生源、教学质量等方面的均衡，另一方面表现为以公办教育为主、民办教育作为补充的分布状态。

之所以公办教育要为主体、占主导，除了公办教育能够把握社会主义办学教学方向，最主要的是因为在县域，公办教育能够为广大城乡普通家庭提供一条“物美价廉”的教育道路，包括降低城乡家庭教育焦虑、减弱城乡家庭之间教育竞争、缩减城乡家庭教育支出、提高义务教育阶段学生综合素质、解放城乡家庭青壮劳动力等。县域公立教育体系包括公立县级高中、乡镇中学、乡村小学。做强公立教育体系，在义务教育阶段主要是要做强乡镇中学、中心小学，以及合理规划村小布局。目前，华中三省九县在做强县域公立学校教育体系上，主要有以下做法。

（1）减少民办教育学位，将民办学校纳入全县统一招生、统一监管范畴。民办学校较公立学校的优势：一是学位供给多，只要有空间、有场地，就有学位，可以多接收乡村和老城区学生；二是在全县“掐尖”招生，使其优秀生源集中，升学率有显示度，便于宣传和吸引学生；三是教育部门监管难，使得民办学校应试教育程度较公办学校高，“减负”政策执行没有公立学校到位，因此在升学竞争中要优于公立教育。这些优势使得民办教育对城乡居民具有吸引力。如果民办教育作为公立教育的补充倒好，可以满足部分城乡家庭的需求，但是如果民办教育主导了县域教育生态，就会加快公立教育衰败、加重城乡家庭教育焦虑、加大城乡家庭教育竞争和教育负担。为此，一些区县近年来开始实行减少民办教育学位，将民办教育纳入全县统一招生、统一监管范畴，加强了对民办教育的管理。具体做法如下。

第一，减少民办学校学位。这是各区县普遍的做法。比如，伊川县义务教育阶段民办学校全县共 40 所，占学校总数的 21% 左右；民办学校学生数量为 27000 人左右，占学生总数的 20% 左右。下一步伊川县还要进一步减少民办教育学位数，并争取在 2—3 年内将民办学校学生比例降至 5% 以下。

2021 年上半年，湖南省出台了对民办学校限制发展的政策，要求义务教育阶段不再审批民办学校，既有的民办学校逐步减少招生规模，民办学校学位数量控制在全区域内学位数的 5% 以内。目前，衡南县采取了两个做法：一是压缩新生数量，每所民办学校大约减少了 100 个学位；二是民转公，如原为公参民办的北斗星中学已经转为公办学校。

光山县目前义务教育阶段在校生约为 101056 人，民办学校在校生为 25215 人，民办学校在校生占比约为 25%。根据上级要求，“要逐步调减义务教育阶段民办学校在校生在各县中小学中的占比，在‘十四五’末，义务教育阶段民办学校在校生占比不得超过 5%”。结合光山县的实际情况来看，全县民办学校最多保留 2 所。为实现这一目标，从 2021 年起，每年需削减民办学校在校生比例约为 5%（约 5000 人）。县政府将采取对现有民办学校进行收购或新建部分公立学校来增加相应的学位。目前有五种缩减民办学校的办法：一是民办转公办；二是民办学校转学段办学，如转学前或高等教育学段；三是直接关停；四是政府购买学位；五是鼓励捐赠。

第二，实行“公私同招”政策。就是将私立学校纳入全县统一招生范畴，民办学校不再享有招生自主权，公办民办在同一时间、同一步调、同一规则下开展招生，以杜绝普通中小学提前招生和“掐尖”招生。2020 年，光山县就在招生上尝试“公私同招”，对超过报名指标的学校进行电脑派位。据了解，当地招生计划从 2022 年起实行 100% 摇号。恩施市为了遏制城区民办学校到农村“圈学生”，自 2015 年以来加大对公立学校的投入，禁止民办学校“掐尖”，农村学生出现回流趋势。

第三，停止针对民办教育的土地优惠、建设补贴、师资资助等政策。各区县皆已停止对民办学校的相关优惠政策。

第四，加强对民办学校的管理。2021 年的“双减”政策下来后，民办学校也被要求严格执行，民办学校的课程安排、课后服务参照公立学校实施。有些民办学校将过去收费性培训转变为课后服务项目或校本课程。

（2）壮大乡镇学校，做强针对农村学生最优的教育供给层级。对农村义务教育阶段学生来说，乡镇学校是最合适的教育供给层级。一方面，乡镇学校人口规模适中，既不像小规模村小、“教学点”学生规模过小无法开展正常的教育教学活动，又不像城区学校人口规模过大无法顾及所有学生，乡镇小学 500—2000 人、中学 1000—2000 人的学生数量，是一个合适的教学规模，能够保障学校开展各类教育教学活动。另一方面，学生在乡镇就读能够保持与家庭的适度距离，每天或每周可以回家，同时不影响“半工半耕”劳动力配置，不影响家庭经济收入，也不增加家庭的经济负担。也就是说，壮大乡镇学校既能提高学校教学质量、满足农村家庭的教育期待，又不增加农村家庭的教育负担。

目前，各区县壮大乡镇学校的做法具体如下。

第一，加大对乡镇学校的投入。

第二，实行“校联体”改革。衡南县为壮大乡镇学校，取消了原来的中心学校管理模式，以乡镇或街道为单位，建设一所教育质量较好、规模较大、教育设施设备较先进的初中学校作为主校区，区域内其他中小学或教学点作为分校区，成立联合学校，搭建组织、信息、共育“三个平台”，坚持投入保障、人才配备、待遇落实“三个优先”，实现登台授课、教师调配、财务管理、教学科研、学校建设“五个统一”。这一举措意在强化乡镇学校的资源整合能力和城乡学校之间的均衡发展，对于乡镇学校发展起到了一定的作用。

第三，强化乡镇学校的寄宿能力。对于留守家庭、进城务工家庭或者双职工家庭，孩子们放学后的时间安排是一大问题。如果公办学校没有寄宿条件，需要外出务工的家庭要么将孩子送到民办学校，要么留给老人带，要么母亲返乡陪读，无论是民办学校还是托管机构、培训机构，无疑都要增加家庭的经济负担，但若给老人带，老人无力承担孩子的教育问题，往往还会导致孩子的成长问题。

在伊川县，当地政府为了解决义务教育阶段农村学生放学后安排难的问题，2015 年开始在公办乡镇中小学全面推行寄宿制，目前全县共建设寄宿制学校 53 所，寄宿制中小学实现乡镇全覆盖。这些学校都设有床位、餐位，可以提供住宿和餐食，让家长可以放心外出务工，孩子也能得到有效的管理和教育。义务教育阶段，公办学校既不收学费也不收住宿费，寄宿学生只需要交伙食费，在乡镇约 1400 元/学期，在县城约 2000 元/学期，走读则不需要交任何费用。若在私立学校则是 4000—5000 元/学期，包括学费和住宿费，餐费则是学生自己充饭卡，不统一收取，约 400 元/月。

衡南县在发展壮大乡镇学校方面，一个重要的举措就是加大对乡镇中小学寄宿能力的建设力度，并定下每个乡镇至少要建立一所寄宿制学校的目标。该县洪山镇中小学在强化寄宿能力建设后，学生流失问题立马得到了解决。该县将提高乡镇学校寄宿能力提高到战略高度，谓之“保员行动”。

光山县今年加快农村寄宿制学校建设。2019 年以来投资 1.8 亿元升级改造农村寄宿制学校 64 所，面积达 48273 平方米。

恩施市城乡义务教育按小学年生均 650 元、初中年生均 850 元、特殊教育年生均 6000 元补助公用经费。在此基础上，对寄宿制学校按照寄宿生年生均 200 元标准增加公用经费补助。不足 100 人的学校按 100 人核定公用经费。

（3）合理布局村小，对乡村小规模学校进行有序撤并。实地调查发现，当前一些区县对小规模学校基础条件建设和信息化建设的大量投入，既不公平又没有效率。不公平是因为少数人占用大量公共设施，对其他人不公平，没有效率是因为使用率低，尤其是数字教学平台，教师不会用，学生更用不着。加之小规模是兜底性质的，于学生培养无任何裨益。倒是因地制宜对乡村小规模学校进行有序撤并和布局，更有利于乡村教育发展和公立教育体系完善。具体如下。

第一，“暂停办学”机制。长沙县对50人以下小规模学校采取的是“暂停办学”的机制，既不对小规模学校进行撤并，也不进行资源再投入，而是空置起来。将学生和老师并入邻近中心村的村小，称为“片小”，然后加强对“片小”的资源投入和管理，“片小”采取“划片”招生制度，实现乡镇内学校之间的均衡发展。对于有些学生不愿意到附近“片小”就读的，由乡镇中心校、村干部做通工作。同时，对家校距离在2.5公里以上的学生配套校车接送。

第二，“一校制”模式。沙洋县为了促进城乡教育均衡发展，2021年开始施行“一校制”。乡镇小学的教师资源由中心小学统一管理、统一调配。将乡镇的中心小学与周边的联村完小合并为一校制学校，保留联村完小，但允许完小的学生自愿到乡镇中心小学就读，完小和中心小学在“同一个法人、同一支笔”下统一进行教学安排，统筹教学资源。比如后港小学2021年开始施行“一校制”，后港小学负责管理两所联村完小，即广坪小学和殷集小学。后港镇还有另外一所中心小学，即西湖小学，有近900名学生，其下辖蛟尾小学和季庙小学。两所中心小学按片区招生。广坪小学为完小，但目前只有三、四、五年级，不到30名学生，有7位教师。实行

“一校制”之前，学校有 70 多名学生，6 个年级，每个年级十几人，共 13 位老师。实行“一校制”以后，多数学生选择到后港小学读书，几位老师也从片区小学到中心小学任教。而 2007 年，广坪小学的学生数达到 800 多人。

“暂停办学”“一校制”等机制规避了撤并学校的复杂程序，又根据实际情况对小规模学校进行了实际“并校”，使“片小”或“联小”、中心小学有合理的生源规模和生源结构，成为正常运行和参与竞争的教学单元。

（三）健全完善教育服务

学校既是教学管理单位，也是服务学生的单位，教育服务是学校的重要功能，是公立学校教育体系构建的重要部分。从减轻城乡家庭负担、降低教育焦虑、满足家庭教育需求层面来看，县域学校对学生的教育服务功能主要有手机管理和课后服务两项。

（1）手机管理。义务教育阶段学生玩手机是智能手机出现之后的顽疾。在农村，留守儿童、留守青少年是玩手机的主要群体，照护他们的祖辈管不住他们，许多母亲因此而返乡“陪读”。乡村学校对学生手机管理阙如，是当前束缚农村青壮年劳动力的重要因素。

从各区县调查来看，学生手机管理的关键是家校高度配合和联合治理。一方面，校内管理需要家长积极配合。家长要遵守学校规定禁止子女带手机离家，配合学校“全过程管理”禁止校内使用手机；当学校发现子女违规带手机进入校园时，家长需要积极配合后续管理和教育。家长和学校在校内形成强大的合力来规范学生在校的手机使用行为。另一方面，校外管理更需要学校积极配合。假期当家长管不了孩子看手机时，可打电话让班主任出面管理，“班主任云在场”的方式将教师权威延伸至假期出现特殊场景或突发情况，助力弱权威家长有效管理子女使用手机。

长沙县各校手机管理较为到位，基本上控制住了学生校内外玩手机的习惯。基本做法如下。

第一，中小学统一禁止在校生带手机进入校园，部分学校同时将电话手表纳入管理。长沙县中小学校均配置了手机探测器，在学生进入学校时全身搜索，尽可能杜绝手机在校园出现。如果发现学生带了手机来上学，一般交给班主任管理，放学后与家长沟通后还给家长。如果家长没有主动提出拿回手机则等到期末后还给学生。如果在校内发生紧急情况，则允许学生用班主任手机与父母联系，为此，学校给班主任一定的电话费补贴。

第二，加大校内巡查力度，由德育处牵头不定时在课堂或课间巡查。一位中学德育老师谈道：“入校的手机探测器毕竟是机械，有失灵的时候。现在孩子聪明得很，总会想办法带手机入校。所以，我们学校统一要求所有教室后门不锁，这样德育处就可以随时观察学生可能偷偷玩手机的情况。最初学校禁止手机入校园的一两个月，这种巡岗还能发现漏网之鱼，但学校坚持下来后，现在几乎没有学生带手机入校园了！”

第三，在部分寄宿制学校中，学校加强夜间就寝后的巡查。在寄宿制学校，有些孩子可能把手机藏在宿舍，等到晚上就寝后玩玩游戏。“一个孩子晚上在宿舍玩游戏，会影响整个寝室的睡眠，更要加强巡查。一般如果有学生在玩手机，可能第一次没发现，但他们玩几天后，寝室会比较吵、手机屏幕灯也能从窗户中看到，所以总是会被发现的。一旦发现就没收手机，通告家长，一起商量怎样解决。”

学校通过建立校内全过程管理来规范中小学生手机使用行为，并取得明显效果。为了最大限度避免出现“5+2＝0”的现象，当地一线教师各显神通帮助家长有效管理孩子手机使用行为，具体做法集中在三个层面。

一是班主任通过家长会、家长群频繁向家长强调手机管理的重要性，部分学校在新生入学之初通过“家校共读一本书”的方式来提升家长的网络素养和管理技巧。一位校长谈道：“只有家长和学校达成高度共识，学生的手机管理才可能有效。比如，孩子违规带手机进校园了，家长要理解和支持校方的强制措施，孩子校外时间，家长更需要积极配合学校监管孩子使用手机的情况。我们学校只有通过大大小小的家长会或者家访的方式，不断给家长提醒、要求家长配合！”

二是在节假日和寒暑假，当地中小学通过布置实践课程作业来分散手机对孩子的吸引力。课题组在部分小学调研发现，学校在重大节日来临时，给小学低段的学生经常布置手工类的实践作业，给高段的学生则经常布置家庭劳动类的实践作业。而少数中学为了让学生假期远离手机，它们以体育假期作业为依托，建构体育实践校本课程，指导学生在寒暑假期间每天坚持锻炼打卡。总之，不同学校有不同的方法，其共同特点是通过校外实践作业或体育作业的方式“强制”孩子参与有意义的活动，通过“校外活动作业”的方式引导孩子养成健康的休闲方式，最大限度地降低学生对手机的过度依赖。

三是在手机沉迷的高发期，以班主任的权威来支持家长对子女手机使用的管理，大幅提升家长管理的效度。调研发现，部分家长面对孩子玩手机时“无休止地纠缠”和“威胁式的要求”时经常败下阵来，尤其是隔代教育的家庭，祖辈既无天然的权威也无自然的权力来“严管”孙辈，这时候就需要“有权威的主体在场”来及时填充度过危机。星沙中学的一位班主任在初一学生放第一个暑假的时候，便明确地告知家长和本班学生，如果家长无法说服孩子过度使用手机，就及时给班主任打电话，由班主任来教育学生，必要时可以上门家访。该班主任说：“这一方法真的有效，暑假期间处理了几件，假期返校后我发现这些学生都稳重多了。”

（2）课后服务。“双减”政策出台后，教育主管部门针对校外培训机构开展全面督查，各学校结合自身情况制订校内课后服务工作实施方案。调查的 9 个县中，有多县在 2019 年、2020 年就实行了课后延时服务试点。2021 年秋季开学后各县各学校将实现三个全覆盖：义务教育学校全覆盖、有需求的学生全覆盖、课后服务“5+2”模式全覆盖。据实地调查，大部分家长对课后服务政策表示强烈支持。开展课后服务主要有以下几个方面好处。

第一，减轻学生负担。校内作业布置更为合理化，学生作业走向精准化、科学化、高效化。课后服务的设置能够帮助学生相对高效完成作业。校外培训机构的文化课程培训被大幅压缩，大多数城乡普通家庭选择不再培训，这些家庭里的学生从校外培训中解放了。

第二，减轻家庭压力。校外培训的大幅减少使得大多数家庭放弃了培训，这降低了大多数家庭在教育方面的经济压力。公立学校开展课后服务也缩小了私立学校的优势，以前公立学校都是下午3∶40放学，很多家长没法接孩子，就把孩子送到私立学校，现在也开始回流到公立学校。学校课后服务的开设，在一定程度上缓解了大多数家长接送孩子的时间冲突，解放了一个家庭全劳动力或半劳动力。

第三，缓解家庭教育焦虑。培训机构的减少以及课后服务的提供让教育职责更多地回归学校，尤其是课后服务的提供，使得学生在学校待的时间更长，在完成让家长大部分头痛作业的同时，还能获得一定的兴趣课程教育——而且成本相对低廉、地点非常安全、质量有所保证。

长沙县的课后服务从2019年10月开始试行。县内小学先试点，2021年上半年初中学校开始提供课后服务。服务提供主体以学校为主。服务选择权在家长手中。服务时间可由学校自由决定，一般不少于2个课时，即90分钟。收费标准是城区1000元/学期、乡镇800元/学期，因假期少上的课程会将相应费用退还至家长。有一些学校目前还未收费。

课后服务内容主要包括基础性服务和个性化服务，个性化服务课程中可设兴趣小组。基础性服务主要包括作业辅导、自主阅读、观看适宜影片等。其中作业辅导由老师进堂负责，一般要带领学生完成60%—70%的家庭作业，某些初中还设置了培优补差项目，根据学生的实际情况提供有针对性的服务。个性化服务主要包括艺术、体育、科普活动、娱乐游戏、拓展训练、开展社团及兴趣小组活动等。学校根据年级的不同而决定是否设置兴趣小组，一般是小学三到六年级和初一年级设置。兴趣小组主要包括书法、漫画、花样跳绳、3D打印等，由在校老师自主申报课程，学生自主选择课程。

截至目前，长沙县小学课后服务辐射范围最高达到87%，初中达到90%。某镇中心小学学生覆盖率达到80.80%，某镇中心中学学生覆盖率达到98.36%。老师则一般是全部参与课后服务，除了安排老师进行提供课后服务，还需要安排相关行政岗老师进行巡视。

三、存在问题：教育城镇化、公立复兴乏力与教育焦虑剧增

华中三省九县在推动义务教育优质发展上做了不少有益的工作和探索，但是县乡基层在义务教育工作中也存在一些需要纠正的普

遍性问题。

（一）教育驱动型城镇化加重城乡居民负担，降低农民生育意愿

华中三省九县中有5个县都在搞“教育新城”“教育地产”等教育驱动型城镇化，人为推动农民进城买房、农民子女进城读书，是典型的变相“逼民上楼”。县域“教育新城”的快速建设表面上充实了教育公共服务，提升了地方教育质量，实则是一种短期繁荣的透支性扩张，造成了一系列严重问题，主要表现如下。

一是破坏乡村学校师资结构。为了短时间内打造好“教育新城”、吸引农民进城买房，阳新县连续5年大规模从乡村学校中遴选优秀教师补充到城区新建的学校里，每年大约有100多名，平均每个乡镇都会被抽调走10多名骨干教师，仅LG镇今年就被抽走28名老师。被遴选到城区的乡村教师大多都在农村任教5年以上，是每个学校的中坚力量，大量的优质教师被抽调到城区对农村教育造成了根本性冲击。大量乡村教师的抽调，造成乡村学校一些科目无法开班，例如阳新县排市镇中学总共只有3个化学老师，县里遴选走了2个，导致该校化学科目一度无法开班。

二是破坏乡村学校生源结构。优质教师的流失以及城区学位的开放，造成乡村学校大部分优质生源流失，结果是留下的生源结构基础很差。“初中刚开学的测验中一个班及格的都没有几个”，并且学生缺乏自制能力和家庭监管，学校难以形成竞争向上的氛围，乡村学校变成了“差生托管所”。

三是与城区房地产经济捆绑，加重农民家庭教育焦虑和教育负担。“教育新城”的开发模式短时间内将公共教育资源集中在县城，拉大了城乡学校的教育差距，刺激了农民的教育焦虑，在城市房地产商的宣传之下，农民争先恐后进城买房供小孩上学。光买房一项就给农民家庭带来巨大负担。阳新县教育新城有20多个商品房楼盘，均价在5200元/平方米，普通农民家庭进城买房至少要花40万元。当地农民家庭在外打工平均每年可以储蓄4万—5万元，为了能在县城买房供子女读书，至少需要花费其10年的务工纯收入。然而，由于县城提供不了其充足的就业机会，绝大多数在县城买了房子的农民并不会居住，整体入住率非常低。这说明农民买房只是为了子女进城读书，而不是在城里生活。

衡南县教育新城楼盘的普遍入住率不足50%。该县“衡云府”属于中档小区，2018年开售，共240余套，已全部售完。现已装修90多户，常住的不到40户，均是老年人带着小孩居住，属于祖辈陪读。净算常住家庭，那么该楼盘的入住率是16.67%。

四是加剧农村年轻母亲返乡陪读，降低农民的生育意愿。农村子女进城读书，无论是买房还是租房，都必须有年轻家长进城照护，而华中地区大部分县城都缺少工业基础，就业机会少，进城照护的家长无法在县城充分就业，多是纯粹的“返乡陪读”。这样不仅使家庭缺少一个壮劳动力务工的收入，极大地降低了农民家庭的收入水平，增加了家庭经济支出压力，而且给陪读母亲带来了较大的精神或心理压力，也容易在陪读中产生亲子冲突。调查了解到，凡是有陪读经历的年轻母亲都不愿意再生二胎或三胎。

（二）多数县域乡镇公立学校衰败加重农民教育负担，令年轻农民不敢生二胎、三胎

乡镇公立学校包括乡镇中学和乡镇中心小学。乡镇公立学校因为聚集全乡镇学生，学校的生源规模和生源结构有保障，能够保证正常的教学单元，可以激发学生和教师积极性，保证教学质量，满足农村家庭的教育期待。但是，从调查来看，除伊川、恩施、长沙三个教育发展相对均衡的区县外，调查的其他六区县的乡镇公立学校教育都存在严重的衰败趋势。乡镇公立学校的衰败加剧了农村家庭的焦虑，迫使他们不得不到城区择校就读，加重了农民家庭教育负担和生活支出，使得年轻农民不敢生二胎、三胎。

从农村学生流出乡镇、进城择校来看，乡镇公立学校的衰败主要体现在基础设施太差，教育服务和教育质量跟不上农民家庭的需求，导致学生流失严重。具体来讲，乡镇学校有以下几个方面无法满足老百姓的需求。

一是大多数乡镇小学无法提供住宿。由于农村学生以留守儿童、留守青少年为主，父母在外打工，主要由祖辈照顾。祖辈照料孙辈孩子存在管教不力、溺爱放纵、接送烦琐、影响劳动等问题，因此小学生家庭对于寄宿愿望特别强烈，比如栗江镇人和中心小学中 60% 的学生实际上都有住宿需求，但是学校满足不了。大量将小学生送到民办学校的家庭，很大程度上是看中了民办学校对学生的生活照料能力和培养能力。相比之下，乡镇小学缺乏提供寄宿服务

的能力和敏感性，无法及时回应家长的需求，导致小学生流失。

二是大多数乡镇中学的寄宿条件太差，没有及时改善。随着打工经济的兴起，农民家庭的经济条件快速好转，农民家里都建起了楼房，内部装修也都十分干净甚至豪华。但是相比于学生家庭，学校的住宿条件就太差了。有学生描述自己初中学校的宿舍条件，“16人住在一个宿舍，大家每天最担心的就是有灰尘掉到床上，有时候睁着眼睛躺在床上都能看到墙皮往下掉”。有的初中学校还无法为学生提供热水洗澡（因为收费问题被家长举报，不敢再收费，也无力提供热水了）。

三是乡镇学校的教师队伍和教育质量得不到保障。乡镇学校的教育质量与校长和教师有关系，但是由于乡镇地理位置不好，很难吸引好老师，有的老师来了也走了，教师队伍不稳定，使得学校的教育质量不稳定，学生和家长的心态也受到波动。有学生说，“自己很喜欢在乡镇（初中）上学，就是不喜欢频繁地换老师，新来的老师没过多久就走了”。

（三）县域中职中专教育供给与城乡居民家庭教育期待不匹配，加重居民教育焦虑

调查的一些区县如衡南县，在执行“普职分流”政策时存在“一刀切”的问题，主要表现为将“保持中等职业教育与普通高中教育规模大体相当”的政策要求操作为严格的1∶1比例，并依此对初中毕业生进行入学分流，即50%中毕业生能够升入高中就学，而剩下的50%则必须被分入中职中专，无法进入高中学习。

实践中，僵化的1∶1普职分流政策，普遍加剧了城乡家庭的教育焦虑，使得家庭教育竞争从初三、高中提前至小学，进而加重了城乡家庭教育负担。之所以如此，与县域中职中专教育供给同城乡居民家庭教育需求不匹配有关。

一方面，县域城乡新一代年轻家长（70后、80后、90后）对子女的教育期待普遍提高。这一代年轻家长普遍接受过初高中以上教育，并且有外出务工或在政府企事业单位工作的经历，深知教育对劳动力素质提升、个体职业发展的重要性，因此对子女的教育期待要较他们父辈高。普遍情况是，城镇中产家庭对子女的教育期待是获取本科及以上学历，城乡普通家庭对子女的教育期待是“至少要上个大专”。

另一方面，县域中职中专难以培养出合格的学生。主要有三个原因。一是从学生的自身条件来讲，中职中专学生在1∶1普职分流下，属于学习能力差、自我控制和自我管理能力弱的“后进生”，他们聚集在学校使学习氛围不好。调查发现，他们普遍在课堂上睡觉、玩手机、聊天、吃零食，下课后抽烟、喝酒、打架，学校难以进行管理。二是从老师的角度来讲，中职中专老师抱着“和尚撞钟”的心态从事教育工作，因为他们讲得太难学生听不懂，讲得太浅学生又无法获得能力增长，老师教学的自信心、积极性备受打击。一些中职中专学校出现30%的老师“辍教”现象。三是从学生就业来讲，中职中专无法培养出合格的知识密集型和技能密集型的工人，难以匹配我国产业结构调整和产业转型升级，中职中专学生的就业及发展前景不被看好。

正因为在县域有中职中专的教育供给与城乡家庭的教育需求之间的上述张力，在 1∶1 普职分流政策下，城乡家长为了避免孩子在中考中落入后 50%，避免进入中职中专这一“火坑”，谁都不敢掉以轻心，焦虑和压力倍增。相对来说，城镇中产家庭的教育焦虑高于城乡普通家庭。家长的教育焦虑促进了县域内教育竞争行为。一是加大对子女的培训力度。培训从过去，从初中提前到从胎教、幼教、小学开始。在长沙县，城镇中产家庭一个小孩一年的培训费平均是 5 万—6 万元。二是加大对子女的陪读力度。陪读已经从过去高中陪读转向了初中陪读，小孩一上初中就搬到学校附近居住以督促孩子学习。县域有些中产家庭会将子女送到地市、省会城市名校就读，在学校周边租房陪读；农村家庭则千方百计将子女送进城区学校就读，家长进城陪读。

（四）县域青少年沉迷手机现象严重，留守儿童因手机而成为问题群体

根据本课题组的问卷调查，每天玩手机时长超过 1 个小时的学生达到了 53.17%，超过 2 个小时的学生达到了 17.79%，少数学生玩手机时间超过了 4 个小时。一些学生家长和老师反映学生回家后大多数时间都在玩手机。如果家长不给孩子手机，他们就会哭闹和发脾气，家长对此无可奈何。现在的家长都比较溺爱孩子，儿童在家庭中难以形成良好的行为习惯，学校管教难度增大。淮阳县郑集乡的一个校长说，“一个小孩上课玩手机，老师把手机没收了，小

孩就跟老师说立马把手机还给我，不然就不上学了。有的学生手机被没收以后跑到校长办公室不走”。学校领导觉得手机不好监管，没法做太多的工作，强制收手机可能引发很多问题，学校成了“无限责任公司”。

表 10-4 学生玩手机时长统计

选项	小计（人）	比例
1 小时以下	1598	19. 87%
1—2 小时	2846	35. 38%
2—4 小时	1431	17. 79%
4 小时以上	618	7. 68%
基本不玩手机	1550	19. 27%
本题有效填写人次	8043	—

在出现智能手机之前，农村留守儿童成长的环境相对单纯，祖辈还能够管得住他们的校外时间，因而不是一个严重的问题。但是随着智能手机、Wi-Fi 在农村普及，留守儿童在缺乏引导和管教的情况下，极容易沉迷手机网络游戏、短视频。特别是放学和假期期间，留守儿童处于完全放任状态，由此造成许多心理问题。例如，阳新县富水中学有个留守家庭学生疫情期间陷入手机游戏，开学后长时间适应不了，成绩一直上不去，最后中考前一个月被要求退学。而祖辈对沉溺手机的留守儿童管不了、也不敢管，一些外出务工的父亲或母亲不得不返乡陪读以管住子女不沉溺手机。一些教师说，“周一到周五都没事，周末返校以后就不行了，前两节课都要整顿纪律”，“爷爷奶奶管不住，父母管不了也没时间管，小孩子玩

游戏、刷抖音，疫情防控期间上网课，相当一部分孩子手机上瘾了”，“小女生由爷爷奶奶带，回家就玩手机，有时候玩手机找不到人，也不洗头不洗澡”。可以说，智能手机的出现使留守儿童成为真正的问题群体。

一个班主任告诉调查人员，有一次一个女生偷偷带手机到校，老师发现手机壳后认为其带手机了，于是打电话询问其父母孩子是不是把手机带到学校了，父母说自己在外打工让老师问爷爷奶奶。老师给孩子的爷爷奶奶打电话询问此事，得知确实带了。老师要求家长管教好孩子，不能带手机入校，结果奶奶回答说，“好的，等孩子回来我们与她商量一下，把手机要回来”。爷爷奶奶并未意识到带手机对于孩子学习的影响，也未意识到应该遵循学校的规定。

调查发现，青少年沉迷手机有以下危害。

第一，导致青少年情绪易暴易怒。老师和家长反映，一些青少年玩手机时间长了以后，脾气变得暴躁，很容易生气。一个中学老师讲道，“有两个初二的女生带手机到校被老师发现，其中一个女生当着家长和老师的面说，‘不还我手机，我就撞墙！’结果女生真的要撞墙”。后来，老师把手机交给家长，让家长把学生一并带走了。

第二，严重损害青少年的身心健康。手机上的网络信息十分混杂，其中不乏低俗、恶趣和色情等相关的内容，严重影响青少年身心健康。有些青少年会利用手机下载黄色小说和视频，甚至会开房并且留下不雅照片。有的女生手机被老师收走后非常紧张，因为里面有不雅照片。

第三，引发青少年心理问题。青少年沉迷手机往往是被网络游戏、短视频等吸引，接触这些内容过多以后，青少年的价值观和心理认知就可能发生扭曲。疫情防控期间由于上网课，以前不玩游戏的学生开始玩游戏，家长管控不了，一些孩子的性格和心理也逐渐出现了问题。

第四，严重影响学生学习。学生沉迷手机以后就没有心思上学了，一些孩子以前学习成绩很好，自从玩手机以后成绩直线下滑。城区的一位家长表示，自己的孩子过去是前五名，上了网课之后，督促了也不交作业，最后成绩越来越不理想。

第五，导致学生学习动力不足。手机的普及给青少年了解外界生活尤其是了解各种可能性提供窗口，一些青少年对学习失去了兴趣。一个班级中只有20%—30%的学生有明显的学习目标，能够主动积极学习。

第六，造成亲子关系紧张。一方面，父母在管理孩子手机的时候，孩子不配合甚至反抗，有时还会发脾气、闹情绪，引发亲子矛盾。另一方面，不少父母在手机管理方式上简单粗暴，也不知如何与孩子沟通，甚至采取打骂的方式粗暴干预，很容易引发孩子的逆反心理。孩子在遇到问题或者困惑的时候便不愿意给父母讲，他们会向网络、朋友等渠道寻求答案或者慰藉，于是很可能会让孩子受到不良影响，同时也会出现亲子间冷战、对立等情况。

（五）县域教育资源投入与教育发展需求结构性错位，造成资源严重浪费

华中三省九县的调查发现，在推动实现县域教育均衡发展的过程中，出现了县域教育资源投入与城乡教育发展需求结构性错位的问题，造成了教育资源的严重浪费和无效利用，甚至背离了县域教育均衡发展的方向。主要表现在以下三个方面。

第一，乡村小规模学校的过度投入问题。该问题的症结是小规模学校理应只给予基本投入并逐步撤并，而国家给予高规格投入，造成资源的无效利用和浪费。除长沙县外，调查的华中其他八县都存在大量的小规模学校，例如在光山县，2020 年 100 名学生以下的小规模学校占小学总数的 69.3%，小规模学校教师占全县教师的 34.8%，平均每个学校有 29.2 个学生、7.6 个老师，其中有 16 所学校不满 10 个学生，只有 1 个学生的学校有 7 所。淮阳区全区学生数在 10 人以下的学校有 66 所。恩施市现有 100 人以下小规模学校 38 所，教学点 20 个，在校学生 3061 人。10 人以下小规模学校有 9 个，最小的只有 1 个学生。

调查发现，在小规模学校问题上的结构性错位表现如下。

一方面，各区县在小规模学校投入大量的资源。从 2015—2016 年开始，由于中央实施了“农村义务教育薄弱学校改造计划”，比如中央和省级财政给衡南县每年 2000 万元以上的资金用于小规模学校建设、仪器设备装备购置，27 个小规模学校平均每年的建设经费接近 75 万元。与此同时，湖南省又借助乡村振兴战略，实行

“小规模学校提质改造五年计划”，专门针对教学点进行标准化建设，目前粗略估算衡南县27所教学点的花费要达到上亿元，每个教学点的建设成本要达到400万元。

在恩施市，2019年由市财政给每个小规模学校拨款130万元建新校舍，新建了4间教室、器材室和图书室各1间。另外，每个小规模学校每年的生均经费是6.5万元（小学生均经费650元/人/年，规模不足100人的按照100人计算），每个学校的总开支约6万元。其中，标准化设备和规范化管理方面的开支比较大，例如食堂的消毒柜、电冰箱耗电多，办公室用的复印机一台就要1万元。虽然学生少，但是各方面的开支并不少。2019年进行校园文化建设，每个学校花费了2万元。

在光山县，计划在小规模学校大力推进“互联网+教育”发展，实现学校（含教学点）互联网全接入、教室多媒体教学设备配备全覆盖，加强专题课堂、名师课堂、名校网络课堂的建设与应用，以薄弱学校和教学点为帮扶重点，促进优质教育资源共享。

另一方面，乡村小规模学校的学生在加速流失。奇怪的是，政府边投入小规模学校，这些学校的学生边流失。比如在“薄改项目”中，所有小规模学校都进行了标准化建设，结果学校刚建好学生就流失没了。在衡南县，“薄改项目”后，小规模学校就从2017年的90多所减少至2021年的27所，导致大量资产闲置。学生流失的主要原因是，小规模学校的生源、师资、氛围都不好，成为“差生集中养成”的场所，长期待在小规模学校对小学生成长不利。

大多数小规模学校学生进入初中后都会成为班级中成绩差、基础薄、习惯差、自律差的学生，也很难在初中阶段实现学习进步。如此，稍有点能力的家长都会尽量将子女转走。

在小规模学校上的资源过度投入与学生加速流失的悖论，表明县级在教育资源投入上存在两个问题：一是在资源投入上“撒胡椒面”，讲求表面上的、绝对意义上的公平，认为教育民生工程应该照顾到各类学校、学生，结果是造成资源使用的更大的不公平；二是机械执行“就近上学”和“严格撤并”的要求，对乡村学校学生流动缺乏前瞻性研判，导致县域范围乡村学校布局不合理，缺乏统筹性和动态性，跟不上乡村教育发展的需求。

第二，集中资源打造亮点教育工程问题。该问题的症结是县级教育资源的集中供给与群众教育均衡需求之间产生了张力。华中地区的县一级财政普遍较弱，在教育上教育部门希望集中资源打造亮点学校、教育集团或“教育新城”。例如，衡南县这两年共投资1.7亿元改造扩建了县城的3所学校，又花费6000万元新建了1所发达乡镇的小学。对县级政府、教育部门来说，这样做，一是可以解决老城区教育学位紧张、大班额以及乡村学生进城接受更好教育的问题；二是可以凸显县级政府、教育部门的教育政绩；三是希望一举提升县域教育质量，满足县域群众对县级教育的期待。比如阳新县花13亿元打造“教育新城”，就意在改变该县在全省县际层面教育落后的局面。

集中打造政绩亮点教育工程，虽然满足了一部分城乡家庭的教育需求，但是，一方面它破坏了县域教育均衡发展格局，使原本可以在乡镇学校就读的学生被迫城镇化，加重农村家庭负担；另一方面造成了教育投入的恶性循环：城区亮点教育工程建设得越多越好，就越需要从乡村选调优秀教师，乡村学校越走向衰落，乡村学校越衰落，就越会成为国家资源重点扶持对象，越要投入大量人力、物力、财力，资源浪费和效率低下问题就越突出。

第三，义务教育阶段学生营养餐过剩问题。该问题的症结是农村学生不需要营养餐，而国家强行提供营养餐，造成资源与需求错配。从 2011 年秋季学期起，国家在集中连片特殊困难地区启动农村义务教育学生营养改善计划试点工作。从 2020 年春季起，学生营养改善计划补助标准从每生每天 2 元提高到每生每天 4 元。阳新县义务教育阶段 12 万在校学生均可享受，全年按照 400 天在校预算，一年营养餐投入 1.2 亿元。学生营养改善计划供餐模式采取“学生奶+×”的模式。国家对于营养餐的政策比较重视，但实际效果不佳。

一是浪费情况严重。连片特困县真正贫困、需要营养餐的学生不到 5%，其他青少年吃得比营养餐要好，他们不吃学校发放的牛奶和面包，出现打“牛奶仗”“面包仗”的情况。同时，营养餐种类更换周期长，学生对营养餐容易“吃腻”，造成浪费。为了避免学生在校浪费食物，一些学校不得已采取集中发放的方式，每周回家前发放营养餐，让学生带回家里给家长食用，强调“你要是不吃，就带回去给爷爷奶奶”。

二是增加管理成本。各中小学营养餐是以食物的方式直接发放，贮存营养餐需要仓库，发放营养餐需要增加人工成本，包括运输、管理，每天发放后班主任要签字、做台账。一旦管理跟不上、发放不及时，遇到天气炎热时，就容易造成食物变质，损失成本巨大。在落实营养餐政策过程中增加了相当多的管理成本。每年省级财政部门需要花费 90 万元进行营养餐的专项审计。

针对营养餐问题，首先，要认识到华中地区中小学生的基本营养已能够跟上，不再需要国家营养餐的支持。其次，营养餐应当从普惠性改为向有特殊困难的学生提供，以减少资源浪费。而节省下来的资源可以由县教育部门或学校统筹管理，投入教育发展的其他方面，比如解决县域学位供给紧张、学校设施老旧、教师激励等问题，从而有效利用这笔资金。

四、对策建议：严格“双减”、发展“乡校”与回应乡村需求

根据华中三省九县在义务教育均衡发展上的具体情况及探索的具体经验，针对各地普遍存在的问题，提出以下对策建议。

（一）缓解教育焦虑、负担问题，充分释放县域城乡居民生育意愿

调查显示，县域城镇中产家庭还有一定的生育二胎的意愿，城乡普通家庭则还有较强的生育二胎、三胎的意愿，如果把这两个群体的生育意愿都充分释放，县域就可以成为中国生育的高地，为中

国解决人口结构问题做出贡献。抑制县域城镇中产家庭生育二胎行为的主要因素是托育问题和教育焦虑，抑制城乡普通家庭生育二胎、三胎行为的主要因素是教育城镇化和教育负担。为此，要瞄准县域生育高地，刺激县域城镇中产家庭和城乡普通家庭两个群体生育二胎、三胎，提出以下建议：

一是托育幼教服务普惠化。首先是推动城镇托育服务体系构建，可以依托妇幼保健院创办专业化县级示范公立托育园，引导民办托育服务健康发展；制定政策要求满足一定户数的楼盘配备托育场地，为家庭就近入托创造条件；鼓励和支持社会资本创办托育机构，政府予以引导和托位补助；鼓励和引导用人单位利用现有场地创造条件提供托育服务。其次是进一步提高公办幼儿园和普惠性幼儿园比例，降低幼儿园保教费，一个乡镇至少创办一所公立幼儿园，支持社会资本创办普惠性幼儿园，撤并的村小、教学点可改建成乡镇公立幼儿园分园。最后是加强儿童友好型城市建设，规范幼儿园阶段兴趣培训收费行为，减轻城镇中产家庭园外兴趣培养负担；加大适合学龄前儿童活动的公共空间建设，如公益性儿童游乐场所、适儿化阅读空间等；积极组织适合学龄前儿童参与的课外实践活动，包括劳动体验、科技体验、艺术体验等公益性活动。

二是严控“双减”政策反弹。对于“双减”政策后限制文化课程培训机构发展及培训行为，最支持的是城乡普通家庭家长，反对声最大的是城镇中产家庭。对后者来说，虽然各种培训费高昂，但是他们只生育一个小孩，他们用双职工的家庭收入来支撑小孩从幼儿园到高中阶段的各种培训费，压力并不大。所以，建议“双减”政策要继续严格执行，不能因为城镇中产家庭反对而松懈，从而导致反弹。

三是严格采取“划片招生”政策。县域教育焦虑除了来自校外培训，更重要的一个来源是“择校”压力。各区县要通过严格制定和执行“划片招生”及电脑派位政策，降低城乡居民的择校压力。同时，对辖区内教师实行“校聘县管”的政策，采取支教、轮岗的方式推动优秀教师、校长在学校之间、城乡之间流动，促进教师资源均衡分布。

四是大力发展乡镇学校。农村家庭的教育负担主要来源于进城买房、租房就读和陪读。如果乡镇学校实现了与城区学校的均衡发展，农村家庭就可以省掉这一笔巨额开支。

（二）纠正教育驱动型城镇化政策导向，真正推动县域教育均衡发展

农民在城区买房不是为了在城市生活，而是为了子女在城镇接受更好的教育，他们自己依然得到外地打工。他们要为教育城镇化付出巨大的经济成本、人力成本、心理成本。那么，何不把乡村教育搞好，让乡村孩子就近接受良好的教育，让农民家庭节省下更多资金去养育更多的小孩。为此，各区县要纠正教育驱动型城镇化政策导向，真正推动县域教育均衡发展。

第一，停止城区大规模“教育新城”、亮点教育工程建设。县域教育资源投入主要有两个方向：一是以“保基本”的原则加大对

乡镇学校的软硬件投入，做大、做强乡镇学校，将农村主要生源留在乡镇学校；二是以“求发展”的形式根据有序、自然城镇化的农民家庭子弟就读需求，兴建新学校、供给新学位。

第二，坚持和完善“公民同招”政策。城区民办学校是教育城镇化、城乡居民教育焦虑的重要推手。“公民同招”政策让民办学校失去全县“掐尖”招生的特权，有助于缓解县域教育压力，减轻城乡居民教育负担。同时，加强对民办学校的整改、监管，严格限制民办学校的收费标准，严格控制民办学校学位。加强全县教师管理，减少教师无序流动，逐步将派驻民办学校的在编老师调回，充实公立学校师资力量。

第三，坚持和完善“指标到校”政策。各地区要根据辖区教育发展状况，制定辖区内优质高中招生“指标到校”政策，探索合理的指标空间。

第四，探索城乡优质教育资源流动机制。在具体政策上，积极探索多种形式的教师流动机制，比如将职称晋升与农村任教挂钩，在条件具备的地区实行教师轮岗制度，与此同时严格控制进城指标，推动城乡义务教育高质量均衡发展。加强校际的教研活动，增加校际教师交流机会、取长补短，整体提高辖区内教学质量、教研研究水平，促进城乡之间、学校之间、乡镇内部教师之间均衡发展。加强中心学校的统筹能力，有条件的地方可以实现中心学校和各村小、教学点“一校制”管理，强化内部教师教学资源共通共享。

（三）根据人口流动态势调整城乡学校布局，着力发展乡镇学校

当前县域教育发展中存在“重两头轻中间”的倾向，即县级政府着重投入城区教育和亮点教育工程打造，而县级以上政府则将资源过多投入乡村小规模学校建设之中，而忽略乡镇学校的发展。事实上，乡镇是最适合农村学生选择就读的教育层级，应该受到重视。为此，提出以下建议：

一是根据乡村人口流动态势有前瞻性地调整教育布局，有序合理撤并小规模学校。首先，通过调研把握辖区学生数量、未来若干年流动态势，确定乡村教育布局，对于确需撤并的学校和教学点，按照实事求是和先建后撤的原则撤并。其次，可以采取“片小”“一校制”“暂停办学”等方式，将生源、师资、教学资源等集中在“片小”、乡镇中心小学，做好群众的思想工作，发挥资源的集聚效应，配套好校车、托管、寄宿等服务。最后，暂停对 50 人以下小规模学校除“保基本”之外的任何投入，特别是不能采取绝对平均主义、形式公平的投入方式投入大量的现代化设备和师资。

二是将主要资源投入乡镇中学、乡镇中心小学及“片小”。将小规模学校的撤并、减少投入所节省下来的资源投入乡镇学校，集中打造乡镇学校的软件、硬件，并通过乡镇中心校统筹带动好“片小”。

三是大力培育乡土教师和全科教师。本土老师是最稳定的教师队伍，也是乡村教育的中坚力量和基本盘，他们有心气、有情怀、

没负担，愿意投身教育事业，同时受到乡土社会中面子、人情、情感等因素的激励，能够维持稳定的教育秩序和教育层级。本土教师处于熟人社会，职业比较体面，而且经济效益和社会效益都比较高，且在当地生活成本较低，教师比较有获得感。全科教师业务范围相对较广，能够应对多学科的教学需求。农村学校发展素质教育，必须保证课程设置的综合性、全面性。农村学校普遍缺乏特长课、专业课教师，全科教师是弥补这类教师短缺的可能方式。

（四）全面加强乡镇学校寄宿制及配套建设，解放农村家长，更好地服务乡村学生

调查发现，县域城镇中产家庭和城乡普通家庭都对寄宿制有需求，农村家庭对寄宿制的需求最强烈。学生的校外时间如何打发、在家如何管教，是令城乡家长最头疼的事。一方面，随着工作节奏加快，在加班日益普遍的情况下，中青年父母很难有足够的时间和精力来陪伴孩子；另一方面，青少年面临的社会环境日益复杂，尤其在网络信息技术加持下，青少年又亟须家长的指导和管教，否则就容易手机成瘾。所以，对广大家庭来说，寄宿制最大的吸引力是学校全天候的时间管理可以减轻家长管教子女的时间压力和精神压力。因此，全面加强乡镇学校寄宿制及相关配套建设，有以下好处。

一是通过寄宿制延长了中小学生的在校时间，从而缩减校外培训时间，有利于减轻家庭在培训方面的经济负担。在接受访谈时，有部分家长表示，将孩子送到校外培训机构的目的不完全是“成绩

提升”或“兴趣培养”，而是在培训机构老师、同学的陪伴下让孩子有“正儿八经”的事情可做。目前中小学生的校外时间过长，尤其是在未启动课后延时服务的时候，孩子放学后家长没时间接、没精力管，只能交到“有偿服务”的托管机构或培训机构。

二是部分家庭依托寄宿制可以避免非必要的陪读安排，有利于家庭劳动力最大限度地进入市场增加家庭收入。在少数农村义务教育落后的地方，部分家长更愿意将子女送到镇中心小学、初中或县城的中小学就读。但当子女进城教育与家庭进城生活不能同步时，相当部分家长因学校无法提供学生寄宿而不得不在子女就读的学校附近买房或租房陪读。目前安排陪读的家长主要是母亲，有部分是祖辈（低龄老人）。一位陪读妈妈表示：“陪读看似很闲，但我们一天的时间是被切断的，早上送上学，中午要接回来吃饭，下午四五点又要去接人、做饭。去上班不能天天迟到早退，如果不是特别熟的人，是不会请我们这样的人来上班的！”可见陪读家长很难兼顾工作。

三是通过寄宿制可以有效帮助中小学生学会生活自理，通过程序化的管理养成良好的生活习惯。学校调研时，教师反映小学高段或者初中阶段的部分学生因各种情况晚睡导致白天上课精力不足，或者一周学习下来出现“5+2=0”现象，其中最核心的问题是放学或放假后学生难以坚持良好的作息习惯。在寄宿制学校，生活管理是教育中的重要一环，每天定时起床、整理、早操、吃饭、午休、晚自习、就寝都是安排好的，学生在校园生活中能够养成良好的生活作息习惯。

四是通过寄宿制可以最大限度地屏蔽不良家庭环境的影响，这在特殊家庭环境表现得尤为突出。在中小学中每个班级都有一定比例的特殊家庭孩子，比如父母离异的、父母双亡或一方死亡的、父母或其中一方因事入狱的或吸毒的，还有可能遇到家庭暴力的。而寄宿制可以最大限度地减少来自这类家庭的不良影响。一位经常被父亲动手打的四年级小学生说："我就喜欢待在校园里，不想回家见到爸爸。我只要不听话，他就打我。有一次还把我的头按在水里。"事实上，这些孩子比正常家庭的孩子更需要来自老师的关心和同学的陪伴，以弥补或者代偿家庭不幸带来的消极影响。

五是通过寄宿制可以最大限度地发挥同辈群体相互激发、陪伴的作用，在制度化的集体生活中实现初步社会化。当在校学生的课外生活以学校为核心场域展开时，他们需要逐渐适应集体生活。在与同辈群体密集交往过程中，彼此总会产生一些小矛盾，而他们处理这些矛盾的过程就是社会化的过程。在这个过程中他们逐渐懂得如何与人友好相处、建构自己的朋友圈、表达自己的想法等。尤其在农村中小学，在教育城镇化和家庭少子化的双重影响下，校外的同伴群体越来越稀缺。"放学后真的没人可玩，只能玩游戏！"从这个角度看，对那些留在农村读书的孩子来说，通过寄宿这种方式可以获得与同辈密集交往的机会，在这种密集交往中可以建构强大的心理和社会交往能力。

全面加强乡镇学校寄宿制及相关配套建设，可从以下方面入手。第一，对各学校所处的地理位置、地形地貌、学校分布、新型城镇化发展、人口及学生流动、学生寄宿要求等逐一摸清底子，准确掌握留守儿童数量、学生寄宿需求，以合理确定寄宿制学校建设计划，尽可能满足初中生和小学高年级学生，尤其是留守儿童的寄宿需要。第二，乡镇学校能够保证基本的教学规模，在对本地区学生流动进行前瞻性预测前提下，最大限度地配齐、配强寄宿所需的硬件建设，尤其是宿舍楼、食堂、饮用水、厕所、浴室等。第三，尽可能将学科教学教师和“生活教师”明确分工，通过财政补贴、技能培训等方式将“生活教师”职业化。通过相对职业化的生活教师来加强寄宿生的生活习惯养成，从而减轻学科教学教师非教学性的压力。第四，当前寄宿制成为部分家庭的重大需求时，家长是愿意承担合理的生活费的，应该给予寄宿学校一定的政策支持，不能简单地以“义务阶段免费接受教育”为本，义务接受免费学科教育并不意味着必须义务接受免费生活教育，地方政府和家庭可以共同分担其必要的支出。第五，高度警惕校园安全泛政治化的倾向。在校时间越长，师生之间、学生之间出现冲突的概率越大，对学生的管理水平和管理技术也要求越高。遇到安全事故，禁止校闹、公正处理、恰当保护、去政治化，改变当前教师弱权威的状态，让教师在课堂之外也能教育学生。

（五）乡镇学校课后服务重点应放在解决农村留守儿童问题上，以稳定农村青壮年外出务工大后方

智能手机时代的农村留守儿童问题，不是缺少精神慰藉、社会

关怀的问题，而是沉溺手机、祖辈难管的问题。这个问题不能指望父母返乡陪读来解决，否则就会减少农民家庭收入。目前各学校陆续推出的课后服务可以成为解决留守儿童手机成瘾等问题的妙招。

中央最近出台“双减”政策在农村落地的重点要放在学校课后服务上。一是因为在华中三省九区县的乡镇，课外培训机构较少，参与培训的农村学生少，农村学生的课外培训压力不重。比如在阳新县，乡镇平均培训机构只有 10 家左右，文化类培训机构只有三四家。

二是因为留守儿童的课后托管和作业辅导是当前农民家庭最迫切的需求。在华中三省九区县，各乡镇学校、村小都普遍在具体探索课后托管服务模式，托管服务收取一定的托管费用。在阳新县，托管服务收费标准是农村不超过 80 元/月，由家委会代收。对于这种做法家长们表示非常欢迎，认为如果交给市场的托管机构，那么要支付的费用就要高出 10 倍不止。

所以，农村“双减”政策落地的重点应当放在学生课后服务问题上，有针对性地缓解留守儿童问题，切实回应广大人民群众的教育需求和关切，提高教育政策和教育资源落地的精准性和有效性。具体而言，可以从这几个方面来着手。

一是因地制宜延长留守儿童的在校时间，有条件的学校可寄宿。老师应监督、指导学生尽量在校内完成作业，培优辅差，帮助学生消化当天的学习知识。

二是积极组织和引导学生开展科体文读等方面的活动，丰富学生的课余生活，促进学生全面发展。

三是主动关心留守儿童的心理状况，及时与家长交流沟通，保护留守儿童不被网络世界不良信息的侵蚀，树立奋发向上的学习目标和健康快乐的生活习惯。

（六）满足城乡家庭的教育期待，扩大县域高中学位供给

“一刀切”的1∶1“普职分流”政策不符合“办好人民满意的教育”的理念，给城乡居民带来了普遍的教育焦虑，应该予以调整，具体如下。

一是坚决避免机械地按照1∶1比例执行“普职分流”政策。应当保持“普职分流”政策的灵活性，了解和回应家长和学生的合理需求，尊重家长和学生的教育选择权和自主权，提升教育政策制定和实施的社会适应性，将普职比保持在良性合理的区间，逐步实现普通教育与职业教育结构的优化平衡。

二是回应社会绝大多数家长的需求，全面增加县域普通高中学位，提高普职比，把“普职分流”放在高中以后。当前中职中专和职业高中教育，既不能满足产业升级对职业技术教育的需求，也不能满足社会上家长对子女教育的期待和选择，应该进行改革，一部分转为普通高中，另一部分升格或并入高职高专。这样既能满足绝大多数家长、学生追求更高学校深造的需求，又能提升职业教育学生的文化层次和发展潜能。

三是要继续推动城乡教育均衡发展，为普职合理分流打好基

础。推动普职合理分流不能牺牲城乡教育公平和教育均衡，要继续坚持城乡义务教育均衡发展，在城乡学生有相对公平的教育机会和教育资源的前提下，促进普职合理分流，办好人民满意的教育。

（七）建立健全青少年心理健康支持体系，促进县域青少年健康成长

当前青少年群体出现精神压力过大、心理健康问题频发等问题，主要与县域教育竞争、教育压力有关系，这是结构性问题。一揽子解决需要时间，在这之前，还应当积极建立健全青少年心理健康支持体系，引导青少年身心健康发展，具体措施如下。

第一，强化青少年心理素质建设，深化心理健康教育。应当重视青少年心理素质建设，开展各类心理素质建设相关活动和辅导课程，引导青少年树立健康向上的价值观念，形成坚韧不拔、阳光阳刚的性格品质。

第二，重视青少年心理问题疏导。学校要强化班主任责任意识，通过班主任和学校的细致工作，及时发现青少年儿童的心理健康问题，积极主动地与学生进行情感交流，帮助问题青少年疏解情绪和压力。此外，班主任和学校要承担学生和家长的沟通桥梁的作用，促进父母和孩子之间的沟通，多了解学生状况。

第三，配置专业的心理教师，开设心理健康课程。通过专业教师和专业课程，随时关注和改善青少年儿童的心理健康状况。鲁台一中的校长说，“以前学校有一个心理老师，效果很好”。心理教师具有专业的心理知识技能，能够更好地理解青少年儿童，也能更好

地疏解青少年儿童的心理问题。

第四，加强心理健康宣传，引起家庭教育对心理健康问题的重视。心理健康问题的应对，还需要家庭教育积极行动起来。当前，青少年家长对于青少年心理健康问题关注不足，容易忽视青少年的心理健康问题进而延缓青少年心理健康问题的解决。因此，应当大力宣传关注青少年心理健康的重要性，督促家长积极关注并避免青少年出现心理健康问题。